JN274441

国際金融問題
——アフリカ、アジア、ヨーロッパの抱える問題——

二 村 英 夫

渓 水 社

は　し　が　き

　「経済」という言葉は「経世済民」から由来し、「経世」すなわち世をおさめること、「済民」すなわち世の人々を救うことを意味している。確かに、戦後、わが国は、現在の自由主義経済システムのなかで高度経済成長を達成した。また、欧米諸国もアジア諸国も中南米諸国も累積債務問題や一時的な通貨危機を経験しながらも長期的にみれば確実に経済発展をしてきた。各国国民の勤労の成果とも言えるし、技術革新意欲の成果とも言えよう。また、自由主義をベースとした経済システムがこうした意欲をうまく機能させてきたとも言える。私が1980年代前半にシカゴ大学で学んだ自由主義経済の考え方というものは、「価格理論」の中にその真髄があり、自由競争が市場の効率化を達成し、死重的損失などの無駄の発生を防ぎ、資源の効率配分を達成するというものであった。欧米先進諸国、アジア諸国が貿易の自由化、金融の自由化を目指してきたことも既存の経済システムをより活性化し、「経世済民」を維持強化していこうというところにその趣旨があるように思える。
　この後、私は、1980年代半ばに3年間、国際通貨基金(IMF)のアフリカ局に勤務する機会を持ち、実際にサブサハラ・アフリカ諸国のスタンドバイ・プログラムや構造調整ファシリティの作成に参画した。この時、実際に現地に出張し、アフリカの現状に直面するにいたり、IMFが自由主義経済の理想として掲げる姿とサブサハラ・アフリカ諸国が直面している現実のギャップがあまりにもかけ離れていることに愕然とした。インフレーションの凄まじさは予想をはるかに越えていたし、これを金利操作や貨幣供給量の調整で行うにも、そもそもアフリカの人々は当該国の通貨に信頼を置かず、信用のない通貨というものが如何に無力で経済に悪影響を及ぼすかがよくわかった。民間経済に力強さがなく、経済の悪化を食い止めるためには、財政収支の均衡を達成するために、税項目の見直しや財政支出を切り詰め、平価を切下げ、

国内信用量を抑制するしか手は無かった。ましてや、一段の自由化を求めて通貨制度に入札制度を盛り込んだり、金融制度に自由化の枠組みを当てはめても、どれも無理があった。机上のモデルや理論上いくらうまくいくように見えても、また、これをベースに、スタンドバイ・プログラムや構造調整プログラムを作成しても、結局、うまくいかず2〜3年経つとパーフォーマンス・インディケータを逸脱し、改めて調整プログラムを策定し直すということの繰り返しであったように思われる。IMFは基本的に加盟国の出資により集めた基金（FUND）をもとに、一時的国際収支の不均衡に陥った加盟国に対して緊急的な融資を行うという性格上、どうしても債務返済に重きが置かれ、長期的にアフリカに必要なものは何か、逆に必要でないものは何かという判断を十分に吟味せず政策を実施してきたのではないかと思われる。私は、昨年、日本銀行から広島市立大学に来て国際金融を担当し、現在の債務問題を改めて研究し直そうと考え、サブサハラ・アフリカに関係する本や資料を読んでいくうちに、予想していた以上にアフリカの状況が深刻であることがわかった。主要経済指標、福祉指標は70年代、80年代と比較し、悪化の一途を辿っている。民族紛争の頻発や大量難民の発生、HIV/エイズの蔓延など悲惨な状況が続いている。こうした深刻な状況を整理した上で、その原因を究明することとした。また、極力、当時のIMFのプログラム作成過程を振り返りつつ、その調整策のポイントがどこにあり、失敗した要因がどこにあるのかを明らかにしようと努めたつもりである。IMFでは、各国単位でミッションが編成され、エコノミスト同士で横の連携というものが日本のビジネス社会ほど緊密ではない。ある時、アフリカの数カ国のエコノミストが雑談している時、たまたま各担当国のPolicy Framework Paperの内容に及び、その内容があまりにも似ていることに驚いた。例えば、農産物の付加価値を高めるために野菜類の缶詰の生産 (Canned Vegetables) を実施してはどうかという項目が同じように盛り込まれていた。冷静に考えてみると、先進諸国の野菜の缶詰に対する需要がそもそもどのくらいあるのか、アフリカの諸国がどの国も一斉に野菜の缶詰の生産を増やしたとしてもまず売れまい。個別国のプログラム上は輸出が伸び、農産物を加工するということで財の付

加価値を高め、農産物に比べ高い製品価格で売れるものと予想され、貿易収支の好転に寄与するものと捉えられていた。しかし、どの国も一斉に実施すれば合成の誤謬のかたちで供給過剰となるし、欧米諸国、中南米・アジア諸国との国際競争がどこまで可能かも疑問であった。

　1998年度にノーベル経済学賞を受賞したアマーティア・セン教授は、同じ経済資源を持っていても、それを価値ある機能に転換する能力があるかどうか、すなわち、財の保有量ではなく、機能そのものが重要であると述べている。貧困からの脱却は、人間として基本的な機能である最低限の栄養の充足や「読み書きできる能力」などであり、これら基本的な機能を達成する能力は平等に配分されるべきであるとしている。また、様々な生き方の可能性を選択できる「自由」を重視すべきであるとしている。その時々に力の勝る国々の価値の基準を一方的に押し付けるのではなく、できる限り貧困に瀕している国々に選択肢の拡大ができるようにするべきであるとしている。貧困からの脱却に関する節で、サブサハラ・アフリカ自身から提案されたプログラム、モザンビークのPRGF (Poverty Reduction and Growth Facility) の内容と従来のIMF構造調整プログラムの内容と比較していただきたい。

　わが国は、欧米諸国や近隣のアジア諸国には関心を持つが、中南米諸国、ましてやサブサハラ・アフリカ諸国にはほとんど関心を持たない。「国際金融問題」との題名にし、サブサハラ・アフリカのことを主題として記述したのは、欧米、アジア、中南米は自由主義経済の下、紆余曲折を経ながらも発展をしている、一方でサブサハラ・アフリカ諸国のみ発展から取り残されている。しかも従来型の経済政策ではうまくいかない。このことを国際金融問題の第一の課題として捉えなければならないと考え、IMFの経験も踏まえ、第1章に記述することにした。その抱える問題は、どうしても国際金融という経済学の範疇のみで捉えることができず、その他の関連する領域にも踏み込まざるを得なかった。

　第2章には、順調な経済発展を続けているアジアの国々を捉え、1990年代後半に発生したアジア通貨危機を取上げている。当該国の市場リスクや流動性リスクへの対応のまずさ、リスク管理体制や緊急事態に対する制度的な備

えのまずさが目立ったことに加え、ここでもIMF、世界銀行の経済調整プログラムの内容が頻繁に変更されたり首尾一貫性を欠き、混乱を招いた。大量の短期資金が情報通信技術の力を借りて瞬時に国際間を移動する状況では、IMFの既存の政策策定方法に時代遅れの面があったように思われる。アジア通貨危機の原因と通貨危機発生後の経過を辿り、1国の危機がグローバルに瞬時に伝染する「21世紀型通貨危機」といわれるものの性格解明と対応策を整理してみることとした。

第3章には、欧州通貨統合の問題を取上げた。ここでは、「最適通貨地域の理論」に沿って、現在の欧州通貨地域がその条件に合致しているかどうかを判断の基準にした。また、米ドルと比較した国際通貨としての地位を確保し得るか、国際的にどんな影響を及ぼし得るかを推測してみた。なお、「欧州通貨統合の課題」は、広島市立大学の研究誌である「広島国際研究第6号」に掲載されているものを若干修正したものである。

広島にきて足掛け2年になる。授業にも慣れ、少しづつ学界の道を歩みつつあるが、まだまだ不慣れな面もあり失敗も多い。今回、この書物を出版するにあたり、運良く12年度「日本学術振興会」の出版助成金審査に通り、渓水社（木村逸司社長）より出版することができることとなった。また、日本銀行にはIMFをはじめ外部の貴重な経験を積める機会を与えていただき感謝している。IMFアフリカ局のゴンドエ現局長、フリオ・ヒメネス課長には、在任時にお世話戴き感謝している。また、広島市立大学の藤本黎時学長には出版の方法を教示いただいたほか、櫟本功副学長、大野喜久之輔国際学部長をはじめ、「一水会」の方々にも日頃研究活動で有益な助言をいただき感謝している。最後に、日本銀行から学界への転職を快く受入れてくれた妻、美智子をはじめ子供達、明徳、祐加、真由美にも感謝している。

2000年11月吉日
　　安芸の故郷で紅葉の山々を広島市立大学から眺めながら

　　　　　　　　　　　　　　　　　　　　　　　　二村　英夫

目　次

はしがき ………………………………………………………………ⅰ

序章　本書の目的と構成

第1章　サブサハラ・アフリカの金融経済問題

第1節　サブサハラ・アフリカ諸国の現状 ……………………………7
　（1）　はじめに ………………………………………………………7
　（2）　サブサハラ・アフリカ諸国とは ……………………………8
　（3）　経済的に豊かであるかどうか ………………………………11
　（4）　人口問題 ………………………………………………………14
　（5）　投資・貯蓄水準 ………………………………………………16
　（6）　対外債務の状況 ………………………………………………18
　（7）　貧困の度合を示す社会指標 …………………………………22
　（8）　政治紛争と難民の増加 ………………………………………29
　（9）　保健衛生上の問題 ……………………………………………32
　（10）　固有の文化（Culture）の尊重 ………………………………35

第2節　サブサハラ・アフリカの歴史的条件 ……………………37
　（1）　アジア地域との根本的な相違 ………………………………37

（2）　アフリカでの植民地支配 …………………………………38
　（3）　アフリカ諸国の独立 ……………………………………42

第3節　IMF、世界銀行の構造調整策 ……………………………44
　（1）　1970年代〜80年代における経済動向 ……………………44
　（2）　スタンドバイ取決め、構造調整ファシリティによる債務救済 …47
　（3）　構造調整策の内容 ………………………………………48
　（4）　IMF構造調整策のサブサハラ・アフリカへの妥当性 ………49
　　（a）　輸入構造からの検証 …………………………………49
　　（b）　輸出構造からの検証 …………………………………51
　　（c）　輸出需要の所得弾力性、価格弾力性からのアプローチ …54
　　（d）　通貨価値の調整 ………………………………………56
　　（e）　一次産品（国際商品市況）の長期的な下落傾向 ………57
　　（f）　サブサハラ諸国の財政収支構造の問題 ………………60
　　（g）　金融政策とインフレーション …………………………62
　　（h）　通貨制度と通貨価値の切下げ …………………………64

第4節　サブサハラ・アフリカの発展に必要なこと ………………67
　（1）　問題の所在 ………………………………………………67
　（2）　農業開発における問題 …………………………………69
　（3）　農業生産における女性の役割 …………………………75
　（4）　アフリカの農村開発が達成されない原因 ………………76
　（5）　農業の地域協力 …………………………………………77

第5節　サブサハラ・アフリカ諸国の問題の理論的な説明 ………80
　（1）　貿易の利益 ………………………………………………80
　（2）　現実のサブサハラの問題に応用した場合の考え方 ………81

第6節　開発政策の改善提案 ……………………………………89
　（1）構造調整プログラムに対するアフリカの代案 ………………89
　（2）世界銀行からのレポート ………………………………………92
　（3）重債務貧困国（HIPC）債務救済イニシアティブ ……………95
　（4）重債務貧困国債務救済イニシアティブ適用状況 ……………99

第7節　IMF、世界銀行の新しい貧困救済プログラム ………101
　（1）拡大構造調整策の評価 …………………………………………101
　（2）貧困削減・成長ファシリティ（Poverty Reduction and
　　　 Growth Facility） ………………………………………………103
　（3）モザンビークのPRGFの内容 …………………………………105
　　　（a）貧困の解明 ……………………………………………106
　　　（b）貧困から脱却するためのアクションプラン …………108
　　　（c）プログラムのインディケータの設定とモニタリングの実施 …………114

第8節　重債務国に対するわが国の対応策 ……………………117
　（1）ケルン・サミットG7首脳会議での進展 ……………………117
　（2）わが国の対応策 …………………………………………………121
　（3）サブサハラ・アフリカ諸国の援助で真に必要なこと ………124

補　論　調整プログラムの作成方法……………………………127
　（1）フィナンシャル・プログラミング ……………………………127
　（2）国際収支の捉え方 ………………………………………………131
　（3）財政収支の導入 …………………………………………………132
　（4）金融政策の導入 …………………………………………………134
　（5）構造調整策の策定 ………………………………………………135
　（6）構造調整策をめぐる議論 ………………………………………137

参考資料　2000年沖縄サミット首脳宣言 …………………………………142
参　考　文　献 ………………………………………………………149

第2章　アジア通貨危機と国際通貨基金の経済調整策

序　論 …………………………………………………………………………153

第1節　アジア通貨危機の分析 ……………………………………………154
　（1）アジア通貨危機以前のアジア諸国の経済発展 ……………154
　（2）経済成長を支えた経済システム …………………………157
　　　（a）固定為替レート制度 ………………………………………157
　　　（b）金融・資本取引の自由化 …………………………………159
　（3）国内金融制度改革の未整備 …………………………………161
　（4）短期の外貨資本に大きく依存する経済構造 ………………162
　（5）先進国側の事情 ………………………………………………164
　（6）株式・不動産投機 ……………………………………………165
　（7）政策の失敗 ……………………………………………………166

第2節　アジア通貨危機の発生と危機の連鎖的波及 ……………169
　（1）タイにおける通貨危機発生 …………………………………169
　（2）インドネシア等近隣諸国への波及 …………………………170
　（3）韓国への波及 …………………………………………………171
　（4）ロシアへの危機伝播 …………………………………………172

第3節　IMFの構造調整策 …………………………………………………174
　（1）市場資金のシフトを食い止める実効性のある政策の欠落 ……174
　（2）伝統的な処方箋自体が抱える問題 …………………………175

（ａ）高金利政策はアジアの景気後退を助長しなかったか ……………175
　　　（ｂ）当該国だけの政策プログラムに固執し、アジア諸国の緊密な関係
　　　　　　に配慮した政策見通しを立てることはできなかったか …………176
　　　（ｃ）金融改革の手順に問題はなかったか ……………………………177
　　　（ｄ）緊縮財政策がそもそも必要か …………………………………178
　　　（ｅ）これまで資本の自由化を早急に求めすぎなかったか ……………179
　　　（ｆ）資本流入・流出に対する規制の実例 …………………………181
　　　（ｇ）資本取引規制に対するIMFの従来の見解 ……………………183
　　　（ｈ）資本取引規制に対するIMFの新見解 …………………………183
　　　（ｉ）資本自由化に関する議論 ………………………………………183

第4節　IMF体制の修正と改革 ……………………………………………187
　（1）従来のIMFの考え方 …………………………………………………187
　（2）金融機関の健全性の促進 ……………………………………………188
　（3）銀行部門の構造改革 …………………………………………………192
　（4）IMFの調整策の修正 …………………………………………………193

第5節　アジア通貨危機に対するわが国の対応 …………………………195
　（1）日本のアジアにおける位置付け ……………………………………195
　（2）カネの面のポイント …………………………………………………195
　（3）モノづくりの伝統重視 ………………………………………………196
　（4）人的資源の重要性 ……………………………………………………197
　（5）情　　報 ………………………………………………………………198
　（6）わが国のアジア経済危機に対する支援の具体的な内容 …………199

参　考　文　献 ………………………………………………………………204

第3章　欧州通貨統合の課題

はじめに …………………………………………………………………207

第1節　最適通貨地域の理論のEU金融経済への適用 …………209
　（1）EU共通通貨の捉え方 ……………………………………………209
　（2）経済統合の緊密度合 ……………………………………………210
　（3）生産要素の移動性 ………………………………………………210
　　　（a）資本の自由化 ………………………………………………211
　　　（b）労働力の域内移動の硬直性 ………………………………211
　（4）政策の有効性 ……………………………………………………214

第2節　金融面の課題 ……………………………………………………217
　（1）金融政策のインフラ整備 ………………………………………217
　（2）金融政策の中心的な課題 ………………………………………218
　（3）各国の金融構造の違いからくる政策効果の有効性 …………221
　（4）金融の証券化の進展 ……………………………………………222
　（5）銀行業務収益の趨勢的低下と業界再編成の動き ……………224

第3節　財政面の課題 ……………………………………………………226
　（1）財政分権制度の問題点 …………………………………………226
　（2）財政連邦主義の考え方 …………………………………………227

第4節　世界経済におけるEUの位置付け ……………………………230

おわりに …………………………………………………………………234

参　考　文　献 …………………………………………………235

索　　引 ……………………………………………………………237

国際金融問題

序　章
本書の目的と構成

　本書の目的は、20世紀から21世紀に移り変わっていく現在の時点を捉えて、我々はどんな経済問題を優先的に解決していかなければならないのか。特に、国際金融問題に絞り込んだ場合、どんな問題を早急に取り上げなければならないのかということを出発点としている。その結果、重い債務負担を抱え貧困に喘ぎ、深刻な状況に陥っているサブサハラ・アフリカの問題を最優先の課題として取上げることとした。次に、「21世紀型通貨危機」といわれたアジア諸国の金融危機の問題、EU通貨統合に踏み切ったヨーロッパ諸国の抱える経済問題を取上げた。国際金融問題には、現状の変動レート制度の抱える課題、国際金融の攪乱要因ともなる金融派生商品取引をめぐる問題、国際間の金融情報通信システムをめぐる問題など他に取上げるべき重要な問題がある。しかし、敢えて現時点で緊急に解決を要する問題として上記3つの問題を取上げることとした。

　まず、「サブサハラ・アフリカの金融経済問題」である。ケルン・サミットおよび沖縄サミットの首脳宣言の内容をみても、深刻になってきている重債務負担の問題や貧困からの脱却の問題は喫緊の解決を要する問題として近年特にクローズアップされ、多くの提案が盛り込まれている。本書では、まず、サブサハラ・アフリカ諸国の現状を提示している。そこでは、経済主要指標の動向に加え、人口問題、貧困の度合を示す社会指標、保健衛生、男女差別、都市と地方の格差の実態なども例証として挙げている。また、政治紛争、難民の増加、HIV／エイズの蔓延している状況なども挙げ、サブサハラ・アフリカ諸国が現在存亡の危機に陥っていることを示している。次に、サブサハラ・アフリカ諸国の歴史を振り返ってみる。奴隷貿易の時代、植民地時代、独立を達成した後の時代に分けて、他の発展途上国と比較してハンディ

キャップを余儀なくされていること、さらに深くみると、生活様式や文化を異にする部族や言語を異にする多種多様な人々が生活していることがわかる。こうした前提条件に基づいて、なぜ、サブサハラ・アフリカ諸国では、経済発展がなされず、債務の負担が増加していったのかを70年代、80年代、90年代のIMFのスタンドバイ・プログラム、構造調整策採用の考え方およびその効果を分析することにより明らかにする。本来、債務救済、経済成長を促すはずの政策がなぜうまくいかなかったのかを、主としてサブサハラ・アフリカ諸国の輸入構造、輸出構造、金融政策、財政政策、通貨制度の特徴から明らかにする。また、先進諸国側の構造変化として高度経済成長から安定成長への移行、省資源・省エネ・軽薄短小技術の進展などが大きな影響を及ぼしていることがわかる。こうした諸点を体系的に押さえつつ、IMF、世界銀行の推進してきた構造調整策がサブサハラ・アフリカに対して失敗した要因を明らかにする。

　次に、サブサハラ・アフリカの発展に必要なことは何かを示している。そこでは、所得格差を拡大せずに幅広く生産の報酬を人々に分配していくこと、大多数の人々が生産に従事しうる農業生産の見直しが重要であることについて述べる。また、これと合わせて、80年代のアフリカの人々からの構造調整プログラムに対する代案、世界銀行からの90年代の中長期改善計画、および現在の重債務貧困国の債務救済イニシアティブ、IMFの構造調整策の評価と貧困削減・成長ファシリティの内容を取上げてみた。70年代、80年代、90年代と調整策の内容が大きく変化してきたことがわかる。そしてモザンビークのPRGF(貧困削減・成長ファシリティ)の内容を詳細に記述してみた。ここでは、当該国の政府、地方政府、NGO団体、専門家が中心となって同国の改善提案をしている。従来のIMFや世銀が中心となって策定した構造調整ファシリティの内容と比較し、その立脚する観点、政策の内容のなかでも重視している項目に大きな違いがあることが明白である。こうしたところから、今後、輸出主導型の経済成長やこのための一見比較優位であると思われがちな一次産品の生産特化を推進していくのではなく、幅広い観点から貧困の原因を究明し対応していくこと、当該国の住人、NGOなどの専門家

などが計画に参加し現地に密着した実質的な対応策を練る必要性が述べられている。最後に、重債務国に対するわが国の対応策の概観を記してある。今後の債務救済および開発援助に必要なことを網羅しておいた。第1章の最後には、補論としてIMFが調整プログラムを策定する際の基本的な考え方、フィナンシャル・プログラミングの考え方を記述しておいた。また、参考資料として最新の先進諸国の考え方である「沖縄サミットにおける首脳宣言」のうち当論文に関係する箇所を抜粋しておいた。

第2章は、アジア通貨危機とIMFの経済調整策である。まず、アジア諸国の発展の経緯について主要経済指標と合わせて説明している。このなかでは、金融・財政バランスを取りつつ、高貯蓄・高投資の好循環を示し、輸出主導型の経済構造を確立しつつ高い経済成長を遂げてきたアジア諸国の姿が浮かび上がる。こうしたなかで1990年代に、海外の資金に特殊なかたちで依存する金融構造に陥り、こうした状況は、市場原理が貫徹し情報通信技術が急速に発達している現代において非常に大きなリスクを抱えることになることを明らかにする。ここでは、先進諸国の事情やアジア諸国の資金獲得競争、アジア国内における急速な開発要求、株式・不動産投機の発生、これに先んじる金融市場の開放、オフショア市場の開設など様々な要因が絡み合っていることがわかる。また、市場のグローバル化は、1国の金融危機にとどまらず、他国の金融市場へも危機が伝播していく傾向を持っている。こうした実態を1997年のタイで発生した通貨危機を契機に、インドネシア、韓国、ロシアへと伝播していった通貨危機の実態をフォローしてみる。また、この危機発生の際の当該国の打ち出した政策、IMFの構造調整策についてもその政策の効果を整理してみる。この時に、伝統的な処方箋が抱える問題はどんな点があるのかを明らかにしたい。「21世紀型通貨危機」といわれる新しい型の危機においては、市場の予想、市場参加者の心理が大きな役割を果たす。市場の信任を得るための効果的な政策は何か、プルーデンシャルな金融政策の必要性、金融市場開放にあたり、事前の法整備、銀行監督制度、自己責任原則、リスク管理の徹底、説明責任の確立が必要であることを述べる。また、緊急避難的な対応策への選択、これに成功したチリ、マレーシアの実例も紹

介する。さらに現在論議になっている資本自由化論争の賛成・反対の議論の整理、IMFの政策のあり方である資本自由化の推進を従来同様貿易自由化の推進と同じかたちで実施していくべきかどうか、市場の信任を確立するためのIMFの報告書、計数の迅速な公表の必要性などに触れ、市場の信任を得るためにIMFがなすべきことを整理した。最後は、わが国のアジア通貨危機を含む対応の考え方を述べてみた。ここでは、ヒト、モノ、カネの地域間の流動性を確保すること、特に人的資源を充実していくことの重要性、モノづくりの伝統の重視、アジア地域間の情報通信ネットワーク構築の必要性などについて述べている。

　第3章は、欧州通貨統合の問題である。変動レート制度移行期においても、EU諸国は共同フロートなど地域間の通貨変動に枠組みを設け、資本の自由化、経済の統合の推進に努めてきた。そして、1999年1月に欧州11か国は、ＥＵ通貨単位の採用を決定した。そこで、ある特定の地域が共通通貨を採用する場合、その経済学的な条件を示した理論である「最適通貨地域の理論」に基づいて、ＥＵ11カ国が果たしてその条件に合致しているかどうかをチェックしてみた。欧州域内の経済の緊密度合、生産要素の移動性、政策の有効性などがこうした条件にあたる。また、金融面の課題、財政面の課題を整理してみた。最後に、米ドルが依然国際通貨の中心的な位置にあるなかで、これに対抗し得る国際通貨となった欧州通貨EUの果たすべき役割、世界経済に対する影響などを整理してみた。

第1章
サブサハラ・アフリカの金融経済問題

第1節　サブサハラ・アフリカ諸国の現状

（1）はじめに

　二十世紀は、世界経済全体が拡大発展した時代であった。前世紀に芽生えた自由主義経済は、イギリスの産業革命を発端としてアメリカ合衆国、西欧諸国全体に、さらに東洋のわが国にも、工業技術改革も相俟って急速な発展を遂げることとなった。こうした先鞭をつけた諸国は先進国となり、2度の世界大戦を経た後、ブレトンウッズ体制の下で、米ドルを基軸通貨として戦後復興と飛躍的な経済成長を遂げるに至った。また、貿易の世界的な拡大や海外への直接投資が積極的に行われ、国際金融システムの安定した体制のなかで、先進諸国の資本は、拡大した利益チャンスを求めて世界中に投資されることとなった。こうしたなか、中東諸国、中南米諸国、アジア諸国にも経済発展のチャンスが生まれることとなった。もちろん、こうしたプロセスのなかでは、70年代の中南米諸国を中心に発生した累積債務問題や90年代に発生したアジア通貨危機といった資本の過剰流入、急速な流出といった問題を生じつつも、長い目でみれば、こうした途上国の発展におおいに貢献した。二十世紀を通じて、主要経済指標、主要社会指標をみても、確実に成長しており、経済社会は豊かになっていると言える。

　しかし、この一方で最貧国かつ重債務国というレッテルを貼られ、世界の経済発展から取り残されてきた国々がある。こうした問題は、富める国と貧しい国の地理的な位置付けから「南北問題」と呼ばれてきたが、東南アジアに属するASEAN諸国（とりわけNIEs諸国など）の急速な発展から、必ずしもこうした振分けは妥当しなくなったと思われる。むしろ「南」に分類されて

いた国々のなかで、1980～90年代にかけて決定的な格差がついてしまった印象さえ受ける。こうした世界で最も貧しい諸国は、アジアの一部諸国を除いて、アフリカ大陸のサハラ砂漠以南に集中しており、「サブサハラ・アフリカ諸国」と言われている。国際金融体制が整備されてきているなかで、なぜサブサハラ・アフリカ諸国だけが発展から取り残されてしまっているのか。70～80年代にもそれ相当の開発資金が投下されてきたにもかかわらず、有効な発展がされず、むしろ重い債務負担だけが残されてしまったのはなぜか。皮肉にもこうした諸国の経済状況はよくなるどころか悪化の一途を辿っており、先進諸国からの資金は経済開発どころか譲許的な融資、あるいは援助というかたちで同地域の人々の生命線を支える形態となってしまっている。問題の深刻さは、経済問題だけに止まらない。経済の不安定が長期化するなかで政治不安が拡大し、内乱や紛争の発生に結びついた結果、大量の難民の流出を促している。また、森林資源の減少や砂漠化の進行などの自然環境の破壊やHIVエイズ感染者の拡大はもはや楽観を許されない深刻な状況に陥っている。こうした状況に対して国連の諸団体をはじめ国際通貨基金、世界銀行の対策は必ずしも有効にはたらいてこなかった印象を免れない。わが国から最も遠方にあるこうした諸国の問題ではあるが21世紀を展望して長期的観点で捉えた場合、政治経済問題、自然環境問題、全世界的な保健衛生の問題として軽視できない問題であり、必ずや先進諸国にも影響が出てくるに違いない。あえて「国際金融問題」の最初の課題としてサブサハラ・アフリカの問題を取上げることにした。二十世紀に我々が解決の糸口すらみつけられなかった最貧国をめぐる経済問題を取上げ、あらゆる角度から検討を加えてみることとしたい。

(2) サブサハラ・アフリカ諸国とは

　サブサハラ・アフリカのグループに所属する諸国は、以下のカテゴリーが当てはまる諸国である。地理的には、アフリカ大陸にあり、主にサハラ砂漠以南にある諸国を指し、1999年現在、49カ国が含まれている。

　世界の中でサブサハラ・アフリカ諸国の規模をみると、人口では約6億人（世界に占める割合10％強）、面積では24.8百万 km^2（同18％）の割合を示して

いる（第1-1表）。さらに、国民総生産額では、サブサハラ・アフリカ諸国は284百万ドルで世界に占めるシェアは1％弱である（なお、南アフリカ共和国を除く48カ国ベースでは152百万ドルとなりシェアは0.5％となる）。このように、人口でヨーロッパ全体とほぼ同じ規模を持ちながら、経済規模においてはヨーロッパ全体の約3％と極めて小規模といえる（第1-1図）。

（第1-1表）　世界の面積と人口

	人口		面積	
	百万人	％	百万 km²	％
アフリカ	739	12.8	30.3	22.3
うち サブサハラ	604	10.5	24.8	18.3
アジア	3,488	60.5	31.8	23.5
ヨーロッパ	728	12.6	23.0	16.9
北アメリカ	461	8.0	24.2	17.9
南アメリカ	332	5.6	17.8	13.1
オセアニア	29	0.5	8.5	6.3
世界計	5,768	100.0	135.6	100.0

出典：「世界国勢図会 98/99」、面積は国連 Demographic Yearbook 1995、人口は国連 Population and Vital Statistics Report 1996.7.1 現在推計値。旧ソ連地域、ロシア、ウクライナ、ベラルーシ、モルドバは、ヨーロッパ、他はアジアをにむ。

（第1-1図）　世界各地域の面積、人口、国民総生産比較

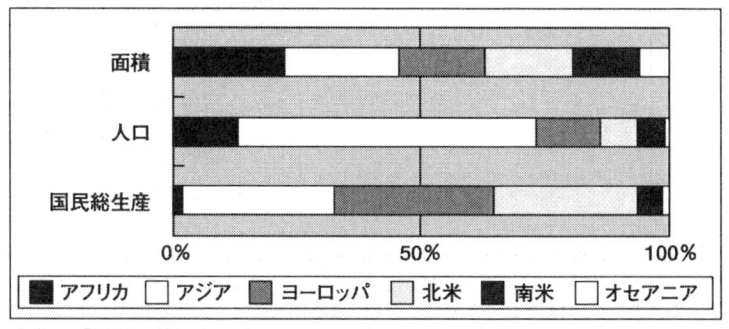

出典：「世界国勢図会 98/99」、国民総生産は 1996 年世界銀行データ。

(第1-2表)　　　　　　　　発展途上国の分類

	サブサハラ・アフリカ諸国	その他
低所得かつ重債務国	アンゴラ、ブルキナファソ、ブルンジ、カメルーン、中央アフリカ共和国、コンゴ民主共和国、コンゴ共和国、コートジボワール、エチオピア、ガーナ、ギニア、ギニアビサウ、マダガスカル、マラウイ、マリ、モーリタニア、モザンビーク、ニジェール、ナイジェリア、ルワンダ、サオトメ・プリンシペ、シエラレオネ、ソマリア、スーダン、タンザニア、ウガンダ、ザンビア	ハイチ、ホンジュラス、ミャンマー、ニカラグア、ベトナム、アフガニスタン
低所得かつ中債務国	ベニン、チャド、コモロス、ガンビア、ケニア、セネガル、トーゴ、ジンバブエ	バングラデイッシュ、カンボジア、インド、ラオス、パキスタン、イエメン
中所得かつ重債務国	ガボン	アルゼンチン、ボリビア、ブラジル、ブルガリア、エクアドル、ギアナ、インドネシア、ジャマイカ、ヨルダン、ペルー、シリア・アラブ共和国、キューバ、イラク
中所得かつ中債務国	赤道ギニア、モーリシャス	アルジェリア、ベリーズ、チリ、コロンビア、ドミニカ、モロッコ、パナマ、フィリピン、スロバキア、タイ、チュニジア、トルコ、ウルグアイ、ベネズエラ、ジブラルタル
低所得かつ軽債務国	レソト	アルバニア、アルメニア、アゼルバイジャン、ブータン、エリトリア、キルギス、モルドバ、モンゴル、ネパール、タジキスタン、トルクメニスタン
中所得かつ軽債務国	ボツワナ、カーボベルデ、ジブチ、セイシェル、南アフリカ、スワジランド	バルバドス、ベラルーシ、コスタリカ、クロアチア、チェコ、中華人民共和国、ドミニカ、エジプト、エルサルバドル、エストニア、フィージー、グレナダ、グアテマラ、イラン、カザフスタン、ラトビア、レバノン、リトアニア、モルディブ、マルタ、メキシコ、オマーン、パプア・ニューギニア、パラグアイ、ポーランド、ルーマニア、ロシア、サモア、ソロモン諸島、スリランカ、セントルシア、トンガ、トリニーダード・トバコ、ウクライナ、ウズベキスタン、バヌアツ

出典：世界銀行 Global Development Finance 1999 Analysis and Summary Table
低所得国：1997年の1人当たりGNPが$785以下、中所得国：同$786以上$3,125以下
重債務国：1997年の対GNP・デッドサービス率が80％以上かつ対輸出・デッドサービス率が220％以上、中債務国：同48～80％未満、同132％～220％未満、軽債務国：これ以外。

世界銀行では、国別の貧困の尺度を、1人当たりの国民所得（GNP）と対外債務残高の大きさによる区分を設け、発展途上国を分類している。サブサハラ・アフリカ諸国は、ほとんどの国が「低所得かつ重債務国」に分類されている（第1-2表参照）。発展途上国のなかで最も貧困の度合が厳しく、債務負担の重いグループに属する国は、中南米とアジアでは6カ国に過ぎず、サブサハラ・アフリカ諸国が27カ国と大半を占めている。

（3）経済的に豊かであるかどうか

サブサハラ・アフリカ諸国は、大体において1960年代に独立を果たしたが、これまでの40年間にわたって豊かになってきたのか、あるいは貧困の状態が継続しているのであろうか、むしろ貧困の度合は深まっているのではないか。

まず、国内総生産額（名目）の年平均成長率を① 1975～84、② 1985～89年、③ 1990～最近時点に分けてみると、多少の各国の振れはあるが、平均的に見て1970年代と80年代は3～4％程度は確保しているが、90年代の直近時点では、成長率は落ち込んでいることがわかる（第1-3表）。次に、インフレーションの状況をみると、各国区々であったり、年々の比率は異なるにしても、世界の他の国々と比較してもかなりの高率であることはまちがいない。これは、自然環境の厳しさから旱魃や虫害が発生した場合に地場農産物が被害を受け食糧が欠乏することから高率の物価上昇が引き起こされるほか、経済政策の失敗もありインフレーションのコントロールもうまくいっていない国も少なくないからである。したがって実質ベースに国内総生産額を引きなおしてみると、70年代、80年代の3～4％の成長率もかなり割り引いて考えていかなければならない。

（第1-3表）　サブサハラ諸国の国内総生産年平均GDP成長率

1975～1984	1985～1989	1990～直近時点
3.2％	3.3％	2.0％

出典：世界銀行　アフリカ地域総局のデータより算出

また、経済の豊かさの指標は「1人当たりの国内総生産」でみることが必要である。サブサハラ・アフリカ諸国は、人口成長率が極めて高く、国内総

生産の伸び率を凌駕している国も少なくない。したがって、人々が生産活動を行い、これが国民の所得となって還元されてきたとしても、物価上昇からくる実質ベースで捉えられる豊かさというものは後退するであろうし、また、多くの扶養家族を抱え家計を維持していくことは、さらに困難な状況であることがマクロの人口動態統計の数字からも明かである。

世界銀行では、1990年に、「サブサハラ・アフリカー危機からの持続可能な成長へ：長期展望に基づく計画（Sub-Saharan Africa-From Crisis to Sustainable Growth：A Long-Term Perspective Study）」（通称 LTPS 計画）を公表している。この計画のシナリオで、実質 GDP 成長率（年率）の平均値を4～5％、1人当りの GDP 年間成長率を1～2％とし1990年代の中期目標として設定した。これは、貧困の緩和を達成するためには持続的な経済成長が不可欠であると考えているためである。しかし、世界銀行の最近のレポート、「転換期にあるアフリカ大陸：1990年代中期におけるサブサハラ・アフリカの現状」によると、次のような記述がみられる。

『1983～93年には、サブサハラ・アフリカ諸国の約半数に当る21カ国でプラスの成長がみられたものの、4～5％の成長率を達成したのはこの半数にすぎない。1981～87年のマイナス成長からプラスに転じたタンザニア、ガーナ、ウガンダと、以前から成長を続けているボツワナ、モーリシャス、ギニアビサウがこのグループに入る。しかし、これとは対照的に、内戦と社会不安により低迷を余儀なくされた国々（リベリア、ルワンダ、ソマリア、ザイール）の成果は貧弱な限りである。こうした地域は、アフリカの人口の約5分の1と GDP の6分の1を占めるだけに、これらの国々はアフリカの平均を著しく引き下げている。また、カメルーン、コンゴ、コートジボワール、エチオピア、トーゴ、ザイール、ザンビアなど約20か国は過去5年間にマイナス成長を示した。こういった国々が平均を下げ、サブサハラ・アフリカ全体の1人当りの GDP は年率で0.9％低下している』。

当レポートには、1988年～93年におけるサブサハラ・アフリカ各国の1人当り GDP 成長率と各国の人口の関係を示したものがある（第1-4表参照）。ここで特徴的なことは、高い成長率を持続しているボツワナ、モーリシャス、

(第1-4表)　　　1人当りのGDP成長率(1988～93年、年率)

成長率	国名	人口 百万人	成長率	国名	人口 百万人
			−8%以下	サントメ・プリンシペ ソマリア カメルーン	0.1 41.6 12.9
			−8%～−6%	ザイール	42.6
+6%～+4%	ボツワナ レソト	1.4 2.0	−6%～−4%	トーゴ ジブチ コートジボワール	4.0 0.6 13.8
+4%～+3%	モーリシャス セイシェル	1.1 0.1	−4%～−3%	コンゴ ザンビア エチオピア	2.5 9.2 53.4
+3%～+2%	ナイジェリア 赤道ギニア	107.9 0.4	−3%～−2%	コモロ 南アフリカ マダガスカル リベリア	0.5 41.6 13.1 2.8
+2%～+1%	カーボ・ヴェルデ チャド ウガンダ ギニアビサウ ガーナ	0.4 6.2 18.6 1.1 16.9	−2%～−1%	ルワンダ ニジェール モザンビーク ジンバブエ モーリタニア	7.8 8.8 16.6 11.0 2.2
+1%～0%	タンザニア ギニア ガボン ブルンジ ガンビア ブルキナファソ ナミビア マリ スーダン アンゴラ マラウイ	28.8 6.5 1.0 6.2 1.1 10.0 1.5 9.5 27.4 10.7 10.8	−1%～0%	シエラレオネ ケニア 中央アフリカ ベナン セネガル スワジランド	4.6 26.0 3.2 1.4 8.1 0.9

出典:「転換期にあるアフリカ大陸」世界銀行アフリカ地域総局 1995

セイシェル、レソトは小国で、1百万人～2百万人と人口は非常に少ない一方、マイナスの成長率が高いソマリア、エチオピア、ザイールの人口は4千万人以上と多く、また、マイナス成長を示しているカメルーン、コートジボワール、ジンバブエ、モザンビークも1千万人以上の人口を持つ。産油国であるナイジェリアを除けば、多くの人口を抱えているサブサハラ・アフリカの大国で1人当りのGDP成長率が1％以下かマイナスの値を示している国が目立っていることがわかる。1990年に公表した90年代中期経済計画の目標が、サブサハラ・アフリカ諸国の人口の大半を占める国々の経済状況の悪化によって、目標到達が危くなってきている[1]。

（4）人口問題

　サブサハラ・アフリカ諸国は、世界の中でも人口成長率が最も高い地域である（第1-5表参照）。世界各地域の年平均人口増加率を1980～90年、1990～96年と2時点をとり比較した場合、北中米地域で1.3％、1.4％、ヨーロッパ地域では0.4％、0.1％と極めて低率である。世界の人口の6割を占めるアジア地域では、1.9％、1.5％と低下してきているし、これまで高かった南米地域でも2.0％、1.6％と人口抑制の方向に進んでいる。但し、アフリカ地域をみると2.8％、2.6％とまだ高い比率を示している。自然・衛生面における厳しい環境や先進国では根絶されている疫病もまだ残っており、経済環境の厳しさから栄養状態にも影響を与え弱者を中心に死亡率は非常に高い。一方、出生率をみると、アジアの高率だといわれている国（インドなど）の2倍の率を示している国もあり、こうした国では死亡率をはるかに上回る出生率を示している。家族の労働力として期待されるものの幼いうちに死んでしまう子供が多いため、より多く産もうと出生率はさらに高水準になっている。

　従って、出生率と死亡率の差である自然増加率をみるとほとんどの国でかなりの高率を示しているのが実情である。人口抑制のためには、長期的に家族計画の推進や啓蒙活動を展開していかなければならないが、資金源にも限りがあり、こうした基盤が脆弱であることもあり見通しは決して明るくない。現在、サブサハラ・アフリカの人口は年率3％のペースで増加するとみ

(第1-5表)　　　人口増加率、人口動態指標（人口千人当り）

	1980～90年平均増加率	1990～96年平均増加率	出生率	死亡率	自然増加率
アフリカ	2.8	2.6	41.5	15.8	25.7
エチオピア	2.8	3.2	48.9	18.1	30.8
ガーナ	3.3	2.9	40.3	11.6	28.7
カメルーン	2.9	2.8	40.5	15.4	27.7
ギニア	2.6	4.5	50.6	20.3	30.3
ケニア	3.5	4.2	37.7	11.8	25.9
コートジボアール	3.6	3.9	39.0	13.2	25.8
コンゴ民主共和国	3.3	3.6	48.1	14.6	33.5
ザンビア	2.3	6.1	44.1	17.8	26.3
シエラレオネ	2.1	1.2	49.0	29.6	19.4
スーダン	2.6	3.0	34.7	13.8	20.9
セネガル	2.8	2.7	43.0	16.0	27.0
ソマリア	2.5	2.1	50.2	18.5	31.7
タンザニア	3.2	3.1	43.2	14.4	28.8
チャド	2.2	2.3	43.5	18.5	25.0
ナイジェリア	2.9	3.0	45.4	15.4	30.0
ナミビア	2.8	2.6	37.5	11.9	25.6
ニジェール	3.3	3.4	52.5	18.1	33.6
ボツワナ	3.5	2.3	37.2	11.0	26.2
マダガスカル	3.4	5.4	43.7	11.2	32.5
マラウイ	4.2	3.4	43.9	15.0	28.9
マリ	3.0	3.2	48.7	12.5	36.2
南ア共和国	2.4	2.3	31.2	8.8	22.4
モザンビーク	1.6	3.9	45.2	18.7	26.5
リベリア	3.2	2.2	49.1	27.9	21.2
レソト	2.7	2.6	36.9	11.3	25.6
ヨーロッパ	0.4	0.1	11.6	10.4	1.2
イギリス	0.2	0.4	12.5	10.9	1.6
ドイツ	0.1	0.5	9.7	10.8	－1.1
フランス	0.5	0.5	12.6	9.2	3.4
アジア	1.9	1.5	26.7	7.6	19.1
中国	1.5	1.1	18.3	7.2	11.1
インド	2.1	2.0	28.3	9.3	19.0
北中米	1.3	1.4	23.8	6.7	17.1
アメリカ	1.0	1.0	14.8	8.8	6.0
南米	2.0	1.6	24.3	6.4	17.9

出典：国連　Population and Vital Statistics Report 1998

られ、現在6億強ある人口は、2025年には12億人と現在の2倍に膨れ上がることになってしまう。人口増加率の上昇は、貧困層の人口の方が非貧困層の人口に比べ圧倒的な占有率を持っているとすれば、人口問題は、貧困をさらに悪化させる基本的な要因の一つと考えざるを得ない。特に、人口増加により労働力の増加と若年労働者層の増大は、雇用機会の大幅な増加がない限り、労働市場に過剰供給としての圧力をもたらすであろうし、1人当りの国内生産、各国民1人1人に分配される所得が引き続き減少しかねない原因となりうる。また、高い人口増加率が継続していけば、アフリカ諸国の政府が最低限の社会的なサービスが提供できないということにもなりかねない。

(5) 投資・貯蓄水準

長期的な経済成長の鍵は、国内貯蓄と投資水準がマクロ経済の生産・分配・支出の財・サービスや資金循環のなかで総生産、総所得をいかに効率的に伸ばしていくかにかかっている。世界銀行でも、前述したアフリカの長期開発計画（LTPS）のなかで、投資水準の中期目標を「対GDP比25％」に設定した。但し、サブサハラ諸国全体をみると、1988～97年の投資の対GDPは、1981～87年とほぼ同じ約16％であった(世銀 Global Development Finance 1999)。サブサハラ諸国では、投資の主体は公共部門が担っている（第1-6表）。公共部門が、社会のインフラストラクテュアの構築や公的なサービスとして人材資源開発に向けられ、民間部門を補完する役割を果たすのであれば有効である。しかし、採算を軽視した大型投資プロジェクトが政府主導により実施され、運営を任された公的企業は、当初の事業計画からはずれて採算がとれなくなってきても、政府の補助金によって支えられ、財政収支に継続的な圧迫を及ぼしてしまう場合も少なくない。本来、公的部門は民間設備投資を補完する方が望ましい。しかし、民間投資が弱体である基本的な理由は、産業構造および民間部門の中身にある。サブサハラ諸国では、平均して製造業部門は約16％であるにすぎない。この比率は、非製造業（鉱業部門）とほぼ同じレベルながら、農業部門(24％)、サービス業(44％)、と比較するとかなり低い。また、サブサハラ諸国の民間部門はほとんどが農家か零細企業

(第1-6表) 投資対国内総生産（GDP）比率（年平均）

	1975～1984	1985～1989	1990～直近年
アンゴラ	n.a.	16.2	11.7
ベナン	17.1	12.0	15.3
ボツワナ	36.0	23.9	40.8
ブルキナファソ	20.1	22.1	21.4
ブルンジ	14.3	15.9	16.6
カメルーン	28.4	22.9	16.1
カーボ・ヴェルデ	49.1	41.0	36.1
中央アフリカ	10.5	13.2	11.1
チャド	13.3	8.9	8.9
コモロ	33.4	24.2	18.2
コンゴ	36.3	22.5	17.3
コートジボワール	23.6	11.8	10.4
ジブチ	28.8	17.7	16.6
赤道ギニア	13.9	15.9	28.6
エチオピア	10.8	12.2	10.9
ガボン	42.9	35.9	23.9
ガンビア	20.5	17.1	19.9
ガーナ	6.9	11.4	15.0
ギニア	n.a.	16.4	16.7
ギニアビサウ	23.9	32,9	25.4
ケニア	23.4	24.3	20.4
レソト	35.1	50.6	81.0
マダガスカル	10.2	10.9	11.9
マラウイ	25.3	17.3	17.5
マリ	16.2	21.0	23.2
モーリタニア	34.1	27.0	19.8
モーリシャス	25.4	26.3	29,9
モザンビーク	18.8	26.3	53.5
ナミビア	23.0	14.0	18.3
ニジェール	18.8	14.3	7.1
ナイジェリア	22.5	12.7	14.4
ルワンダ	14.8	15.4	13.0
サントメ・プリンシプ	33.4	30.9	59.7
セネガル	14.6	11.6	14.1
セイシェル	33.5	23.6	22.0
シエラレオネ	14.1	10.6	11.2
ソマリア	27.1	28.5	15.5
南アフリカ	27.2	19.4	16.3
スーダン	16.7	12.4	13.2
スワジランド	31.5	21.7	18.2
タンザニア	21.9	30.2	47.6
トーゴ	31.8	24.8	17.2
ウガンダ	6.7	9.1	13.8
ザイール	12.7	13.8	n.a.
ザンビア	22.3	15.0	13.1
ジンバブエ	18.6	19.3	24.0

出典：世界銀行「転換期にあるアフリカ大陸」1995年11月

である。農業部門の場合、製造業に比較すると設備投資の対象、投資の生産創出効果にも限界がある。やはり、製造業部門における民間設備投資が行われてこそ経済成長の展望も開かれてくる。こうした零細業者は、製造業でも初期発展段階にあるわけで、資金調達の途が閉ざされている場合も多い。民間設備投資自体が弱体であることは、経済発展していくうえでネックのひとつとなっている。また、1988～93年の粗国内総貯蓄は、大半の国で10％を割り込む状況にある。また、産油国などの一部の国を除いて、アフリカ長期開発計画（LTPS）の貯蓄率の目標値である「2000年までに国内貯蓄の対GDP比18％」の達成も困難となる可能性は高い。

(6) 対外債務の状況

サブサハラ・アフリカ諸国の主要債務指標（第1-7a、b表）をみると、1998年現在で全対外債務残高は2,258億ドルに達する。このうち中長期債務残高が1,760億ドルを占める。サブサハラ諸国の対外債務の特徴は、①サブサハラ全体の債務残高を例えば中南米諸国と比較した場合には絶対額では小さいこと、②中長期債務残高をみた場合、民間債務のウェイトは低く（約5％）、公的債務のウェイトが高いこと（約95％）である。また、③短期債務残高のウェイトはかなり低いこと（約19％）も特徴である。従って、1980年代に累積債務問題が発生した際、先進諸国の民間銀行や企業部門から巨額な資金が貸し込まれていた中南米諸国がデフォルトに陥った場合や1990年代後半に短期資本が一斉に流出したアジア諸国に比較すれば、世界の国際金融システムの崩壊に急速に結びつくということはないかもしれない。また、公的債務に関して言えば、譲許的な性格を持つものが多いだけに、債務金利が低く設定されており、債務サービス支払額をみるかぎり決して高いとは言えない。但し、民間債務が少ないということは、サブサハラ諸国には、商業ベースとなる民間投資の対象に乏しいということを表している。

サブサハラ諸国の対外債務残高の増加のペースは1990年代に入り鈍化しているが、これは、ほとんどの国において追加的な債務救済措置がなければ債務状況は持続不可能となっているからである。例えば、世界銀行の報告書

によると、1993年には、債務総額は2000億ドルに達したが、この数字は輸出所得の254％、GNPの73％に相当する。1988年から1993年までの新規融資200億ドルのうち、約90％が譲許的条件の援助資金の性格をもっており、うち3分の2は多国間機関からの融資となっている。この譲許的資金により債務構造の若干の改善はみられているが、累積している延滞利息の元本化により債務額は増加をみている。この利息の累計と利息の元本化分だけで180億ドルと債務増加額の半分を占めるのが実情である。従って、過去の累積債務への対応に追われており、新規投資への融資分は少ないとみなければならない。

(第1-7a表)　　サブサハラ諸国の主要債務指標　　単位：10億ドル

	1970	1980	1990	1995	1998
対外債務残高	n.a.	60.9	177.4	233.8	225.8
中長期債務残高	6.1	46.6	149.9	184.2	176.0
うち					
公的補償債務	5.8	42.1	144.6	174.2	168.5
民間信用	0.3	4.6	5.3	9.9	7.5
短期債務残高	n.a.	11.2	21.0	40.9	42.4
債務サービス支払額	1.3	11.8	10.4	14.0	9.5
利払額	n.a.	3.5	5.3	7.3	6.7
元本返済額	0.5	3.2	5.6	9.4	7.9

出典：IMF Survey

(第1-7b表)　　対外債務残高と債務返済構造（1980～1993年）

	1980	1988	1993
対外債務残高（10億ドル）	84.3	166.0	200.4
長期対外債務残高（〃）	1.3	20.1	49.3
うち利息延滞分（〃）	0.2	6.4	18.1
実際の対外債務元利支払い額（百万ドル）	9,024	14,227	12,007
対外債務残高の対GNP比（％）	30.7	70.2	73.2
実際の対外債務元利支払い額の対GNP比（％）	4.4	9.3	4.6
対外債務残高の対輸出額比（％）	91.5	242.8	253.6
実際の対外債務元利支払い額の対輸出額比（％）	9.8	20.8	15.2

出典：世界銀行「転換期にあるアフリカ大陸」1995年11月
　　　計数は、南アフリカ共和国を除くベース

サブサハラ諸国は、現在抱えている対外債務残高を返済することができるのであろうか。世界銀行では、債務返済能力を測る基準として次のように取り決めている（第1-8表）。

① 対外債務の返済は、輸出による収益で返済するものと考えて、債務残高が輸出額の220％を超えると経験により返済は困難と判断できる。また、このレベルを超えると、債務返済に将来資金が大きく割かれるようになるため、海外投資家は投資をためらうようになる。

② 返済期限が到来した対外債務元利支払い額（債務救済前）が輸出額の25％を超える場合は、債務返済に関し要注意レベルとなる。これをクリテイカルレベルという。

この双方の基準をサブサハラ諸国に照らし合わせてみると、①の220％を超える国は1993年現在、33カ国にのぼる。また、②の25％を超える国は12カ国にのぼる。

IMF、世界銀行による構造調整策を条件として先進諸国からの融資を受けたものの、返済が不可能となったところから、リスケジュール（債務返済の繰り延べ）が行われた国は28カ国。このリスケジュールにより改善プログラムを受け、これに求められる国際収支改善条件を満たす力をつけた国もあるにはあるが、多くの国で債務のリスケジュールが繰り返されてきている。

確かに、サブサハラ諸国にとって有利な債務救済措置に譲許性の高い資金援助（ニューマネー）が加わって、デット・サービス・レシオは1988年の21％から1993年の15％へと低下してきている。また、パリクラブが実施する二国間債務の債務救済措置により、利息の元本化が軽減され、より譲許的な条件を含んだ債務オプションが設定されるなど対外債務負担を重くしない工夫は徐々になされてきている。特に、IDAにより導入された商業債務削減ファシリティを通じた債務の割引買い戻し（ディスカウント）等により、ナイジェリア、モザンビーク、ザンビアなどの国々は、先進国の商業銀行に対する対外負債がかなり減少したといわれている。また、多国間債務については、主にグランドエレメントが高い資金の新規供給により負担の軽減がなされている。

(第1-8表)　サブサハラ諸国のデット・サービス・レシオ、債務・輸出比率

	デット・サービス・レシオ(年平均)			債務残高（対輸出額比）		
	1975～84	1985～89	1990～	1975～84	1985～89	1990～
アンゴラ	2.1	8.2	7.1	22.9	175.1	252.6
ベナン	6.2	9.3	8.2	143.1	230.7	270.4
ボツワナ	2.5	4.3	4.2	39.5	32.9	25.8
ブルキナファソ	4.9	9.2	7.2	101.5	175.7	195.4
ブルンジ	6.6	31.2	35.1	58.1	553.2	879.4
カメルーン	11.8	24.6	17.9	109.5	166.6	280.2
カーボ・ヴェルデ	2.5	9.8	8.3	78.5	181.0	172.5
中央アフリカ	6.6	15.6	8.8	119.7	312.9	425.5
チャド	4.8	7.3	6.9	185.4	176.1	326.6
コモロ	8.0	4.9	5.9	396.9	477.8	354.2
コンゴ	15.5	40.1	22.3	158.6	380.3	407.6
コートジボワール	30.0	34.3	32.5	197.7	350.0	549.9
ジブチ	3.6	5.5	3.7	49.4	78.7	61.2
赤道ギニア	—	21.7	6.8	—	463.4	480.0
エチオピア	9.4	30.4	17.2	156.0	341.9	623.9
ガボン	12.0	10.4	9.9	67.2	154.4	154.1
ガンビア	8.6	19.5	15.5	157.3	265.0	182.6
ガーナ	12.7	40.8	27.0	167.0	343.7	374.5
ギニア	22.4	18.1	15.8	247.3	311.1	372.5
ギニアビサウ	28.4	33.0	13.9	1,025.1	1,391.1	1,617.4
ケニア	22.2	39.0	32.6	161.9	295.6	311.5
レソト	1.4	4.7	5.0	18.1	59.9	77.8
マダガスカル	14.4	54.1	25.9	271.2	864.2	827.1
マラウイ	22.4	38.6	23.6	244.1	421.5	429.0
マリ	6.7	20.4	7.4	324.2	586.7	488.5
モーリタニア	22.5	23.9	23.4	308.4	398.8	455.6
モーリシャス	11.3	14.7	7.6	71.7	73.8	52.0
モザンビーク	0.0	26.1	19.0	125.3	1,644.3	1,430.4
ナミビア	—	—	—	—	—	—
ニジェール	21.2	35.8	25.7	154.8	395.8	541.8
ナイジェリア	9.9	25.8	23.5	65.1	319.4	277.5
ルワンダ	3.6	12.9	14.0	100.8	309.2	627.2
サントメ・プリンシプ	8.1	30.2	25.8	147.6	965.6	1,993.7
セネガル	13.7	27.3	18.1	136.2	285.2	261.5
セイシェル	5.7	9.3	7.6	154.4	96.2	70.4
シエラレオネ	19.3	17.0	30.1	231.8	707.5	836.1
ソマリア	7.8	29.1	11.7	469.0	1,928.1	2,599.0
南アフリカ	—	—	—	—	—	—
スーダン	19.0	14.0	5.4	466.9	1,044.7	2,844.8
スワジランド	3.4	7.8	4.0	42.3	58.3	31.6
タンザニア	24.2	46.8	41.0	441.7	1,182.9	1,287.6
トーゴ	14.3	22.0	13.3	188.5	214.8	302.6
ウガンダ	14.4	49.1	76.7	173.0	499.5	1,308.8
ザイール	14.5	22.6	15.1	251.8	370.7	444.7
ザンビア	26.1	22.6	32.1	267.3	590.8	595.2
ジンバブエ	9.1	29.5	28.4	69.8	164.1	186.6

出典：世界銀行「転換期にあるアフリカ大陸」1995年11月

しかし、これは累積債務残高がサブサハラ諸国の返済能力をはるかに超えてしまったために緊急的に実施された債務救済策による一時的なものであり、現行の経済状況が続くかぎり、現在の支援体制・債務救済水準が継続されたとしても、自力で債務を返済しうる見通しはたたないばかりか、状況によっては再び経済状況が悪化し、現在の緩和された債務返済条件すらも充たすことはできず、債務状況が一層深刻になる可能性も高い危険な状況にあることに変わりはない。

(7) 貧困の度合を示す社会指標

貧困を定義する場合に、「相対的貧困」(relative poverty) と「絶対的貧困」(absolute poverty) という概念がある。「相対的貧困」とは、富める者とそうでない者との所得格差の問題であり、所得分配における不平等を示す。また、「絶対的貧困」とは、人間が生存していく上での最低限の所得を示したものであり、世界銀行では、1985年の購買力平価で計測した1人1日1ドルを貧困ラインとして設定している。この貧困ラインは、世界各地域によって異なり、ラテンアメリカ・カリブ諸国では1日2ドルの貧困ラインが使われており、東欧・CIS（独立国家共同体）諸国については90年の購買力で計った1日4ドルの貧困ラインが設定されている。先進諸国の比較には、85年の購買力平価で測った14.40ドルが用いられてきた（第1-9表参照）。この計数から察するに、サブサハラ・アフリカ諸国では、全人口の4割近くは絶対的貧困の状況にあり、しかも他の発展途上国地域は、1987年と93年を比較すれば、ほとんどの地域で絶対的貧困の改善がみられているにもかかわらず、サブサハラ諸国だけは絶対的貧困層の割合が増加している。

貧困に関する2つの概念は、主に所得の低さという経済的な観点から測定したものであるが、90年代半ばからは寿命、教育、人並みの生活水準といった3要素を変数にとって測定される「人間的貧困(Human Poverty)」という概念が提示されている。国連開発計画(UNDP)では、貧困とは、ただ単に物質的に困窮している状態だけではなく、人々がその潜在能力を発揮する選択肢と機会が剥奪されている状態であると定義している。UNDPが提示してい

(第1-9表)　全人口に占める絶対的貧困状況　　単位：％

地　　域	全人口に占める割合	
	1987年	1993年
サブサハラ・アフリカ	38.5	39.1
東・南アジア・太平洋	35.5	33.0
ヨーロッパ・中央アジア	0.6	3.5
中南米・カリブ地域	22.0	23.5
中東・北アフリカ	4.7	4.1
合　　計	30.1	29.4

出典：World Bank, *World Development Indicators* 1998

る「人間貧困指数(HPI)」[2]は、発展途上国における全人口に占める人間貧困の状態にある人々の割合を示すものである（第1-10表参照）。これによると、HPIの指数が30％後半の高い国名をみると、ほとんどサブサハラ諸国に集中していることが明かである。なかには、全人口の過半を上回る貧困層を抱えている国もみられる。

　また、前述の世界銀行の「転換期にあるアフリカ大陸」によると、1992年のデータでは、サブサハラ・アフリカの人口のほぼ5億2500万人のうち、45～50％が貧困ライン以下の水準にあると推定され、貧困が貧困を生む悪循環に陥っていると考えられる。こうした貧困の原因は複雑に絡み合っているが、貧困の基本原因として以下の様な点が挙げられる。

①貧困層の雇用機会へのアクセスが不十分。低い経済成長と貧困層の雇用を拡大できない成長パターンとなっていること。

②貧困層が利用できる土地、資本などの資産が不十分。土地改革が行われず、また、小規模金融の機会が極めて限られた状態にあること。

③貧困な地域において農村開発事業を促進するのに必要な手段へのアクセスが不十分。開発計画作成時に開発ポテンシャルの高い地域や、都市部の開発偏重の傾向が強いためである。

④貧困層が財・サービスを販売できるような市場へのアクセスが不十分であることが多い。これは居住地が遠隔地にあることなどが原因である。

⑤教育、保健、衛生、上下水道などの提供が不十分。社会サービスの分配が

24　第1章　サブサハラ・アフリカの金融経済問題

（第1-10表）　　　　　　　人間貧困指数（HPI）

順位	国名	HPI値 %	順位	国名	HPI値 %	順位	国名	HPI値 %
1	トリニダードトバゴ	4.1	27	イラン	22.6	53	**ウガンダ**	41.3
2	キューバ	5.1	28	ペルー	22.8	54	**ナイジェリア**	41.6
3	チリ	5.4	29	**ボツワナ**	22.9	55	モロッコ	41.7
4	シンガポール	6.6	30	パラグアイ	23.2	56	**中央アフリカ**	41.7
5	コスタリカ	6.6	31	チュニジア	24.4	57	**スーダン**	42.2
6	コロンビア	10.7	32	**ケニア**	26.1	58	**ギニアビサウ**	43.6
7	メキシコ	10.9	33	ベトナム	26.2	59	**ナミビア**	45.1
8	ヨルダン	10.9	34	ニカラグア	27.2	60	**マラウイ**	45.8
9	パナマ	11.2	35	**レソト**	27.5	61	ハイチ	46.2
10	ウルグアイ	11.7	36	エルサルバドル	28.0	62	ブータン	46.3
11	タイ	11.7	37	アルジェリア	28.6	63	**コートジボアール**	46.3
12	ジャマイカ	12.1	38	**コンゴ共和国**	29.1	64	パキスタン	46.8
13	モーリシャス	12.5	39	イラク	30.7	65	**モーリタニア**	47.1
14	アラブ首長国	14.9	40	ミャンマー	31.2	66	イエメン	47.6
15	エクアドル	15.2	41	**カメルーン**	31.4	67	バングラデイッシュ	48.3
16	モンゴル	15.7	42	パプアニューギニア	32.0	68	**セネガル**	48.7
17	**ジンバブエ**	17.3	43	**ガーナ**	32.6	69	**ブルンジ**	49.0
18	中国	17.5	44	エジプト	34.8	70	**マダガスカル**	49.5
19	フィリピン	17.7	45	**ザンビア**	35.1	71	**ギニア**	50.0
20	ドミニカ	18.3	46	グアテマラ	35.5	72	**モザンビーク**	50.1
21	リビア	18.8	47	インド	36.7	73	カンボジア	52.5
22	スリランカ	20.7	48	**ルワンダ**	37.9	74	**マリ**	54.7
23	インドネシア	20.8	49	**トーゴ**	39.3	75	**エチオピア**	56.2
24	シリア	21.7	50	**タンザニア**	39.7	76	**ブルキナファソ**	58.3
25	ホンジュラス	22.0	51	ラオス	40.1	77	**シエラレオネ**	59.2
26	ボリビア	22.5	52	**ザイール**	41.2	78	**ニジェール**	66.0

出典：国連開発計画（UNDP）「人口開発報告書 1997」国際協力出版会
　　　ゴシックはサブサハラ・アフリカ諸国

　不公平であるため、貧困層が健康的で活動的な生活をおくることができず、
雇用機会を十分に活かせないこと。
⑥自然環境の破壊による農業、林業、漁業の生産性低下。自然環境の管理に
　対する不適切・非効率な政策や、貧困層が生きていくために止むに止まれ
　ず行う生産活動により自然環境破壊が進むケースが多い。

⑦開発計画作成のプロセスに貧困層の意見が十分反映されていないこと。ドナーまたは政府が開発計画について協議する際に、貧困層のコミュニティの代表者が参加していない。

⑧干ばつ、洪水、害虫、戦争などが原因で一時的な貧困 (transitory poverty) に苦しむ人々がその必要とする支援に十分アクセスできないこと。適切な対策と物資及びスタッフの欠如が原因である。

　貧困の度合を表わす社会福祉指標には以下のような項目が考えられる。普通死亡率（人口千人当り）、乳児死亡率（出生児千人当り、1歳未満と5歳未満）、低体重児出生率（％）、栄養不良（％、5歳未満）、出生時平均余命（年）、1人当りカロリー摂取量、初等・中等教育就学率（相当年齢別％）、識字率（成人人口比％）、人口当り医師・看護士数などが挙げられる。こうした指標について先進諸国と比較すれば、平均余命は50歳以下で、先進国の72歳と比較すれば著しく低い。また、幼児死亡率は、千人当り140人に対し先進国は20人であり7倍の高率を示している。成人の識字率は、先進国が97％であるのに対し、24％にすぎない。6歳から11歳までの就学率は51％であるのに対し、先進国は94％、12歳から17歳までの就学率は先進国は85％であるのに対し、32％の低率にある（第1-11表参照）。人間が生活を営む上での基本的なニーズが整えられていないと考えざるを得ない。さらにこうした基本的なニーズが改善せずむしろ悪化しかねない原因は前述した貧困層を中心とした人口成長率の高さにある。さらに社会指標を男性と女性と比較した場合、女性が劣位にあることも否定できない。栄養が行き届き、健康で、字が読めなければ、生産的労働が継続的に維持可能であろうか。こうした根本的な生活基礎項目の最低必要水準の確保は考えていかなければならない。

　また、サブサハラ諸国の国内をみると、貧困の度合は都市に比べ地方の方が深刻であるといえる。特に、栄養不良の状況は都市と地方農村部にあまり格差はみられないが、安全な水の確保や初等教育、中等教育の就学率は男女ともに地方部の方が都市部に比較するとかなり低い水準にある（第1-2a図ザンビアの例）。これは、地方では、水道の普及が無く、安全な水を確保するために遠隔地まで水の運搬のために家庭内労働を余儀なくされているほか、衛

(第 1-11 表) 社会福祉指標

	平均余命 (年)1996	乳児死亡率 千人当り人	初等教育 就学率%	中等教育 就学率%	識字率%
アフリカ					
エチオピア	49	109	—	11	35.5
ガーナ	59	71	74	38	64.5
カメルーン	56	54	101	28	63.4
ギニア	46	122	42	10	35.9
ケニア	58	57	95	13	—
コートジボアール	54	84	69	24	—
コンゴ共和国	51	90	—	—	—
ザンビア	44	112	97	31	—
シエラレオネ	37	174	39	11	3.41
ジンバブエ	56	56	73	48	85.1
セネガル	50	60	58	16	—
中央アフリカ	49	96	—	—	60.0
タンザニア	50	86	68	5	—
チャド	48	115	65	7	68.0
ナイジェリア	53	78	76	20	57.1
ナミビア	56	61	—	—	—
ニジェール	47	150	29	6	13.6
ブルンジ	47	97	69	6	35.3
マダガスカル	58	138	92	—	—
マラウイ	43	169	66	4	—
マリ	50	184	25	7	31.0
南ア共和国	65	61	117	84	81.8
モザンビーク	45	55	60	8	40.1
ルワンダ	41	128	71	8	60.5
ギニアビサウ	44	134	—	—	—
ヨーロッパ					
イギリス	77	7	115	134	100
ドイツ	76	10	102	118	100
フランス	78	6	106	111	100
アジア					
中国	70	39	120	69	81.5
インド	63	85	100	49	52.0
北中米					
アメリカ	77	8	102	97	97

出典：ユネスコ統計年鑑 (1997 年版)。世界銀行アフリカ総局データベース。就学率は各教育の就学者数を就学年齢層で除した率。

生面でも問題があることを意味している。また、公共施設や公共サービスは主に都市部を中心に提供されており、地方においては、こうしたサービスの提供も少ない。また、児童や若年層においても家庭内労働や農作業の労働に携わっている場合も多く、中等教育はおろか初等教育さえも受けられない状況が続いている。

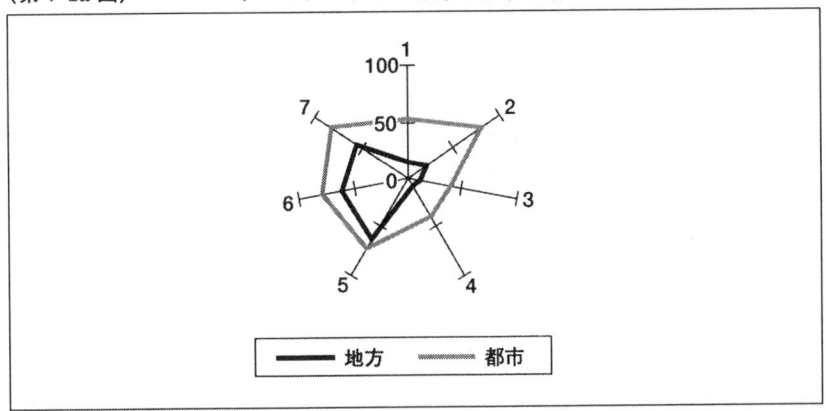

(第 1-2a 図) 　　ザンビアにおける地方と都市の格差

軸名　1　非貧困層（％）、　2　安全な水へのアクセス
　　　3　女子の純中等教育就学率、4　男子の純中等教育就学率
　　　5　栄養不良でない人の割合、6　女子の純初等教育就学率
　　　7　男子の純初等教育就学率
人口：地方 54％、都市 46％
出典：世界銀行　アフリカ地域総局「転換期にあるアフリカ大陸」

　また、社会福祉指標では男女格差がみられるのもサブサハラ諸国の特徴である。これは、初等教育、中等教育の就学率と識字率に関して女性の比率が男性に比較してかなり低い点に表れている（第1-12表参照）。女性には土地の所有権が認められなかったり、金融機関からの貸出にも制限を受けたりすることもあり、女性の市民権が十分に認められていないケースも多くみられる。男性に比べ女性の地位がなかなか向上せず、社会体制や生活習慣のなかにまだ保守的な性格を残している状況にある。
　さらに、経済指標と社会福祉指標の間にも正の相関関係がみられることが

(表1-12表)　　　　　　就学率・識字率の男女格差　　　　　　　　単位：％

	就学率		識字率 (1995)	
	男	女	男	女
エチオピア	22.0	18.0	—	—
ガーナ	74.0	68.0	75.9	53.5
カメルーン	101.0	93.0	75.0	52.1
ギニア	42.0	27.0	49.9	21.9
シエラレオネ	48.0	39.0	45.4	18.2
ジンバブエ	119.0	118.0	90.4	79.9
スーダン	—	—	57.7	34.6
タンザニア	68.0	67.0	—	—
中央アフリカ	73.0	51.0	68.5	52.4
トーゴ	111.0	85.0	67.0	37.0
ナイジェリア	76.0	66.0	67.3	47.3
ニジェール	29.0	21.0	20.9	6.6
ブルンジ	69.0	62.0	49.3	22.5
マリ	25.0	18.0	39.4	23.1
南アフリカ共和国	—	—	81.9	81.7
モザンビーク	60.0	51.0	57.7	23.3
ルワンダ	71.0	70.0	69.8	51.6

出典：世界銀行アフリカ地域総局「転換期にあるアフリカ大陸」、世界国勢図会98/99

指摘されている。サブサハラ・アフリカ諸国を1人当りの年間所得をベースに、①287ドル以下、②288ドル〜459ドル、③460ドル以上、のグループに分類して夫々社会福祉指標と比較してみたところ、所得と福祉指標の間には強い正の相関関係がみられる。所得の高い国の居住者ほど、平均寿命も高く、幼児死亡率も低い。また、安全な水へのアクセスや保健サービスのアクセス率も高い。特に、教育の分野をみると、就学年齢の子供の初等教育就学率、成人の識字率には大きな格差がみられる（第1-2b図参照）。

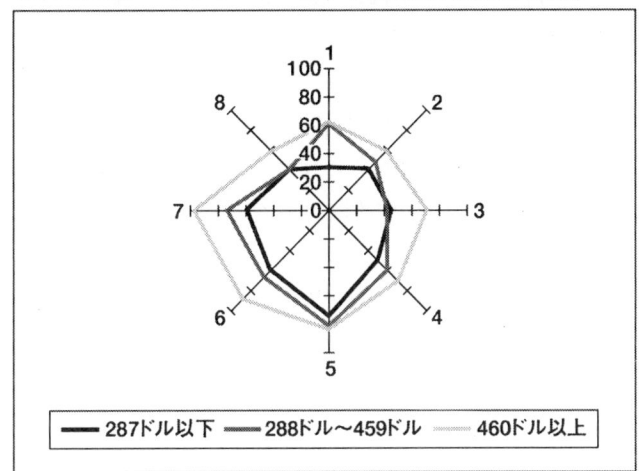

(第1-2b図) サブサハラ・アフリカ諸国の主要貧困指標

軸名　1　1日1ドル以上の消費額（1990年）
　　　2　安全な水へのアクセス（1988-90年）（人口比）
　　　3　保健サービスへのアクセス(1988-901年)（人口比）
　　　4　発育不良の認められない子供（85年）
　　　5　5歳児以下の死亡率　南北指数（90年）
　　　6　平均寿命　南北指数（90年）
　　　7　就学年齢の子供の初等教育就学率（1990年）
　　　8　成人識字率（15歳以上人口に対する比率）（1990年）
出典：世界銀行　アフリカ地域総局「転換期にあるアフリカ大陸」

（8）政治紛争と難民の増加

　現在、世界各地で数多くの紛争が起こっている。冷戦の終結により終息した紛争もあるが、長期にわたって紛争が続く地域や冷戦終結過程で政治・経済体制が混乱した中で紛争に発展した地域もある。こうした背景には、民族や宗教に根ざした部族・グループ間の紛争が増えているのは事実である。また、80年代までの米ソ両大国が世界を二分して対峙していた冷戦期においては、地域紛争は代理戦争のかたちをとり、米ソ両国の影響力や介入は大きかった。アフリカにおいても、エチオピア・ソマリアの国境紛争などがこれにあたる。しかし、冷戦が終結し、米ソ両国の影響力が低下するなかで、サブサハラ・アフリカ諸国のように政治経済が脆弱な体制にあるような地域で

は、軍事政権に対する国民の不満、経済的困難の国民生活に対するしわ寄せが深刻になり暴動や紛争が頻発し、なかには大量虐殺というような悲劇に見舞われた地域も記憶に新しい（第1-3a、3b図）。

　アフリカ諸国のなかには1980年代後半から1990年代にかけて、紛争、暴動、内戦へと発展していった国がみられた。「アフリカの選択」（マイケル・ブラウン著）によると、1988年から91年までサブサハラ・アフリカ諸国33カ国の多額の債務を抱える国のうち、ストライキ、暴動、全面的な内戦へのクーデター、大量虐殺などがなかったのは僅か4カ国にすぎなかったとの記述がある。もちろん、これらの国のうち国内に深刻な民族的または政治的対立を抱えていた国もある。ルワンダにおけるツチ族とフツ族の対立から虐殺、大量の難民の発生という悲劇的な状況はまだ記憶に新しい。

　さらに自然環境の悪化を紛争の遠因とする考え方もある。1970年代と80年代のサブサハラ・アフリカ地域での降雨量は、今世紀前半の平均よりもはるかに下回っており、全般的に、サハラ砂漠南方に横たわるサヘル地帯（サバンナ草原地帯）が後退し砂漠化を拡大させており、チャド、スーダン、エチオピア、ソマリアの国々の食糧生産に大きな影響を与え、飢饉を拡大させているという指摘もある。確かに、サヘル地帯の国において飢饉や難民の増大が続いているのは事実であるが、こうした徐々に進む自然環境の変化を近年に頻発した紛争・難民の増加の根本的な要因と考えるのは無理があるだろう。1980年代後半から90年代へと国内の経済が破綻し、債務が急増している国の中に飢饉が発生したり、紛争・難民増加にいたる国が多い。こうしたことからも、自然環境の悪化、さらには干ばつなどの偶発的な災害の発生と経済状況の悪化により国民の不満が爆発し、暴動、内乱、紛争に発展したものと考えられる。ここでも80年代以降の経済状況の急速な悪化が暴動・紛争の発生を刺激する主因となっていたと考えられよう。また、この結果、大量の難民が急増すれば、農業生産力は落ち食糧自給力が弱体化することに加え、雇用機会に対して失業比率が拡大し、経済が一段と悪化し、これが暴動、紛争をさらに発生させるという悪循環を促したと考えざるを得ない。

第1節　サブサハラ・アフリカ諸国の現状　31

(第1-3a図)　種類別の難民数　　　　　単位：万人

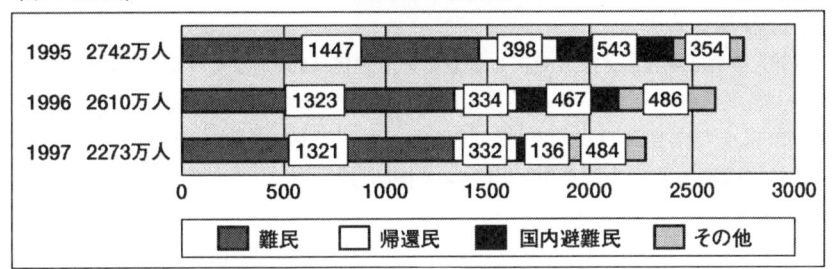

年	総数	難民	帰還民	国内避難民	その他
1995	2742万人	1447	398	543	354
1996	2610万人	1323	334	467	486
1997	2273万人	1321	332	136	484

(第1-3b図)　地域別難民数　　　　　単位：万人

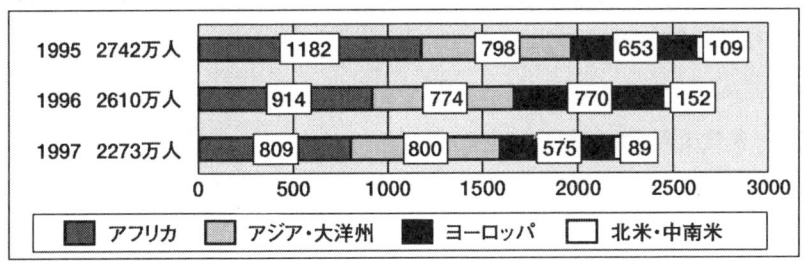

年	総数	アフリカ	アジア・大洋州	ヨーロッパ	北米・中南米
1995	2742万人	1182	798	653	109
1996	2610万人	914	774	770	152
1997	2273万人	809	800	575	89

出典：世界国勢図会98/99

(参考) サブサハラ・アフリカ諸国の主要な難民の状況

① コートジボアールとギニア

　1990年初めに始まったリベリア内戦によって数多くの人々が隣国へ追いたてられた。1997年初め現在で、約42万人がギニアへ、30万人近くがコートジボアールへ流出している。ギニアはシエラレオネからの難民約25万人にも庇護を与えている。

② ザイール

　1996年、97年に最も規模が大きく複雑な難民問題から旧ザイール地域で武力紛争が発生し各地に及んだ。1997年半ば現在、ザイールは多くの難民を受入れている。内訳は、アンゴラ難民16万人、ブルンジ難民4万人、ウガンダ難民2万人、スーダン難民11万人、1997年時点でUNHCRなどの人道援助機関は、行方不明のルワンダ難民約25万人の居場所を捜している。

③ ウガンダ

　ウガンダは、近年著しく寛大な庇護政策を進めてきた。現在主にスーダン難民26万5,000人がいる。1997年半ば現在、ウガンダ反政府勢力の武力行使により難民の

うち3万人が土地を追われ、UNHCRの出資した現地定住計画が中断された。
④　エチオピア
　1997年半ば現在、エチオピアに逃れている難民は約34万人（このうちソマリアから28万5,000人、スーダンから3万5,000人、ケニアから8,600人、ジプチから8,000人）。UNHCRは、ソマリア北西部における治安状況の回復に応じ、ソマリア難民の組織的な帰還事業を1997年初めに開始した。
⑤　スーダン
　スーダンは、従来からアフリカ各国のなかで最も重要な難民受入国であるのと同時に、難民発生国であった。1997年半ば現在、同国は40万人以上の難民（ほとんどエリトリアから）を庇護している。そのうち約45％は遊牧民だが、出身国を離れてからは定住的な生活を送っている。

（9）保健衛生上の問題

　健康で文化的な生活を送ることは人間が最低限の生活を営む上で必要なことである。サブサハラ諸国では、安全な水の確保に困難が伴っていたり、まだまだマラリア、黄熱病、チフスなどの伝染病が撲滅されておらず、栄養供給量の乏しさもあって、先進諸国に比較すると伝染病による死亡率がまだまだ高い。さらに、まだ医療施設、医師数、看護士数も不足しており、こうした保健衛生上の環境は決して改善しているとは言えない。貧困から脱却する場合、こうした基本的な環境を整備していかなければならないことに加え、公衆衛生の知識の普及などに努めていかなければならない（第1-13表）。
　特に、現在もっとも重視しなければならないのは、HIV/エイズウィルス対策の強化である。世界中でエイズの問題は危機的な状態にある。世界保健機構（WHO）によれば、感染者数は、1997年現在、全世界で3,060万人。エイズによる死亡者数の累計は1,170万人と推計されており、そのうち途上国の割合が約95％に達している（第1-14表）。また、1997年の1年間で新たに感染した人数は世界全体で580万人、死亡者数は230万人に達しており、感染の勢いを増している。この3,060万人いるエイズ感染者のうち3分の2にあたる2,080万人がサブサハラ・アフリカ諸国が占める。サブサハラ諸国の全人口が約6億人いるなかで約3.5％が感染者ということになる。世界銀行

(第1-13表)　　　　　　　　保健衛生に関する指標

	供給栄養量（kcal/日）1992～94年	栄養失調蔓延率(%) 1990～96	医師数（人口千人当り）1991～93年のいずれか	病床数（人口千人当り）1991～93年のいずれか
アフリカ				
ウガンダ	2,160	26	—	0.9
エチオピア	1,634	48	0.0	0.2
ガーナ	—	27	—	1.5
カメルーン	—	15	0.1	2.6
ギニア	—	24	—	—
ケニア	1,916	23	0.0	1.7
コートジボアール	—	24	—	—
コンゴ共和国	2,187	24	0.1	1.4
ザンビア	1,954	29	—	—
シエラレオネ	—	29	—	—
ジンバブエ	2,000	16	0.1	0.5
セネガル	—	22	0.1	0.7
中央アフリカ	1,959	23	0.0	0.9
タンザニア	2,053	29	—	0.9
ナイジェリア	—	35	—	—
ナミビア	—	26	—	—
ニジェール	—	43	—	—
ブルンジ	—	38	—	—
マダガスカル	—	32	0.1	0.9
マラウイ	—	28	0.0	1.6
マリ	—	31	—	—
南ア共和国	2,776	9	—	—
モザンビーク	—	47	—	—
ルワンダ	—	29	0.0	1.7
ヨーロッパ				
イギリス	3,216	—	—	—
ドイツ	76	—	3.3	9.7
フランス	78	—	2.8	9.0
アジア				
中国	2,757	16	1.6	2.4
インド	2,397	66	0.4	0.8
北中米				
アメリカ	3,610	—	2.5	4.2

出典：世界国勢図会 98/99

(第1-14表) 世界のHIV/エイズの感染者数（1997年末）

地　　域	感　染　者　数
サブサハラ・アフリカ	2,080万人
西ヨーロッパ	53万人
東ヨーロッパ	15万人
北アフリカ・中近東	21万人
東アジア・太平洋	44万人
南・東南アジア	600万人
北アメリカ	86万人
カリブ諸国	31万人
南アメリカ	130万人
大洋州	1万人
合　　計	3,060万人

出典：WHO/Report on the global HIV/AIDS Epidemic 1997.

の年次報告1999によると、HIV感染者の数による上位21カ国がアフリカの国々であり、ボツワナとジンバブエの成人4人に1人が感染者であり、さらに少なくとも他のアフリカ諸国10か国における成人のエイズ感染者の割合は10％を超えている。ザンビアとジンバブエでは新生児のなかにエイズで命を落とすものが多く、他の諸国においても約3分の1の人口がエイズを死亡原因として亡くなっている。この結果、ボツワナ、ジンバブエ、ケニア、ザンビアなどでは、1990年代になってから、平均寿命（出生時）が落ち込んでしまっている。これ以上のHIVエイズの感染は早急に防止しなければ、サブサハラ諸国の人々の生存までもおびやかすことになりかねない。アフリカ諸国の政府と国際機関による一刻も早い措置が必要となるが、既に感染している何百万人という人々に対する治療も進んでおらず、感染予防にも有効な対策が打ち出せないでいる。医師、薬品の不足、病床の不足などがあるほか、避妊の知識の普及が進まず、何にもまして伝統的な習慣の壁や避妊具自体が日常の生計からすればコストが高く、これを購入することができないという根本的な問題がある。この問題だけは、他の問題とは違い、サブサハラに生

きる人々の生存に直接関わる喫緊の課題であり、サブサハラ諸国における開発の課題の中でも早急に解決を要する中心的な問題として捉え、国際機関のネットワークを十分活用し援助の手を差し伸べていかなければならない。

世界銀行では、漸く1999年5月に新しい戦略としてアフリカにおけるHIV/エイズに対する行動強化プログラムとして、アフリカ諸国と協力するUNAIDS（国連AIDS合同計画）を開始した。同計画では、アフリカ・エイズ・キャンペーン・チームを設置し、戦略の実施促進と世銀各種プログラム等を最大限利用できるようにした[3]。

(10) 固有の文化（Culture）の尊重

1999年10月4日、イタリアのフローレンスで、世界銀行の総裁J.D.Wolfensohnは、貧困からの脱却に関し、個々の文化・伝統を大切に守っていくことの必要性を強調している。このなかで、貧困から脱却するには、経済的諸関係の改善が必要であるが、これに、social side, human side, political side, human health, water, communicationsなどが大事であると述べている。これに加えて、生活環境(environment)、文化(culture)が基本的に大切な条件であると述べている。世界銀行では、途上国60か国、60,000人に個人的なインタビューを試み、「貧困とは何か」を質問した。これによると、貧困とは単にカネの問題ではなく、もっと深遠なところに根ざしていることが判明したとの記述が窺える。

It is not just money, it is what we call, a sense of well-being. この「well-being」という感覚は、まず健康なこと(good health)であり、安全な環境にあること(safety society)であり、こうした条件下で家族・地域共同体において共に生活していく気持ち(it is care of the spirit, family and community, and happiness)にあるとしている。そして、彼らは、社会の中にコンテクストを持つこと、彼らの固有の文化を維持していくことにwell-beingの気持ちを持つとしている。そこに共通してあるのは、「地域コミュニティと共に生きることの連帯感」(human sights of solidarity)である。この連帯感は、たとえ、人々が貧困生活をおくっていたとしても、生活にはりを持って生きることが

できるものである。こうした現状分析から、世界銀行は、UNESCO と協力して、固有の文化を大切にしていくことが貧困からの脱却のプロセスにおいて重要なことであるとの認識に至った。

注1) このほか、国連の Economic Commission for Africa では、2025 年までに、現在のサブサハラ・アフリカの貧困状況を半減させる目標を掲げ、そのためには、GDP の平均成長率 7％が必要としている。但し、このための必要条件として、マクロ経済政策のみでは不十分で、人的資本 (human capital)、諸制度の改革 (institutions)、社会構造の多様化、柔軟性 (structural diversification)、取引コストの低下 (lowering transaction cost) のほか、競争力の強化、環境・エコロジカルな問題への対応などが必要としている (Economic Report on Africa 1999：The Challenges of Poverty Reduction and Sustainability by United Nations ECA 1999 参照)。
2) 人間貧困指数の概念は、5 つの real life of attributes poverty を測定。5 つの要素とは、識字率 (illiteracy)、子供の栄養摂取率 (malnutrition among children)、余命率 (early death)、健康・衛生状態 (poor health care)、安全な水の供給状況 (poor access to safe water)。
3) アフリカ 30 カ国の 1990～2025 年までのエイズ感染の経済的影響を分析しているレポートとして The Macro Economic Impact of AIDS in Sub-Sahara Africa, World Bank 1992 を参照。

第2節　サブサハラ・アフリカの歴史的条件

(1) アジア地域との根本的な相違

　戦後、同じように欧米諸国の植民地から出発したアジア地域の諸国は、香港、シンガポール、台湾、韓国と急成長したNIEs諸国があり、これに続くマレーシア、タイ、インドネシア、フィリピンなどASEAN諸国が続き、中国、ベトナムといった社会主義国からスタートした国までいわゆる「東アジアの奇跡」と呼ばれる経済成長を遂げてきた。これに比べ、サブサハラ・アフリカ諸国は経済成長の波には乗れず、発展から取り残されている感がある。これは、国家的な独立を果たす以前の植民地時代において既にアジア諸国と初期的条件が異なっていたからだと思われる。これは、アジアの優位な点は、①外部からの押しつけではないその国の民族固有の制度と文化的な価値観の基盤の上に経済体制を構築することができ、しかも民間の産業資本家層が育つ素地が既に存在していたこと、②産業の開発と製品輸出促進の両面で欧米の主導ではなくその国の指導層がバランスの取れた主導的な役割を果たすことができたことである。

　サブサハラ・アフリカ諸国の現段階にいたるハンディキャップに関し歴史を逆上ってみると、その出発点は大西洋奴隷貿易に行きつくことができる。16世紀初めから19世紀初め (1807年、イギリスの奴隷貿易禁止) にいたるまでの300年間にわたり、主にカリブ海諸島やアメリカ大陸の鉱山、プランテーションでの労働力を確保するため大西洋奴隷貿易が行われ、おそらく全期間を通じて2,300万人もの若い男女が輸出され、このうちの半分がその運搬の途上で犠牲になったと言われている[4]。1850年頃に奴隷貿易は終わるが、その当時のアフリカの全人口は5,400万人を数えるのみであった。こうした暗黒時代が300年間にわたって続いたことのアフリカ大陸に与えた損失は計り知れない。経済的には多くの若い労働力が長期間にわたって失われ、アジアにみられるような堅固な農業共同体の構築、商業の発展に代表される社会基

盤を築いていく機会や技術的な発展の機会が失われたからである。また、これ以上に影響を与えたものは、アフリカ人の人種としての誇りが喪失されたことにある。こうしたアフリカを欧米に比較し低くみる傾向は、この後の植民地支配や独立後においても、彼らの本来持っている部族単位の結合や文化的価値も含めて軽く見られる傾向が続いたことは否定できない。アフリカの指導者層においても、自国の固有の文化価値に基盤を置くよりも、欧米の考え方に依拠する習慣が特徴となってしまっている。

(2) アフリカでの植民地支配

1860年以降は、欧州諸国の植民地支配が本格化する。欧州がこの後、自国の工業化をめざしていく過程で注目したのはアフリカ大陸にある天然資源である。イギリス、フランス、ベルギー、スペイン、ポルトガル、ドイツ、イタリアが覇権を競い、アフリカを鉱産物、農産物などの一次産品の供給基地として位置づけた。最初の植民地経営は、大西洋沿岸と北アフリカであり、ここではコーヒー、ココア、紅茶、綿花などの換金作物の生産が行われた。さらに、ユナイテッド・アフリカ社、ロイヤル・ニジェール社、ベルギー・ロイヤル社などの欧州企業によって特権的に所有されていたコンゴ盆地のプランテーションにおける換金作物の生産がある。さらに、南アフリカやローデシア（現在のザンビア、ジンバブエ）における金・銅・ダイヤモンド鉱山の開発のためにこの隣接地域およびケニア、ウガンダからも労働力の供給が行われた。この植民地建設の過程のなかで、ほぼ現在の50カ国にあたる国家の原型ができあがることになる。

しかし、こうした植民地経営の特徴は以下のように整理できる。

① 民族としての統一性は一切考慮されなかった。この結果、元々血縁関係の集団を作っていたアフリカ社会の上に、欧州諸国の植民地経営の意向で一方的に線引きされた国家ができあがった。この結果、伝統的なライバル関係にある民族集団が1国の国内に一括されたり、逆に、同じ民族集団が2あるいは3カ国に分断されたりした。例えば、ナイジェリアのヨルバとハウサ、南ローデシアのンデベレとショナ、ルワンダのフツとツチが前者

にあたり、ナイジェリアとカメルーンにわたるイボ、エチオピア、ソマリア、ケニアにまたがるソマリが後者の代表例である。これは、本質的に文化的基盤を同じにする集団が同じ価値基準で国家建設に向かうことを困難にすることを意味する。サブサハラ・アフリカ諸国の場合、伝統的な生活様式において多様性に富む。これは、赤道直下の熱帯雨林地帯からサバンナといわれる草原地帯、半草原半砂漠地帯、サハラ砂漠、カラハリ砂漠を抱える砂漠地帯、南アフリカは温帯地帯に属するし、地溝帯は山岳部となるというように自然環境が非常に異なることが挙げられる。こうした自然環境に適応した民族は何千年にもわたり狩猟採集民、半狩猟半農民、焼畑農耕民、牧畜民の伝統を有している。こうした伝統的に多様な文化が育っている上に多様な価値観が存在している。1億人の国民を抱えるナイジェリアを除いて、1000万人の人口を超える国は15カ国に過ぎず、25カ国は700万人以下の人口しかいない小国である。こうした小国の中に基本的に価値観の異なる複数の部族を抱えているのが現状である（第1-15表参照）。さらに、国内のなかで日常使用されている言語が異なるというハンディキャップも見逃せない。指導層では宗主国の言語である英語、フランス語、ポルトガル語などを公用語として使われているが、日常的には各部族毎の言語が使われており、国民間の意思疎通にも難しさがあることは否定できない（第1-16表参照）。この様に、文化的社会的基盤や日常使われる言語まで異なる部族が共存するという制約条件の中で国の発展を考えなければならないという根本的な問題を抱えている。

② 各々の植民地では、僅か2〜3の工芸作物の原料か鉱産物の生産のためだけに開発され、港が開かれ、鉄道や道路が内陸の鉱山やプランテーション地帯まで通された。精製、加工、製造は現地では行われず、本国で行われた。従って、製造技術がアフリカに根付くことを妨げた。さらに、こうした経済構造が今日まで引き継がれており、30以上のサブサハラ・アフリカの国々が輸出収入の75％以上を一次産品に依存している。また、約12か国は単一の産品のみの輸出に頼っている。この収入がこれらの国の総収入の約四分の一以上を占めている。

(第1-15表) サブサハラ諸国の主要部族

	民　　　　　族
アンゴラ	バンドゥー系100以上の部族
ベナン	フォン族、ヨルバ族、バリバ族、ソムバ族等
ボツワナ	ツワナ族、ブッシュマン（カラハリ砂漠）
ブルンジ	フツ族、ツチ族、トゥワ族
カメルーン	バンドゥー系、スーダン系、ミンケ族、ムン族など200以上の部族
カーボ・ヴェルデ	ポルトガル系、ムラート
中央アフリカ	ヤ族、バンダ族、カ族、ザンデ族
チャド	アラビア人、サラ族、トゥアレグ族、トゥボウ族
オートボルタ	モシ族、フラニ族、ゴウルマンチェ族、ボド族、ロビ族
コンゴ	ビリ族、コンゴ族、テケ族、サンガ族、ヨーロッパ系
コートジボワール	60以上の部族、マリ、ギニア、トーゴからの移民、フランス系
ジブチ	アファル族、イッサ族、ソマリ族、アラブ系、ヨーロッパ系
赤道ギニア	ファン族、コムベ族、バレング族、ブジェバ族、ブビ族
エチオピア	セミティック系、ナイロティック系、バンドゥー系等100以上の部族
ガボン	ファン族、ヨーロッパ系
ガンビア	マンディンゴ族、フラ族、ウオロフ族、ジョラ族、セラフリ族
ガーナ	アカン族、ガ族、エウィ族、グアン族、モシ・ダゴムバ族など
ギニア	スス族、マリンケ族、フラ族、テンダ族、キッシ族
ギニアビサウ	バランテ族、マンデインカ族、フラ族、マンジャク族、ペペル族
ケニア	キクユ族、ソマリ族、ルオ族、マサイ族など
レソト	ソト族、ヨーロッパ系
マダガスカル	マラガシー族、メリナ族、ベチレオ族、サカラバ族
マラウイ	チェマ族、ヤオ族、チポカ族、トンガ族、トゥンプカ族、ヌゴンデ族
マリ	バンバラ族、ソンガイ族、マリンケ族、セスフォ族、ドゴン族など
モーリタニア	ムーア人、ブラール族、ソニンケ族
モーリシャス	インド系、クレオール系、パキスタン系、中国系
モザンビーク	マクアーロムエ族、ソンガ族、チョビ族、トンガ族、ショナ族など
ナミビア	オバムボ族、ダマラ族、ヘレロ族など
ニジェール	ハウサ族、ザルマ族、カムリ族、フラニ族、トゥアレグ族
ナイジェリア	ハウサ族、ヨルバ族、イボ族、フラニ族が主。この他250以上の部族
ルワンダ	フツ族、ツチ族、トゥワ族
サントメ・プリンシペ	移住の時期と出身地により6グループある。
セネガル	ウオロフ族、セレル族、トクロア族、フラニ族、ディオウラ族など
セイシェル	クレオール人、インド系、中国系、ヨーロッパ系
シエラレオネ	テムメ族、メンデ族、クリオス族、ロッコ族
ソマリア	ソマリ族
南アフリカ	ツル族、コーサ族、ツワナ族、ソト族、シャンガー族、ヨーロッパ系
スーダン	アラビア系、このほか多数の部族
スワジランド	スワジ族、ツル族、トンガ族、サンガーン族、ヨーロッパ系
タンザニア	バントゥー系の120の部族
トーゴ	エウィ族、カブレ族など
ウガンダ	ガンダ族、ブンニョロ族、ナンデ族、テソ族など
ザイール	バンドゥー系、スーダン系、ナイル系など200以上の部族（ピグミー等）
ザンビア	バンドゥー系の9部族
ジンバブエ	ショナ族、エンデベレ族、ヨーロッパ系

出典：「アフリカハンドブック」1983年8月

(第1-16表)　　　　　サブサハラ・アフリカ諸国の言語

	言　　語
アンゴラ	ポルトガル語、キロンゴ語、ウムブンド語、キムブンド語、キオコ語
ベナン	フランス語、フォン語、ヨルバ語、バリバ語、デンデイ語
ボツワナ	英語、ツワナ語
ブルンジ	フランス語、ルンディ語、スワヒリ語（商業用語）
カメルーン	フランス語、英語、数多くの部族語
カーボ・ヴェルデ	ポルトガル語、クレオール語
中央アフリカ	フランス語、サンゴ語、スワヒリ語、アラビア語
チャド	フランス語、アラビア語、各部族語
オートボルタ	フランス語、モア語、ディオウラ語、ゴウルマンチェ語
コンゴ	フランス語、コンゴ語、テケ語、ブタンギ語
コートジボワール	フランス語、デュラ語、ボーレ語、ベテ語
ジブチ	アラビア語、フランス語が広く使われている
赤道ギニア	スペイン語、各部族語
エチオピア	英語、アムハラ語、100以上の部族語
ガボン	フランス語、ファン語、ムボングウェ語
ガンビア	英語、ウオロフ語、マンディカ語、フラ語
ガーナ	英語、トゥウィ語、フォンテ語、ガ語、エウィ語、ダグベニ語など
ギニア	フランス語、マリンケ語、フラ語、スス語
ギニアビサウ	ポルトガル語、クレオール語、マンデ語
ケニア	英語、スワヒリ語
レソト	英語、セソト語
マダガスカル	フランス語、マラガシー語
マラウイ	チチュワ語
マリ	フランス語、バンバラ語、セヌフォ語、サラコレ語、ドゴン語など
モーリタニア	フランス語、アラビア語、ハッサニ語、ブラール語、ソニンケ語など
モーリシャス	フランス語、英語、クレオール語
モザンビーク	ポルトガル語、マクアーロムエ語、スワヒリ語
ナミビア	英語、ドイツ語、アフリカーンス語、コイサン語、バントュー系言語
ニジェール	フランス語、ハウサ語、ザルマ語、フラニ語
ナイジェリア	英語、ハウサ語、ヨルバ語、イボ語、エド語、エフィック語
ルワンダ	フランス語、ニャルワンダ語、スワヒリ語
サントメ・プリンシペ	ポルトガル語
セネガル	フランス語、ウオロフ語
セイシェル	英語、フランス語、クレオール語
シエラレオネ	英語、メンデ語、テムメ語、12部族語
ソマリア	英語、ソマリ語、イタリア語、スワヒリ語
南アフリカ	英語、アフリカーン語、ツル語、コーサ語、ソト語、ツワナ語など
スーダン	アラビア語、100以上の部族語
スワジランド	英語、スワジ語
タンザニア	英語、スワヒリ語、多数の部族語
トーゴ	フランス語、エウイ語、カブレ語
ウガンダ	英語、スワヒリ語、ルガンダ語など
ザイール	フランス語、リンガラ語、スワヒリ語、ルパ語、コンゴ語
ザンビア	英語、ベンバ語、ロチ語、ヌヤニャ語、トンガ語
ジンバブエ	英語、ショナ語、エンデベレ語

出典：「アフリカハンドブック」1983年8月

③　各国とも基本的に別々の欧州諸国の法制が導入されている。英国の植民地であった国では、刑法、商法、民法、道路交通法にいたるまで英国の法制に基づいている。アフリカの伝統的な慣習、部族の固有な慣習があり、これに欧州諸制度が加わっている。
④　さらに欧州の国家を背景にした貿易会社が輸出事業を取り仕切り、最終的には鉱山や大規模農園を所有することとなった。こうした一次産品の生産のために広く労働者が集められることになり、伝統的な小規模農業生産から大量の労働力が吸収されていったほか、一次産品の産出・輸送のために沿岸から内陸部に鉄道が敷かれ、港湾設備を整理し、輸送道路が開発されることとなった。
⑤　これは、独立後も、換金作物の買い付け、輸入財である生産手段の小規模農民に対する提供も、欧米の大規模な貿易会社や製造会社が実権を握ることとなった。

（3）アフリカ諸国の独立

　1956年のスーダンの独立以降、60年代の独立の10年を中心に40年以上にわたって50以上の国が次々に独立していくことになる。しかし、ほとんどの国では、民族的に統一した国家をつくることができず、そのまま植民地の国境を引き継ぐこととなった。独立国家の指導者層の多くは、植民地経営の基盤を受け継ぎ中央集権的な構造をむしろ強化してきた。政治面では、国民自体が中心となる民主的な政治体制を確立することはできず、独立国家の指導者による独裁政権が長期間にわたって成立するケースもみられた。経済面においても、本来民間企業が実施すべき経済生産活動は公営または合弁企業であっても国家管理の下に担うケースが多かった。例えば、鉱山開発のために公営企業の鉱山会社が設立されたり、大規模な国営・公営農場が経営され、あるいは農業開発公社が種子、肥料の提供から生産物の買い上げまでを担当し農民を管理することとなる。まさに、植民地経営の資金源であった鉱山、輸出換金作物の経営管理権を独立国家が植民地からそのまま引き継ぐかたちとなった。従って市場原理に任せることはできず、農産物支持価格制度、農

産物の数量規制などが成立していくことになる。この結果、国家経営によってあらゆるレベルの公共財の生産と公営事業での細目を決定し組織し管理する規模は大きいがむしろ非効率的な官僚機構が出来上がり、農産物、鉱物資源開発に伴う利益が官僚機構を維持するための資金源として重視されることとなった。こうした官僚機構は、脆弱な民間部門に代わって雇用者の受け皿となる反面、非効率的な官僚機構維持費用や大規模な公共投資に対し脆弱な税収入だけでは官僚機構維持や公共事業の補塡をすることはできず、財政収支は恒常的に赤字傾向を示す要因となってきた。また、一次産品の海外市場へのパイプは、引き続き欧米宗主国の大企業が握っており、アフリカ各国政府も海外販路の確保のためにはこれを受入れざるを得なかった。

注[4]「アフリカの選択」マイケル・B・ブラウン著の第1章「アフリカの危機はいつからのことなのか」より抜粋。「アフリカの人々にとっては人口の損失以上に歴史上の発展に向けての自信の喪失の方が深刻だった。その後の歴史のなかで、彼らの成就したものがともすれば軽く見られ、彼らの歴史は葬られ、彼らの資源は略奪された」との記述がある。

第3節　IMF、世界銀行の構造調整策

（1）1970年代〜80年代における経済動向

　1970年代に入り、国際資本移動が活発化し、変動為替レート制度への移行がなされるなか、先進諸国は、第1次石油危機、第2次石油危機の影響を受けて国内経済は低成長を余儀なくされ海外への融資先を求めることになる。特に、中南米諸国の中進国へのソブリン・ローン（公的融資）への貸し込みを進めてきた。当時一次産品価格の高騰もあり、全般的に中南米諸国などの一次産品主要生産国では強気の対応がみられ、積極的な設備投資計画、増産計画を企図した。先進諸国ばかりでなく、資金豊富な中近東の産油国などからも資金還流の投資先として中南米諸国が選ばれてきた。1970年代末には、オイルダラーを原資とした国際商業銀行のシンジケートローンがユーロダラー市場を通して途上国にリサイクルされるという資金循環構造が定着し、中南米諸国を中心とする途上国が外部資金依存度を大幅に高める結果となった。しかし、中南米諸国の大規模な融資プロジェクトの生産効率と資金返済計画は必ずしも見込みのあるものではなかった。むしろ、先進諸国の民間銀行は、ソブリン・ローンという中南米政府の公的保証があるということで高い信用がついているものと判断して貸し込みを進めてきた傾向があった。また、1970年代末から米国のレーガン政権の金融引締め政策により、国際通貨としての米ドル高、世界的な高金利が債務国の債務残高（ドル換算）を高め、債務支払い額負担を高めることにより債務返済に追い打ちをかけることとなった。これが破綻したのが、1981年のメキシコ危機である。この後、ブラジル、ペルー、エクアドルなど中南米諸国を中心に累積債務問題が顕在化してくる。サブサハラ・アフリカ諸国でも独立達成後、1970年代の第1次、第2次石油危機、これに続く先進諸国の高度経済成長から安定成長への転換、また、1980年代における旱魃、内戦などの影響を受けて経済状況は悪化し始めた。当時、中南米諸国への先進諸国の民間銀行からの貸出額は多額に上ってお

り、債務返済が滞ると国際金融システム全体を揺るがせかねない状況にあり、債務支払いの延期（リスケデュール）やIMFの経済調整プログラムの実施受入れなどで早急な対応がなされてきた。サブサハラ・アフリカ諸国は、①債務全体の額が中南米諸国よりは、はるかに少なかったこと、②中長期債務でかつ公的債務のウェイトが8割に上り民間債務のウェイトが少なかったことから、中南米諸国の巨額融資のように直ちに国際金融システム全体に影響を及ぼすとは考えられなかった。しかし、1980年代の債務負担状況を当時の中南米を中心とする重債務国と比較してみても相当程度負担が重かったことは明らかである（第1-17表）。まず、債務額・輸出額比率、債務額・GDP比率をみると、両項目とも1980年代前半については重債務国よりも低い値を示していたものが、84～87年には上回るかたちとなっている。ただし、債務サービス支払い額・輸出額比率では、アフリカ諸国の債務利子率は譲許的な性格を持ち低率に抑えられているために重債務国を下回っている。

（第1-17表）　　　中南米諸国との債務状況の比較　　　　　単位：％

	債務額・輸出額比率		債務額・GDP比率		債務サービス支払い額・輸出額比率	
	重債務国	サブサハラ諸国	重債務国	サブサハラ諸国	重債務国	サブサハラ諸国
1980	169.4	96.2	33.5	28.7	31.2	13.7
1981	205.0	138.0	38.1	32.3	41.3	19.0
1982	271.7	186.1	41.6	35.4	52.1	24.6
1983	299.8	225.6	47.6	42.7	42.5	26.3
1984	280.3	213.8	48.4	48.9	42.7	31.2
1985	300.5	250.1	47.9	53.0	42.1	33.9
1986	364.1	336.3	47.1	68.2	48.4	32.9
1987	357.3	363.3	46.1	85.1	39.7	29.1
1988	305.5	366.7	41.3	78.1	46.4	30.7

出典：IMF Survey October 30, 1989
重債務国：アルゼンチン、ボリビア、ブラジル、チリ、コロンビア、エクアドル、メキシコ、モロッコ、ペルー、フィリピン、ウルグアイ、ベネズエラ、ユーゴスラビア
サブサハラ・アフリカ諸国：44カ国

　さらに、サブサハラ諸国の貿易関連指標（第1-18表）をみると（数字は指数化

されており、すべて 1980 年＝100 として指数化したものである)、全体として貿易額（輸出額、輸入額）は縮小傾向にある。この内訳をみると、輸出価格は 1980 年＝100 とした場合、1988 年においては、輸出価格は 7 割まで低下している。輸出量をみても 8 割にまで減少している。さらに、輸入をみると、輸入価格は 1 割方上昇している一方、輸入量は 7 割を切るところまで減少を余儀なくされている。交易条件の悪化も 80 年代後半になってからは著しい。こうした貿易関連指標をみても、経済構造は既に 1980 年代を通じて長期的に悪化傾向を辿ってきていたとみることができる。

(第 1-18 表) 1980 年代のサブサハラ・アフリカの貿易関連指標 (1980＝100 として指数化)

	輸出額	輸出量	輸出価格	輸入額	輸入量	輸入価格	交易条件
1980	100.0	100.0	100.0	100.0	100.0	100.0	100.0
1981	78.4	78.7	99.7	106.4	110.7	96.1	103.8
1982	64.4	69.2	93.0	91.9	100.7	91.3	101.9
1983	60.5	68.7	88.0	77.4	88.2	87.8	100.2
1984	67.2	74.3	90.4	69.7	81.7	85.3	106.0
1985	67.1	78.0	86.0	67.2	80.3	83.7	102.7
1986	56.0	82.5	67.9	68.3	72.0	94.8	71.6
1987	60.4	82.3	73.4	71.5	67.8	105.5	69.6
1988	60.5	82.8	73.0	75.3	67.9	110.9	65.8

出典：IMF Survey October 30, 1989

さらに、一般的に言える特徴として、財政収支が大幅な悪化をみせたことが挙げられる。これは、例えば、貿易の停滞から歳入の主要部分を占める輸出・輸入税などの税収が伸び悩む一方で、歳出が大幅に増加したことによる。この歳出の増加の要因は各国様々であるが、例えば低迷を続ける公営企業への政府からの補助金、農産物価格支持のための補助金などのほか、災害対策費、空港・道路・港湾設備などのインフラストラクチャーの整備費、鉱山開発費、農畜産物の精製加工工場などの維持費、食糧備蓄設備の拡充にいたる開発投資費の増加などによるものであった。

こうした財政収支の不均衡を補塡するために政府は国内からの借入（中央銀行および民間金融機関からの借入）と*海外からの借入*（とくに海外の公的機関からの借入）を増加させることとなる。経常収支および財政収支の赤字が恒常化す

るなかで、国内生産がなかなか伸びない状況に加え、こうした財政収支赤字補塡のための中央銀行からの借入増加は、銀行券の過剰発行、マネーサプライの急増を招きインフレーションを惹起させることになる。また、海外からの借入が累増する一方、経常収支が赤字を続けることで対外債務残高も急増することになる。国内でのインフレーションは、さらに財政支出拡大を招き、結局、財政収支の不均衡拡大、インフレの悪化、対外債務の累増という悪循環に陥ってしまうこととなった。

(2) スタンドバイ取決め、構造調整ファシリティによる債務救済

　1980年代初期からこうした対外債務返済が困難になってきたサブサハラ・アフリカ諸国が目立つようになり、パリクラブにおいてリスケジュールによる債務支払い延期が認められるようになると同時に、まず、国際通貨基金（IMF）を中心としたスタンドバイ・プログラムや拡大信用供与プログラムによる経済調整の実施を行う国が増えてきた。しかし、スタンドバイ・プログラムは、このプログラムの性格上、対外的な収支不均衡に陥ったIMFの加盟国に対して短期間資金を貸出して対外収支不均衡を調整する融資制度であった。当時は、まだ累積債務問題は「流動性」(Liquidity)の問題であり、経済構造に基づく「債務返済能力」(Solvency)の問題であるという意識は薄かった。従って、石油ショックの影響を加盟国が克服し、為替変動に慣れて再び高い成長の軌道に乗り、世界的に経済が回復してくれば、流動性の問題は解決し、深刻な債務問題は緩和しうるとの考え方が根強かったものと思われる。この結果、1980年代前半は、IMFによる従来型の国際収支の一時的不均衡に対処するべくスタンドバイ・プログラムによる対応がなされた。しかし、同プログラムは、総需要抑制策と為替レートの調整にプログラムの特徴がある。国内に蔓延しているインフレーションを是正し、為替レートも国際市場で評価される本来の価値まで引下げ調整をするということである。しかし、国際収支の一時的な困難支援のための短期的な融資に特徴があるところから、こうした短期間の調整プログラムでは効果があがらず、スタンドバイ・プログラムのパフォーマンス・クライテリアを遵守することができず、リ

スケジュールする国も多かった。1985年にいたり、漸くサブサハラ・アフリカの構造調整ファシリティ・プログラム（Structural Adjustment Facility）が実施されることになる。この融資制度は、低所得国の中期的なマクロ経済調整を目標とし、返済期間10年、据え置き期間5.5年という返済条件も長期かつ緩和されたものとなっている。ただし、構造調整プログラムは、単にインフレの抑制、通貨調整のみにとどまらず、財政収支の均衡達成をするために財政制度自体にメスを入れるし、金融制度に問題があれば金融改革を盛り込んだり、通貨調整も為替制度改革（公的平価制度から外国為替の入札制度への転換など為替自由化政策）を盛り込んだりするものであった。なかには、土地制度の改革を盛り込んだ事例もみられる。こうした改革プログラムを中心に3年間という中長期的な期間を設定しマクロ経済の政策目標を掲げ、目標遵守に努めるというものである。1987年6月からは、拡大構造調整ファシリティ（Enhanced Structural Adjustment Facility）に発展し、累積債務問題が発展途上国（特に低所得国）に与える影響が深刻になったので、SAF適格国に対する融資枠を従来の3倍に拡大することに決定した。また、これまで短期の国際収支調整を主眼とするIMFと長期的な個別プロジェクト融資に資金提供する世界銀行が協同してPFP（Policy Framework Paper）を作成し、構造調整プログラムを企画検討するということとなった。

(3) 構造調整策の内容

こうした構造調整策の策定においては、インフレの抑制と対外収支不均衡是正を狙いとして①総需要抑制策による国内超過需要の吸収と②通貨調整の実施、特に過大評価されている債務国の通貨価値の引下げを調整プログラムのベースとしている。また、債務国の市場システムにおける阻害要因の排除を狙いとして、経済の自由化政策を採用することにも重点がおかれている。

特に、通貨調整策のIMFの基本的考え方は次のようなものであった[5]。基本的には過大評価されている通貨価値の引下げを実施する理論的な根拠として次の3点を挙げている。①総支出削減効果（expenditure reducing effect）、②総支出転換効果（expenditure switching effect）、③輸出促進効果（export promotion effect）である。まず、①の総支出削減効果とは、通貨価値の調整（通貨価値の引下げ）により、価格上昇する輸入財の国内需要を減退させ、国内の総需要全体の抑制を促すものである。次に、②の総支出転換効果とは、国内財が輸入財と競合関係にある場合、通貨価値の引下げにより、価格が上昇する輸入財に比べ、相対的に低価格となる国内財に対する需要が増加し、この結果として国内財の生産を増やすことができるということである。総需要抑制策によるオーバーキルを緩和する効果も期待されている。また、①、②の組合せは、需要面、生産面双方からインフレ抑制にはたらくことになる。③の輸出促進効果とは、通貨価値を引き下げることにより、輸出財の対外競争力が回復し、割安になった輸出財の輸出量を伸ばすことができ、国内財の生産増や対外収支の不均衡是正に寄与すると考えることができるのである。当該国の通貨価値を国際的な評価基準まで調整するというのは当然の調整策と言えるかもしれない。しかし、IMFが理論的根拠としている上記3効果がサブサハラ・アフリカ諸国に当てはまるかどうかを考えると疑問に思わざるを得ない。当時の累積債務国でも中南米諸国や東南アジアの債務国では、こうしたIMFが前提とする条件があてはまり経済調整策が奏効し、結果的には高率なインフレを抑制し対外収支の改善をみて債務援助策もあって何とか累積債務問題を克服することができたと思われる。一方でサブサハラ諸国については、一向に経済状況は好転せず、債務援助を受けながらも累積債務問題を克服できないでいる。

（4）IMF構造調整策のサブサハラ・アフリカへの妥当性

IMFの構造調整プログラムにおける通貨調整の理論的根拠が、サブサハラ・アフリカ諸国に妥当するかどうかを検証してみよう。理論的根拠が当てはまるかどうかはサブサハラ・アフリカ諸国の貿易構造が関係している。

（a）輸入構造からの検証

まず、サブサハラ・アフリカ諸国の輸入品をみると（第1-19表）、主に工業製品を中心とした自動車・精密機械などの耐久消費財や農業機械、鉱業機械

類などの資本財、石油製品・原油・肥料・種子をはじめとする生産投入財が多くのウェイトを占めている。こうした輸入財の種類をみると、工業製品を中心とした資本財・消費財の国内生産が少ないサブサハラ諸国において、国内財と輸入財が競争的関係にあるということは極めて稀なケースであることがわかる。従って、通貨調整の根拠の1つとなっている②の総支出転換効果に関しては、中南米諸国や東南アジアのASEAN諸国などの工業化が進展している国には当てはまっても、サブサハラ諸国にこうした効果が有効にはたらく余地は小さい。むしろ、輸入の大部分を米・小麦・魚介類などの食料、医薬品・繊維製品・紙類・石油製品などの生活必需財、あるいはアルミナ・セメント・化学肥料・種子といった生産要素投入財、あるいは機械類（農業用、鉱山用が比較的多い）といった資本財が占めているため通貨価値の大幅な調整（通貨価値の大幅な引下げ）は、こうした輸入財の価格を押し上げ、生活必需財、生産要素投入財であるだけにコストアップ要因につながり、却ってインフレーションを惹起する可能性がでてくるものと思われる。80〜90年代においてIMFは構造調整策を採用し続け、リスケジュールを繰り返しながらも、政策の効果はなかなか現れず、むしろインフレーションが抑制されず国内生

（第1-19表）　サブサハラ・アフリカ諸国の主要輸入品　単位：百万ドル

ガーナ (1992)		ケニア (1993)		ジンバブエ (1995)		ナイジェリア (1991)		南ア共和国 (1995)	
機械類	444	機械類	293	機械類	785	機械類	1,536	機械類	8,775
原油	299	石油製品	242	自動車	320	自動車	663	自動車	2,825
自動車	249	自動車	123	石油製品	240	鉄鋼	571	原油	2,635
セメント	77	鉄鋼	109	繊維品	118	プラスチック	237	有機薬品	905
石油製品	75	医薬品	98	鉄鋼	105	魚介類	142	精密機械	754
米	73	小麦	62	プラスチック	92	金属製品	132	繊維品	745
アルミナ	67	プラスチック	62	金属製品	88	有機薬品	126	プラスチック	674
金属製品	59	化学肥料	58	無機薬品	58	砂糖	120	金属製品	579
鉄鋼	46	パーム油	54	紙類	43	無機薬品	115	医薬品	537
医薬品	46	繊維製品	37	医薬品	36	紙類	107		
合計	2,145	合計	1,696	合計	2,726	合計	7,114	合計	27,737

出典：98/99世界国勢図会

産も一向に持ち直さずむしろ生産低迷を余儀なくされた感が強い。こうした総支出転換効果がはたらくものと考えてサブサハラ諸国の輸入構造を前提とした国内物価への影響をチェックせず、通貨価値を市場原理に併せて調整させた結果、国内経済へのインパクトが大きかったものと思われる。

(b) 輸出構造からの検証

次に、サブサハラ諸国の輸出構造をみてみよう (第1-20表)。主要輸出品をみてみると、サブサハラ諸国の主要輸出品は、農産物では、15品目、バナナ、カカオ、コーヒー、綿花、ナッツ、皮革、ジュート、メイズ、パームオイル、米、サイザル麻、大豆、砂糖、紅茶、タバコである。また、鉱物では12品目、金、銅、鉄鉱石、ダイヤモンド、鉛、ニッケル、錫、亜鉛、ボーキサイト、燐鉱石、ウラニウム、コバルトである。サブサハラ諸国の輸出財の大部分は一次産品であり、前述の植民地時代からこうした財の生産に特化してきた経緯がある。各国とも2〜3の一次産品品の輸出に特化しているのが特徴である。なかには、僅か1品目の輸出に依存している国も少なくない。

次に、サブサハラ諸国の貿易構造の変遷を①アフリカの独立当時の1961年から1971年まで (先進諸国は高度経済成長期)、②2度の石油ショックを含む期間1972年〜80年 (先進諸国はインフレ期)、③債務危機発生以降でIMFの構造調整策が本格化する期間1981〜85年 (先進諸国は安定成長への移行が本格化)、に分けて検証してみよう。

サブサハラ・アフリカ諸国の貿易構造 (第1-21表) をみると、① 1960年代の世界全体の高度経済成長期においては，輸出額が年率5.8%で伸びている。これを輸出価格要因と輸出量要因に分けてみると、輸出価格が年率1.9%、輸出量は3.8%の伸びを示している。一方、輸入額でも年率5.6%の増加であり、輸入価格要因1.4%、輸入量要因4.2%に分けられる。

第2次大戦後の経済復興やブレトンウッズ体制の安定した国際通貨制度のなかで世界的高度経済成長と貿易の安定した拡大を反映して、サブサハラ・アフリカ諸国も安定した輸出額を確保し、ほぼ価格要因も量的要因も同じような年率でバランスよく貿易が拡大していることがわかる。特に、輸

(第1-20表)　　　　　　サブサハラ諸国の輸出財構成　　　単位：輸出額構成比%

国　　名	輸　出　財　お　よ　び　構　成　比
ボツワナ	ダイヤモンド52%、食肉18%、銅17%
ベニン	綿花23%、パームオイル19%、カカオ9%
ブルンディ	コーヒー93%
カメルーン	コーヒー25%、カカオ17%、木材7%
中央アフリカ共和国	ダイヤモンド38%、コーヒー29%、木材16%
チャド	綿花54%
コンゴ	原油78%、木材4%
エチオピア	コーヒー69%、皮革17%
ガボン	原油72%、木材9%、マンガン鉱8%
ガンビア	ナッツ71%
ガーナ	カカオ61%、木材8%
ギニア	ボーキサイト72%
コートジボアール	コーヒー31%、カカオ22%、木材13%
ケニア	コーヒー29%、紅茶16%、皮革4%
リベリア	鉄鉱石54%、ゴム18%
マダガスカル	コーヒー45%、クローブ18%
マラウィ	タバコ55%、紅茶16%、砂糖12%
マリ	綿花47%
モーリタニア	鉄鉱石90%、水産物9%
モーリシャス	砂糖68%
ジンバブエ	タバコ14%、石油12%、綿花8%、クロム7%
モザンビーク	ナッツ30%、紅茶8%
ニジェール	ウラニウム74%、家畜9%
ルワンダ	コーヒー76%、紅茶10%
セネガル	ナッツ38%、燐鉱石10%
シエラレオネ	ダイヤモンド68%、カカオ12%
ソマリア	家畜71%、バナナ14%
スーダン	綿花65%、ゴム8%
タンザニア	コーヒー27%、綿花11%、サイザル麻6%
トーゴ	燐鉱石39%、カカオ30%、コーヒー9%
ウガンダ	コーヒー98%
カーボベルデ	綿花38%、家畜26%
ザイール	コバルト46%、銅36%、コーヒー10%
ザンビア	銅93%
ナイジェリア	原油96%、カカオ1%
南アフリカ共和国	金22.7%、鉄鋼10.2%、ダイヤモンド8.4%、石炭5.9%

出典：世界国勢図会98/99、アフリカンハンドブック

出・輸入価格ともおだやかな上昇にとどまり、輸出量の拡大が図られていたことが特徴である。先進諸国においても、重化学工業の飛躍的な発展に伴い鉱物資源を中心とした原材料供給地域として安定した鉱物資源の輸出ができたほか、経済成長を遂げている先進諸国における所得の伸びに比例するかたちで安定した食料の消費需要拡大にあわせるかたちで、サブサハラ・アフリカ諸国から農産物の輸出が漸次伸びているのがわかる。

次に、②の1970年代の二度の石油ショックを含む期間をみると、輸出額で22.3%の急増をみせている。これを価格・数量に分割して要因分析にかけてみると、輸出価格要因が24.1%と高い伸びを示している一方、輸出量はむしろ－0.2%とマイナスを示している。これは石油ショックによる原油価格高騰を映じた一次産品価格の高騰が原因である。また、こうした一次産品価格が乱高下するなか、輸出量は大きく振れるが、70年代を通じて先進諸国の低成長の影響が徐々に強まり、鉱物、農産物とも輸出量は減少傾向をみせてきた。

一方、輸入額をみると年率で20.2%の増加を示し、価格要因は16.6%、輸入量3.3%である。すなわち、価格要因だけをみると、一次産品の方が工業製品よりも相対的に上昇しており、交易条件はこの期間、一次産品輸出国の方が一時的ながら好転しており，貿易収支も改善傾向を示していたといえる。

1981～1985年をみると、輸出額は3.8%の減少を示している。このうち価格要因は年率4.6%の低下、輸出量も1.0%とほとんど増加していない。先進諸国の安定成長が本格化し、所得の伸びの低下は農産物の消費需要減退につながる。また、石油ショックを契機にして重化学工業の生産プロセスのな

(第1-21表) 構造調整策実施以前までのサブサハラ・アフリカの貿易指標

(平均年上昇率　%)

	輸出額	輸出価格	輸出量	輸入額	輸入価格	輸入量
1961～71	5.8	1.9	3.8	5.6	1.4	4.2
1972～80	22.3	24.1	－0.2	20.2	16.6	3.3
1981～85	－3.8	－4.6	1.0	－4.4	－4.4	0.1

出典：IMF International Financial Statistics, 1960～1989年各版より算出したもの。

かで原材料投入の節約が図られる、あるいは自動車など車体の軽量化、金属使用量の節約が図られるなどの技術進歩が具現化してくることになる。このように一次産品に対する先進諸国の需要の減退が本格化し、これが、サブサハラ諸国の一次産品の輸出量の減少と輸出価格の恒常的な低下を招くこととなった。

(c) 輸出需要の所得弾力性、価格弾力性からのアプローチ

サブサハラ・アフリカの輸出構造が世界全体のなかでどういう位置付けにあったのか、(第1-21表)と同じ期間における輸出需要の所得弾力性、価格弾力性を試算してみた。まず、サブサハラ諸国からの輸出財に対する需要を次のように定式化することができる。

$$\ln XD = a_0 + a_1 \ln Yw + a_2 (Px/Pw)$$

ここで、XDはサブサハラの輸出量、Ywは世界の実質所得、Pxはサブサハラの輸出財価格、Pwは国際市場のサブサハラの産出する財の平均価格、を表している。a_1はサブサハラの輸出需要の世界における所得弾力性の値を示し、a_2は同価格弾力性の値を示してる。各期間における需要の所得弾力性、価格弾力性の値は(第1-22表)に示しているが、第2期間(70年代)については2度の石油ショックを含む時期で一次産品価格は乱高下を繰り返しており、計測的に有意な結果を得られてはいない。しかし、第1期間(60年代)と第3期間(80年代)の輸出需要の所得弾力性の値を比較してみると、0.54から0.43に低下していることが確かめられる。また、価格弾力性についても－0.55から－0.40に絶対値で低下している。輸出需要の所得弾力性とは、世界所得がある伸び率を示したときに、サブサハラ諸国の輸出量がどれだけ増加するかを示したものである。通常、農産物の所得弾力性は1以下とされており、耐久消費財の所得弾力性は1以上であると言われている。これは、人間本来の嗜好の問題とされているが、所得が増えていった場合、その所得増分については所得が増加していけばいくほど、農産物よりも耐久消費財に消費を向ける割合が大きいことを表している。1960年代の所得弾力性が0.54であれば、10%の所得増加率に対してはサブサハラ諸国の輸出は5.4%の割合

第3節　IMF、世界銀行の構造調整策　55

で増加することになる。60年代の先進諸国の高い経済成長率がある程度高い需要となってサブサハラの一次産品の輸出量を伸ばしたことを示す。しかし、1980年代においては、先進諸国は低成長に変化している。従って10％の高い成長率は確保されず、その分需要の所得弾力性が同じであってもサブサハラの輸出量は伸びないことになる。それどころか、先進諸国では、1970年代に2度にわたる石油ショックやこれを契機とした一次産品価格の高騰を吸収するべく省資源・省エネ技術の向上に努めてきた。この効果が徐々に顕現

（第1-22表）　サブサハラ・アフリカの輸出需要の所得弾力性、価格弾力性の計測結果

		弾力性の値
① 1966年第3四半期〜72年第4四半期		
コンスタント項		5.101
決定係数		0.826
標本数		26
係数	輸出需要の所得弾力性　a_1	0.5419
	輸出需要の価格弾力性　a_2	−0.5487
	a_1の標準偏差	0.2519
	a_2の標準偏差	0.1211
② 1979年第1四半期〜85年第4四半期		
コンスタント項		6.244
決定係数		0.715
標本数		28
係数	輸出需要の所得弾力性　a_1	0.4351
	輸出需要の価格弾力性　a_2	−0.4037
	a_1の標準偏差	0.1612
	a_2の標準偏差	0.2458

出典：IFS Statisticsよりサブサハラ44か国を計測の対象

化してくると、先進諸国の産業構造が重厚長大型から軽薄短小型に転換し、原材料の生産投入量を徐々に下げることに成功してきた。この結果が1960年代の輸出需要の所得弾力性0.54から1980年代の所得弾力性0.43への低下となって表われたのである。これは、2つの意味で重要であった。まず、先進諸国は低成長時代に突入し高度経済成長は望めないこと、従って60年代のような先進諸国の需要確保は期待できず一次産品の高い輸出量は望めないことになる。さらに、先進諸国の産業構造自体が省資源型に転換してしまったために、この面からも特に鉱物を中心とする一次産品需要の長期的な低下傾向が起こると予想されても当然のことであった。

こうしたサブサハラ諸国の一次産品に特化した輸出構造が脆弱であることは、1960年代と80年代を比較した場合の貿易関連指標の推移や輸出需要の所得弾力性の低下から明らかであろう。従って、IMFが提唱していた通貨調整の③輸出促進効果についてもそれほど期待はできないことになる。

(d) 通貨価値の調整

サブサハラ諸国の国際通貨制度をみると、ほとんどの国が固定相場制度であった。しかし、現在では完全変動相場制度に移行した国も多い。構造調整策を契機として為替相場の平価切下げを実施したり、国際通貨を段階的に変動相場制度に移行していった。これは、国際通貨面で市場原理に近づけ、外為市場での硬直的な障害を取り除いていこうということが目的となる。サブサハラ・アフリカ諸国35カ国の為替レート（ドル建て）の推移を求め、次に各国の貿易額ウエイトで加重平均し、1960年代、70年代、80年代の3期間に分けて試算したものが（第1-23表）である。安定した固定レート制度が浸透していた60年代は年率2.8%というほぼ安定した通貨価値にある。70年代においては、0.7%という下落率でほとんど変化はみられない。しかし、80年代に構造調整策の採用が本格化してくると、年率20.6%の通貨価値下落を示している。外国為替市場においても、通常、固定レート制度に基づいた法定レートが決められているのだが、国内のインフレーションが高まるにつれ国内通貨価値が減退し、米ドル、仏フランなどの基軸となる外貨価値が高まり、

結局、ブラックマーケットでは、通常の法定価格の何分の 1 というレートが通用してしまう。平価切下げはこうした実際の市場価格の動向や一次産品輸出の輸出競争力回復を予測して決められるものであろう。しかし、構造調整策を採用し平価切下げを断行しても輸出の回復は長期的にできなかった。むしろ、前述した先進諸国の需要側の制約要因が大きくはたらいたと言わざるを得ない。

(第 1-23 表)　　サブサハラ諸国の通貨価値の動向

	通貨価値（ドル建て）の 35 カ国貿易額ウエイト
1961～71 年平均下落率	2.79
1972～80 年平均下落率	0.72
1981～85 年平均下落率	20.64

出典：IMF International Financial Statistics により算出

(e) 一次産品（国際商品市況）の長期的な下落傾向

　一次産品の価格推移を 1970 年代から 90 年代まで表示したものが（第 1-4 図）である。これは農産物、原材料、鉱物について 1990 年＝100 として価格推移を辿ったものであり長期的な低落傾向を辿っているのがよくわかる。特に、1980 年代の価格が農産物で半分、原材料、鉱物でも三分の二程度に急落しているのが確かめられる。また、価格推移は、1990 年代に入ってからも軟調な状況が続いている。こうした状況では、通貨価値を切下げても輸出額の増加は望めず通貨調整による輸出促進効果にも期待が持てなかったことが明瞭である。

　国際商品市況の推移（第 1-24 表）を 1960 年代から 1999 年までみてみると、農産物で天候、災害などによって年によっては急騰したり、鉱物でも在庫の状況や原油価格の影響で値上りする場合もあるが、傾向としては長期的な低落傾向を辿ってきたとみてもよいであろう。農産物では概して 1970 年代の後半にピークを迎え、この後は漸次低下傾向にあるし、鉱物をみると 1970 年代末か 80 年代前半がピークでその後一貫して低下傾向にある。前述した一

次産品に対する需要面からの抑制要因が長期的に影響しているほか、供給面からも、1980年代から一斉に債務国が構造調整策を採用し主要輸出品である一次産品の生産強化に乗り出し増産を図った結果、供給過剰、在庫増加といった結果をもたらし一次産品価格の低下に結びついたことは十分想像できる。

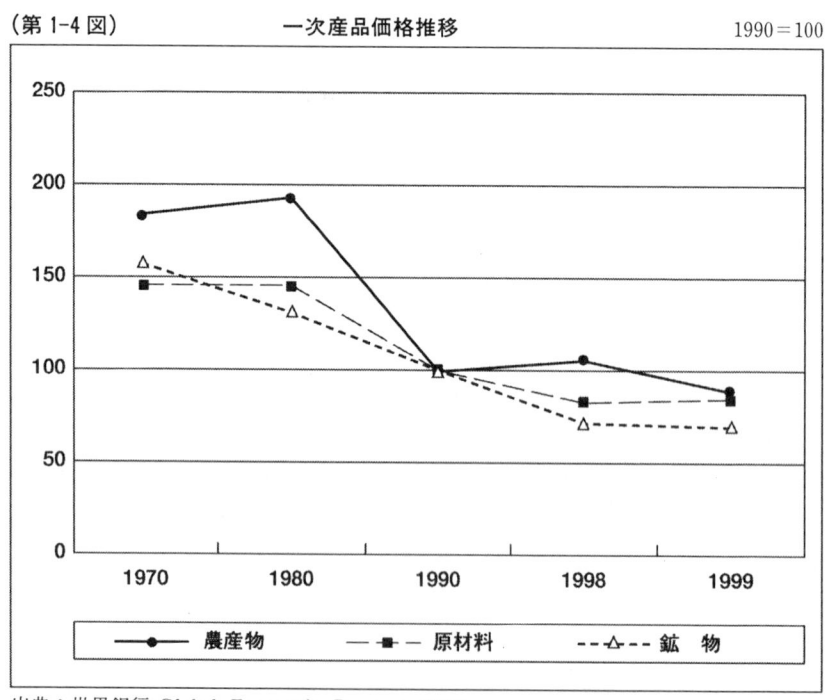

(第1-4図)　　　一次産品価格推移　　　　　　　　1990＝100

［農産物・原材料・鉱物の価格推移を示すグラフ］

出典：世界銀行 *Global Economic Prospects* 2000

(第 1-24 表)　　　　　　　国際商品市況の推移

		1965	1970	1975	1976	1977	1978	1979	1980	1981
ココア	cents/kg	37	67	125	204	379	340	329	260	208
コーヒー	cents/kg	100	115	144	315	517	359	382	347	287
紅茶	cents/kg	100	83	114	119	195	141	151	166	147
砂糖	cents/kg	5	8	45	26	18	17	21	63	37
バナナ	$/mt	159	165	247	257	275	287	326	379	401
牛肉	cents/kg	88	130	133	158	151	214	288	276	247
小麦	$/mt	59	55	149	133	103	128	160	173	175
米	$/mt	119	126	341	235	252	346	313	411	459
メイズ	$/mt	55	58	120	112	95	101	116	125	131
椰子油	$/mt	348	397	394	418	578	683	985	674	570
パーム油	$/mt	273	260	434	407	530	600	654	584	571
大豆	$/mt	270	286	563	438	580	607	662	598	507
大豆油	$/mt	117	117	220	231	280	268	298	296	288
綿花	cents/kg	63	63	116	169	155	157	169	205	185
ゴム	cents/kg	50	41	56	77	81	99	126	142	112
材木	$/cm	35	43	68	92	93	97	170	196	155
銅	$/mt	1290	1413	1237	1401	1310	1367	1985	2182	1742
ボーキサイト	$/mt	474	556	797	896	1050	1088	1230	1456	1263
ニッケル	$/mt	1735	2846	4570	4974	5203	4610	5986	6519	5953
金	$/toz	35	36	161	125	148	193	307	608	460
鉄鉱石	$/mt	25	31	52	54	53	68	76	79	82
原油	$/bbl	1.4	1.2	10.4	11.6	12.6	12.9	31	36.9	35.5
石炭	$/mt	0	0	0	0	33.4	39.6	35.4	43.1	56.5
製造業	G-5 index	21.6	25.1	45.2	45.8	50.4	57.9	65.6	72	72.3

		1982	1983	1984	1985	1986	1987	1988	1989	1990
ココア	cents/kg	174	212	240	225	207	199	158	124	127
コーヒー	cents/kg	309	291	319	323	429	251	303	239	197
紅茶	cents/kg	154	210	274	175	166	165	158	182	206
砂糖	cents/kg	19	19	11	9	13	15	22	28	28
バナナ	$/mt	374	429	370	380	382	393	478	547	541
牛肉	cents/kg	239	244	227	215	209	239	252	257	256
小麦	$/mt	160	157	152	136	115	113	145	169	136
米	$/mt	272	257	232	197	186	215	277	299	271
メイズ	$/mt	109	136	136	112	88	76	107	112	109
椰子油	$/mt	464	730	1155	590	297	442	565	517	337
パーム油	$/mt	445	501	729	501	257	343	437	350	290
大豆	$/mt	447	527	724	572	342	334	463	432	447
大豆油	$/mt	245	282	282	224	208	216	304	275	247
綿花	cents/kg	160	185	179	132	106	165	140	167	182
ゴム	cents/kg	86	106	96	76	81	98	118	97	86
材木	$/cm	146	138	157	122	139	202	201	191	177
銅	$/mt	1480	1592	1377	1417	1374	1783	2602	2848	2662
ボーキサイト	$/mt	992	1439	1251	1041	1150	1565	2551	1951	1639
ニッケル	$/mt	4838	4673	4752	4899	3881	4872	13778	13308	8864
金	$/toz	376	423	360	318	364	446	437	381	383
鉄鉱石	$/mt	71	67	70	61	62	72	94	106	100
原油	$/bbl	32.7	29.7	28.6	27.2	14.4	18.2	14.7	17.8	22.9
石炭	$/mt	52.2	44.5	48.6	46.6	43.9	36.2	37.1	40.5	41.7
製造業	G-5 index	71.2	69.5	68.1	68.6	80.9	88.8	95.3	94.7	100

		1991	1992	1993	1994	1995	1996	1997	1998	1999
ココア	cents/kg	120	110	112	140	143	146	162	168	118
コーヒー	cents/kg	187	141	156	331	333	269	417	298	222
紅茶	cents/kg	167	160	161	149	149	166	206	205	182
砂糖	cents/kg	20	20	22	27	29	26	25	20	14
バナナ	$/mt	560	473	443	439	445	470	503	492	429
牛肉	cents/kg	266	245	262	233	191	179	186	173	182
小麦	$/mt	129	151	140	150	177	208	159	126	113
米	$/mt	293	268	235	268	321	339	303	304	252
メイズ	$/mt	107	104	102	108	123	166	117	102	91
椰子油	$/mt	433	578	450	608	670	752	657	658	744
パーム油	$/mt	339	394	378	528	628	531	546	671	451
大豆	$/mt	454	429	480	616	625	552	565	626	438
大豆油	$/mt	240	236	255	252	259	305	295	243	202
綿花	cents/kg	168	128	128	176	213	177	175	144	121
ゴム	cents/kg	83	86	83	113	158	139	102	72	61
材木	$/cm	191	210	390	308	256	252	238	162	185
銅	$/mt	2339	2281	1913	2307	2936	2295	2277	1654	1538
ボーキサイト	$/mt	1302	1254	1139	1477	1806	1506	1599	1357	1331
ニッケル	$/mt	8156	7001	5293	6340	8228	7501	6927	4630	5610
金	$/toz	362	344	360	384	384	388	331	294	277
鉄鉱石	$/mt	99	88	91	93	107	96	89	75	68
原油	$/bbl	19.4	19	16.8	15.9	17.2	20.4	19.2	13.1	16.8
石炭	$/mt	41.5	40.6	38	36.5	39.2	37.2	36.4	34.4	33.2
製造業	G-5 index	102	107	106	110	119	114.2	108.4	104	104

出典：世界銀行 *Global Economic Prospects* 2000

(f) サブサハラ諸国の財政収支構造の問題

　サブサハラ諸国の財政収支の赤字傾向は、構造調整策に基づく財政緊縮政策を採用したにもかかわらずなかなか縮小には至らないほか、むしろ厳しい調整を守れず緩めた結果、財政収支悪化に陥らざるを得ない状況となった国が多い（第1-25表）。まず、そもそも民間の活力はあまり強くない。アジアに存在するような活力あり裾野が広く厚い中堅・中小企業層がなかなか存在しない。サブサハラ諸国の場合は、政府主導、国営企業が主体となる。しかし、農業プロジェクト、一次産品の生産強化のプロジェクトにおいても非効率である点は免れない。失業が多いためにこうした公営企業で失業対策から多くの人員を採用する。人件費が多くかかる。しかし、一次産品の生産増強を図っても価格の値下がり、輸出増大が図れないことから採算が悪化してしまう。また、税収の柱の1つがこうした輸出関税に頼っている場合も多く、輸出が伸長しない限り税収も上がらず、財政支出の採算も取れず、財政収支の不均衡は継続・拡大することになる。また、財政支出は、保健衛生・疫病の

(第 1-25 表)　　　サブサハラ諸国の財政収支（対 GNP 比）　　　単位：％

	1975〜1984	1985〜1989	1990〜直近年
アンゴラ	—	−44.8	−49.2
ベナン	—	−20.1	−6.7
ボツワナ	—	−8.8	0.0
ブルキナファソ	—	−9.3	−9.0
ブルンジ	—	−11.2	−12.6
カメルーン	—	−5.3	−7.8
カーボ・ヴェルデ	−70.8	−52.6	−35.3
中央アフリカ	—	−25.3	−20.7
チャド	—	−27.2	−30.4
コモロ	—	−28.8	−17.7
コンゴ	—	−36.7	−24.7
コートジボワール	—	−3.0	−1.4
ジブチ	−57.4	−49.7	−41.9
赤道ギニア	—	−23.9	−24.9
エチオピア	—	−9.4	−12.7
ガボン	—	−39.4	−27.7
ガンビア	—	—	—
ガーナ	—	−5.1	−7.4
ギニア	—	−16.8	−7.9
ギニアビサウ	—	−39.9	−31.2
ケニア	—	−7.3	−7.6
レソト	—	−64.1	−52.4
マダガスカル	—	−4.4	−6.9
マラウイ	—	−12.6	−12.5
マリ	—	−11.7	−11.0
モーリタニア	—	−10.3	−6.6
モーリシャス	−30.7	−25.5	−25.1
モザンビーク	—	−23.5	−26.4
ナミビア	−43.1	−38.1	−38.4
ニジェール	—	−5.7	−10.0
ナイジェリア	−23.2	−18.9	−26.1
ルワンダ	—	−5.9	−15.0
サントメ・プリンシペ	—	−50.6	−65.1
セネガル	—	−3.4	−3.2
セイシェル	−55.9	−57.6	−53.7
シエラレオネ	—	−12.5	−8.8
ソマリア	—	—	—
南アフリカ	—	−23.1	−32.9
スーダン	−22.8	−22.2	−20.2
スワジランド	−32.9	−28.0	−29.5
タンザニア	—	−12.5	−7.5
トーゴ	—	−7.1	−9.5
ウガンダ	—	−4.5	−9.7
ザイール	−13.2	−13.8	—
ザンビア	—	−12.8	−18.1
ジンバブエ	−39.6	−41.3	−41.1

出典：世界銀行「転換期にあるアフリカ大陸」1995 年 11 月

駆除、教育の普及などの必要経費が占めているほか、なかには、新しい首都の建設、国際空港の建設、港湾施設や交通網の整備など新規事業を実施する場合も多い。また、内乱や紛争、国境紛争を抱えている諸国では国防予算を削れないでいる国も多い。農業関連の公共企業体の場合、農業生産者の生産意欲を維持するために、生産者買い付け価格に対し世界的な市場価格より高い価格で買い付ける「価格支持政策」を採用していることもある。この結果、世界の価格が低下していくなかで、一次産品の在庫を抱え、販売価格と生産者支持価格が逆転し公営企業の採算が赤字化し、これを政府が補助金で援助する結果、財政収支不均衡への圧迫となって表れた。しかし、財政削減の矛先は最も貧困にある人々、弱者にかかってくる。それまで、女子教育の普及が根付いたところで教育補助金を打ち切らざるを得なかったようなケースもある。その国にとって債務返済が重要なのか、人道的な早急な措置が重要なのか判断が問われるところである。

（g）金融政策とインフレーション

サブサハラ・アフリカ諸国の場合、従来ともすれば国内インフレーションに陥り、これが加速化して経済に大きなダメージを与えることが多かった。そもそも生活物資自体が需給アンバランスであったり、旱魃・飢饉などの自然災害の影響もありディマンド・プル型のインフレーションが発生する確率も高かった。また、種子、化学肥料、農業関連の資本財などは海外からの輸入に依存しているため、通貨価値の下落によりコスト・プッシュ型の物価上昇を起こす素地もあった。さらに、非効率な公的企業の財政援助を実施し財政赤字を通貨供給で補填する場合、国内インフレに陥る要因ともなった。国内において自由な貸出・預金市場が発達していることもなく、株式市場、公社債市場が発達しているわけでもない。市中銀行に対する中央銀行からの貸出しが中心的な国内資金供給のルートになっている場合が多い。この場合、金利体系と貸出・預金との整合性があってはじめて金融政策は有効にはたらくことになる。金利の高騰が貸出抑制効果、コスト効果がはたらき加熱した景気の抑制効果がはたらくか、逆に金利を低めることによって投資を喚起し

景気拡大がはたらくかといった金融システムが有効に機能するかどうかが問題となる。インフレに対して、新種の銀行券を発行し一旦はインフレを終息させるが、再びインフレを加速化させ、新種の銀行券に再度切替えるといった金融政策失敗が続くなかにあって、国民は銀行券というものに信頼を置けないでいる。国家が国民通貨の通貨価値を守るというのが鉄則であるが、繰り返しこれに失敗するなかで、国民が国民通貨に対する信頼を失い、資産(例えば家畜、農地)といったモノの方に信頼を寄せることになる。あるいは、闇ドルといった欧米通貨に対するブラック・マーケットが発達したりしてしまうことになる。構造調整策自体、通貨価値を実質的に切下げることが多く、国内通貨価値の減少ということで金融政策の失敗に結びつく場合もある。財政

(第1-26a表)　サブサハラ主要国の消費者物価上昇率　　　　　　単位：％

	ガーナ	コンゴ民主共和国	スーダン	タンザニア	ナイジェリア	南アフリカ
1960	0.9	—	0.3	1.0	5.4	1.5
1965	26.4	△2.7	△2.4	5.9	4.1	3.9
1970	3.0	8.0	4.0	3.5	13.8	4.1
1975	29.8	28.7	24.0	26.1	33.9	13.5
1980	50.1	46.6	25.4	30.2	10.0	13.8
1983	122.1	76.5	30.6	27.1	23.2	12.3
1984	39.7	52.2	34.1	36.1	39.6	11.5
1985	10.3	23.8	45.1	33.3	7.4	16.3
1986	24.6	44.2	24.5	32.4	5.7	18.6
1987	39.8	78.7	—	29.9	11.3	16.1
1988	31.4	71.1	64.7	31.2	54.5	12.8
1989	25.2	104.4	66.7	25.8	50.5	14.7
1990	37.3	81.3	65.2	35.8	7.4	14.4
1991	18.1	2,154.4	123.6	28.7	13.0	15.3
1992	10.0	4,129.2	117.6	21.8	44.6	13.9
1993	25.0	1,986.9	101.4	25.3	57.2	9.7
1994	24.9	23,773.1	—	33.1	57.0	9.0
1995	74.3	542.0	—	29.8	72.8	8.6
1996	34.0	659.0	—	19.7	29.3	7.4
1997	27.9	—	—	16.1	—	8.6

出典：98/99世界国勢図会

(第1-26b表)　　　　　　最近年で物価上昇が激しい国　　　　　　　単位：％

アンゴラ	4,145.3	ギニアビサウ	50.7	イラン	28.9
コンゴ民主共和国	**659.0**	ベネズエラ	50.0	**ガーナ**	**27.9**
アゼルバイジャン	411.8	ロシア	47.6	ジャマイカ	26.4
ルーマニア	154.8	**ザンビア**	**46.3**	**ブルンジ**	**26.4**
ブルガリア	123.0	モンゴル	45.8	**シエラレオネ**	**23.2**
スーダン	**101.4**	**モザンビーク**	**45.0**	アルジェリア	21.6
トルコ	85.7	**マラウイ**	**37.6**	**ジンバブエ**	**21.4**
ソマリア	**81.9**	アルバニア	33.2	ハイチ	20.6
ウクライナ	80.3	エクアドル	30.6	メキシコ	20.6
ベラルーシ	63.9	キルギス	30.3	ホンジュラス	20.2
アフガニスタン	56.7	**ナイジェリア**	**29.3**	**マダガスカル**	**19.8**

出典：98/99世界国勢図会、ゴシックはサブサハラ・アフリカ諸国

収支の健全化、経常収支の安定から通貨の対外価値の安定が間接的には健全な金融政策運営につながり、国内物価の安定につながるのであるが、そこまで至るケースは稀である（第1-26a表、同b表を参照）。

(h) 通貨制度と通貨価値の切下げ

　サブサハラ・アフリカ諸国は、経済の状況悪化および対外債務悪化の改善策として通貨価値の切下げを断行し続けた。現在、先進諸国間では変動レート制度が適用されているが、サブサハラ・アフリカ諸国では依然、宗主国の通貨（例えば仏フラン）との固定レート制度を採用していたり、南アフリカ連邦共和国の経済圏にある国は、南アフリカ・ランドとの固定レート制度を採用している国もある。こうした国は、宗主国との間の貿易関係が緊密であったり、為替レートを固定しておいた方が効率的であるためである。レソト、スワジランドといった国は、南アフリカ連邦共和国のダイヤモンド鉱山、金山で労働者として働き、海外送金が国民総生産の相当部分を占める経済構造にあり、南アフリカの経済状況が国民経済を左右する構造にあるため、南アフリカ・ランドと固定レートを結んでいるわけである。このほかの国々は、通貨バスケット方式による固定レート制度を採用していたり、管理フロート制度を採用している。また、独立フロート制度を採用する国も少しずつ増加

してきている（第1-27表）。

　但し、通貨価値の状況を辿ってみると、1960〜70年代は通貨価値の下落はほとんど目立たなかったものの、1980年代になり、構造調整策が本格化すると、年平均で20%程度の平価切下げが実施されている（第1-23表）。しかし、80年代、90年代、現在に至るまで、こうした通貨調整により貿易収支の改善はなかなか進展せず、国内におけるインフレーションを抑制する効果ははたらかなかったと結論できる。90年代になっても、通貨価値が安定している国も一部にはあるが、全般的に主要サブサハラ諸国の通貨価値は下落し続けているものの（第1-28表）、貿易収支の明確な改善はみられず、消費者物価上昇率も抑制されることはなかった。やはり、国際商品市況の長期的な下落傾向が通貨調整による輸出促進効果をもたらさなかったこと、輸入構造に変化はみられず通貨調整がそのままコストプッシュ型のインフレを喚起する要素となったことが主要因と考えられる。

（第1-27表）　　　サブサハラ・アフリカ諸国の通貨制度

固定レート制度			変動レート制度	
特定通貨に対して固定		通貨バスケットに対して固定	管理されたフロート	独立フロート
仏フラン	南アフリカランド			
ベナン ブルキナファソ カメルーン 中央アフリカ チャド コモロ コンゴ コートジボアール 赤道ギニア ガボン ギニアビサウ マリ ニジェール セネガル トーゴ	レソト ナミビア スワジランド	ボツワナ ブルンジ カーボベルデ セイシェル	ケニア マラウイ モーリタニア ナイジェリア スーダン	コンゴ ガンビア ガーナ ギニア リベリア マダガスカル モザンビーク ルワンダ サントメ・プリンシペ シエラレオネ ソマリア 南アフリカ タンザニア ウガンダ ザンビア ジンバブエ

出典：「国際金融」98年9月末

(第1-28表) サブサハラ主要国の近年の為替相場推移

単位：年平均1＄当り通貨価値

	通貨単位	1993	1994	1995	1996	1997
ガーナ	セディ	649.06	956.71	1200.43	1637.23	2050.17
ガボン	フラン	283.16	555.20	499.15	511.55	583.67
ケニア	シリング	58.001	56.051	51.430	57.115	58.732
コートジボアール	フラン	283.16	555.20	499.15	511.55	583.67
ジンバブエ	ドル	6.4725	8.1500	8.6580	9.9206	11.8906
マダガスカル	フラン	1913.8	3067.3	4265.6	4061.3	5090.9
ナイジェリア	ナイラ	22.065	21.996	21.895	21.884	21.886
南アフリカ	ランド	3.2677	3.5508	3.6271	4.2994	4.608

出典：98/99 世界国勢図会

注[5]) 参考文献として M.Guitan［1982］、［1987］を参照。

第4節 サブサハラ・アフリカの発展に必要なこと

(1) 問題の所在

　これまで、サブサハラ諸国の現状、これに至った歴史的経緯、IMF・世銀を中心とする構造調整策の影響、マクロ経済政策の帰結を説明してきた。1980年代になり、特に経済状況が悪化しはじめ、中南米諸国とともに累積債務問題の一角を占め、対外債務の返済能力を高めるため市場原理・自由貿易を基本とする政策の処方箋が策定され実行に移され成果を挙げられなかった。

　IMF、世界銀行は世界的な規模の自由貿易の拡大や国際通貨制度の安定を目的として設立された国際機関である。ブレトンウッズ体制のなかで国際収支の不均衡に陥った国が一時的不均衡解消の目的で借入できるものがスタンドバイ・クレジットであり、これに代わって経済政策にアドバイスしたり、サーベイランスする役割を持つとされた。しかし、この視点のなかに、自由経済原理に基づいた処方箋で債務返済能力を高める、あるいは当該国が輸出競争力を持つと考えられる特定換金作物の生産力を高め、総需要抑制策をとり通貨調整を実施するというスタンスが中心に据えられた。このなかに、債務返済能力をつけることが経済的発展にも結びつき、国民の厚生増大にも寄与すると考えていたはずである。もちろん、先進諸国が安定成長期に入ったため所得が伸び悩んだこと、一次産品の投入量を削減する省資源の技術開発に努めこれが実現していったこと、サブサハラ諸国をはじめ中南米諸国、東南アジア諸国が一次産品の生産を高め世界的な供給過剰を推し進め、ここからも一次産品価格下落に拍車がかかったこと、一次産品生産の品種改良、バイオ技術で力をつけた中南米諸国、東南アジアの国々に競争力でも負けたことなど80年代、90年代の世界全体の流れとサブサハラ・アフリカ個々の諸国が構造調整策で狙ったビジョン自体に大きな隔たりがあったことは否定できない。むしろ、サブサハラ諸国の経済状況の悪化が進み貧困の度合が深

刻になり、政治状況の不安定化は暴動、内戦、大量の難民の発生を起こすまでとなっている。80年代後半には、ベーカー提案、国連憲章により、対外債務のリスケジュールや債務削減などの対策をとり債務救済に向かったのは理解できる。但し、構造調整策の改善をいかに進めていくかという方針が明確になってはおらず曖昧なままで、事態は深刻化する一方であるのが現状である。

こんな中でアフリカの中から声が上がってきた。1988年に国連の主催でスーダンのハルツームでアフリカの200人の代表が集まり、39人の様々な専門家が「人間の次元に立ったアフリカの経済危機」についての論文を研究発表した。ここで今後、焦点を当てるべく個別分野を5つ取上げて「ハルツーム宣言」とした。

① 構造調整プログラムは、アフリカの開発の長期的な枠組みの中の部分として設計され、実施され、監視されなければならない。
② 人間の次元は、調整プログラムの中心点でなければならない。
③ 構造調整策は、社会部門の関連する調整と一体化しなければならない。
④ 貧困者や弱者へのマクロ政策の影響を考慮すべきである。補償のために付加される一時的で独立したプログラムとして設計されるのではなく、調整プログラムの集約的な部分や要素としての、絶対的・相対的貧困の緩和と性差による偏見を取り除くために策定されるべきである。
⑤ 安定化の監視と構造調整プログラムの全過程は、社会の実情と基準を組み合わせて行わなければならない。

この宣言のなかに盛り込まれている提言には、これまでIMF、世界銀行といった国際機関、アフリカ政府の経済政策企画担当部署以外のアフリカの実情に詳しい専門家からの有力な提言が含まれているように思われる。

世界全体が市場原理を推進し、自由主義経済の下で貿易を拡大させ資本を自由に移動させて発展を促していく理想的な姿には、その前提として市場原理を受入れるべき基本的な枠組みが必要である。ただし、社会的な文化・価値観の多様性、自然環境・衛生面の問題、教育、性差の現実的な問題に直面

するにあたり、単に市場原理を根付かせる枠組みつくりを基本方針におくのは狭隘であると言わざるを得ない。ここでは、サブサハラ・アフリカで生きている人々の厚生を中心に据えてみなければならない。経済の復興を市場原理に基づいて効率化を図りつつ実施させるのはひとつの考え方であろう。しかし、この結果、サブサハラの人々の厚生が低下しては何にもならない。現在、人口成長率も高く、1人当りの国民総生産が長期的に減少傾向をもつなかで、いかに人々の厚生の低下を食い止めていくかが最も重要な課題である。この時に、市場原理ではなく「人間の次元」を根底に据えるべきである。絶対的貧困から脱却するためには、改革の道筋は，経済構造調整のみにとどまらない。サブサハラ諸国の「社会の実情と基準」を念頭に置きつつ進めていかなければならない。これは、例えば、政治体制の民主化、伝統的な方法を考慮しつつ社会体制の漸進的な改革、保健衛生分野での知識普及や疫病の克服、初等・中等教育の普及、砂漠化を抑えるための土地改良、農林漁業技術の改良など幅広い分野について一歩一歩有機的に進めていかなければならない。この中では経済分野の構造調整策は「部分」であり、「社会部門の関連する調整と一体化しなければならない」。また、マクロ経済政策が貧困者、弱者に及ぼす影響には注意を払う必要がある。まず、改革には長い期間がかかること、先進諸国は一次産品供給国として譲許的融資や援助を実施するという観点ではなく、人道上の理由に基づいて相対的・絶対的貧困の一段の進捗を防ぐという観点から協力することが必要である。

(2) 農業開発における問題

サブサハラ・アフリカでは、農業はGNPの3割以上を占め、就労人口の70%が農業に従事しており、最大の民間セクターである。アフリカの貧困層の7割は農村部に生活し、農業，農業関連産業（農産物加工）、農産物販売などをしている。この国の民間産業の基本となり、食料自給の基本となる農業が深刻な問題に晒されている。世銀の報告によれば、農業問題の深刻さは、サブサハラ・アフリカにおいては、1965年から80年までの農業生産伸び率は1.6%、1980年代は1.3%だったのに対し、同期間の人口増加率は2.8%で

あり、厳しい状況に晒されているのである（第1-29表）。この結果、食糧輸入の大幅な増加にもかかわらず (1974年から90年までは185%増)、十分な食料を入手できない人が多く、平均的なアフリカ人は、健康で生産的な生活に必要なカロリーの約90%しか摂取されていない。

このように、農業生産が停滞した原因を究明すると次のようなことが考えられる。元々サブサハラ・アフリカ諸国では、小規模農家により伝統的な農法によって自給自足用の農業を行う一方、長い間補助的に現金獲得のために換金作物を生産していた。この換金作物部分が一次産品農産物、工芸作物にあたる。1970年代後半から世界的に一次産品価格が高騰した経験を踏まえ、80年代に対外債務問題が顕現化してくると、一次産品の増産による輸出奨励、外貨獲得による債務返済に乗り出すこととなる。また、IMF、世界銀行の構造調整策が本格化すると、近代農法による一次産品農業生産を一段と推進することとなった。

マラウイの事例を紹介しよう。同国は、人口700万人、1人当りのGNPは200ドル以下、1964年に独立した東アフリカにある小国である。1994年に最初の複数政党による選挙が行われるまでは、終身大統領であるヘースティング・バンダによる一党支配が続いた。また、農村人口は国全体の90%を占める農業国である。1980年代3回にわたりIMFの支援を受けた（SAF：構造調整ファシリティおよびESAF：拡大構造調整ファシリティ）。自給用食糧としてメイズ、ソルガムを生産し、換金作物として、たばこ、紅茶、砂糖を生産している。農業生産者は3グループ、①大農場は輸出用作物（主にたばこ、紅茶）を生産しており、②国内市場に余剰食糧と、輸出作物の半分程度を生産している小土地所有者（小規模農民）、③貧困層である農業労働者、出稼ぎ労働者に分けることが可能である。国家の農産物取引公社（ADMARC）が中心となり近代農法を取り入れる大農場には融資がなされる一方、小規模土地所有者から輸出換金作物を世界市場価格よりはるかに安い価格で購入したり、バーリー種のたばこのような高価格の輸出作物の栽培から意図的に小規模農民は締め出されることになった。この結果、次第に小規模農家の大半は輸出作物を生産することができず農業労働者に転換していくことになる。また、大規模農

(第1-29表)　　　サブサハラ・アフリカ諸国の農業生産増加率　　　　単位：％

	1975～1984	1985～1989	1990～直近年
アンゴラ	—	—	—
ベナン	3.0	4.6	4.1
ボツワナ	△3.5	12.2	1.3
ブルキナファソ	1.0	4.6	—
ブルンジ	2.0	4.1	△2.3
カメルーン	5.6	0.2	△6.2
カーボ・ヴェルデ	—	12.3	—
中央アフリカ	0.6	3.1	—
チャド	△1.0	3.6	—
コモロ	—	3.7	0.8
コンゴ	3.4	4.8	△2.5
コートジボワール	2.7	1.3	0.3
ジブチ	—	△2.3	—
赤道ギニア	—	—	△1.7
エチオピア	—	3.9	0.6
ガボン	—	2.0	△0.7
ガンビア	2.6	0.2	—
ガーナ	0.2	2.3	1.4
ギニア	—	—	4.2
ギニアビサウ	△2.6	7.3	4.4
ケニア	4.1	4.4	△0.9
レソト	△5.1	6.3	△5.1
マダガスカル	0.2	2.8	1.5
マラウイ	2.2	1.2	0.1
マリ	2.6	10.1	1.2
モーリタニア	2.9	4.5	3.3
モーリシャス	△2.5	0.6	2.5
モザンビーク	—	3.7	1.3
ナミビア	—	5.4	—
ニジェール	1.3	—	—
ナイジェリア	△3.0	6.4	2.6
ルワンダ	5.5	1.1	—
サントメ・プリンシプ	—	—	—
セネガル	△1.2	4.7	△2.6
セイシェル	—	△2.5	0.0
シエラレオネ	6.2	3.7	—
ソマリア	8.1	3.5	—
南アフリカ	0.2	7.6	△4.0
スーダン	1.5	△1.1	—
スワジランド	1.7	0.8	△0.4
タンザニア	1.1	5.0	—
トーゴ	2.8	4.3	4.5
ウガンダ	—	2.4	3.5
ザイール	1.7	2.5	—
ザンビア	0.5	5.6	△0.3
ジンバブエ	△0.1	1.5	—

出典：世界銀行「転換期にあるアフリカ大陸」　1995年11月

業では、農業労働者を多数必要としていたためこうした貧困層の吸収基盤となっていった。1960年代から70年代初めの間は成長したが、この後、たばこ価格の軟調、モザンビークからインド洋に出る鉄道ルートがモザンビークのゲリラ活動により破壊されたため輸出入ルートが確保できない状況となった。このほか、石油価格の高騰、大型農場に投入する輸入肥料の価格の引上げにより貿易収支が悪化したことに加え、大規模農場開発プロジェクト、新首都建設（リロングウェ市）や新国際空港建設などへの多額の財政支出から財政収支赤字を抱え対外債務が膨らんだ結果、IMFの支援を受けることとなった。IMFは、スタンドバイ・プログラムの条件として構造的な欠陥を是正しようとした。まず、小規模事業者の輸出の漸進的な成長、輸出基盤の狭さ、特にたばこへの過度な依存、薪資源の減少による輸入燃料への依存、公営企業への融資、国家予算管理の徹底を中心とし、市場の自由化、生産者価格の引上げ、補助金の解消、通貨切下げ、公営企業と国営企業の民営化を盛り込んだ構造調整プログラムを提示した。しかし、疲弊した小規模農家にとって自由市場でコスト面では大農場に勝てるわけがなく、輸出作物の生産は増加しなかったことに加え、財政面の圧迫から小規模農家に対する肥料の助成が廃止、削減されるなかで自給農家の一般食糧生産が滞ってしまった。多くの農民が土地を手放して都会に流出していった。また、政府は国内の食糧不足分を埋め合わせるためトウモロコシの輸入を進めていたが、国際商品市況が低迷する中で大農場を中心とする輸出換金作物の収入でトウモロコシの輸入代金を払えるほど十分ではなかった。国内の食糧自給率は急速に低落することになる。1991年の拡大構造調整策の際、小農民への資金、その他の支援の不足を修正しようとしたが、すでに手遅れであった。

　アフリカの農業における構造調整策の効果は、慎重な評価を加えなければならないが、この政策は、土地保有の私有化、近代農法の技術的支援という手段で輸出用生産物の生産拡大と農業の機械化を推進するものであった。しかし、マラウイの事例のように、国際商品市況の低迷により輸出産業が打撃を受け、小規模生産者崩壊の結果を招くに至った。

　こうした「農産物の輸出に関する問題」に対する解答として世銀は、①ア

フリカでは生産量は増加したものの、輸出農産物の大半においてアフリカが国際市場に占める市場シェアは低下している。②世界的な供給増加はドナーの投資の結果ではなく、アジアや南米における民間投資の結果である。③アフリカがこれらの商品に関して世界市場で占めるシェアは、ココアを例外にして元々小さい。アフリカの生産量の伸び率はたとえ2倍になったとしても、世界市場価格に与える影響ははるかに小さい。④アフリカの商品に対して世銀や他のドナーが行った投資は、国際商品市況の大幅な下落をもたらしていない。これらの商品に対するドナーの介入は、主として生産コストの削減と効率性向上を志向していた、と述べている。

　しかし、世界的に輸出作物のシェアがアフリカの場合小さくても、中南米や東南アジアの国々が自国の累積債務問題の解消を目的に、1次産品供給に注力したのは事実であり、この結果、シェアを高めたのもこうした国々であった。民間の巨額な投資と海外支援を受け、農業生産力を高め、マレーシアのハイブリッド・ココアやインドネシアのハイブリッド・コーヒーなど新しい品種の改良が進み農業生産の効率化が他の地域で進み世界全体として供給能力が量的・質的に高まる中で、例え近代農法による大規模農業を推進したとしてもハンデキャップを抱えるサブサハラ・アフリカ諸国が輸出を伸ばすことはなかなか困難であったと思われる。

　また、国内においては、大規模農場を主体とする近代農法を採用するにあたりこれが深刻な国内問題を喚起することとなった。

① 　政府が独自の計画で、あるいは国際機関の支援を受けて潅漑計画や大規模農地開発を推進することにより最も農業に適した土地において小規模生産者が土地の権利を手放さなければならなかった。

② 　従来の伝統的な農業や遊牧業は、サブサハラ・アフリカの疲弊しやすい土壌に合った長年の経験に基づいた方法、例えば、シフト（転地）耕作、短期休閑切り替え耕作、間作、定住耕作と遊牧の併用などその土地の気候風土に合った土壌を大事に使う方法であった。しかし、大規模機械化農場プロジェクトにおいては、人工的な肥料を大量に使用し、特に貴重な水資源を多く使うところに特徴がある。また、牧畜業でもたくさんの

家畜を飼うためにさらに多くの水と乾燥期用の飼料穀物が必要となる。この結果は、逆に全般的に土壌を痛め、乾燥化を進める結果をもたらしかねない。また、大規模農地に優先的に水供給されるために、小規模土地の水利用に制限が加えられることもある。さらに大規模農・牧畜業の生産手段として化学肥料、配合飼料などを輸入に依存する傾向を強めた。

③　輸出換金作物の生産においては、生産効率の高い大規模農業生産に対し競争力を持ち得るはずもなく、従来の伝統的な農法は衰退する。

④　大規模機械化農場プロジェクトへの賃労働収入の機会を求めて若年労働者が大量に小規模農業生産から流出していく。

⑤　この結果、小規模農業世帯は崩壊した。若者は大農場に働きにゆくか、個人の土地を市場に出す食糧、あるいはより集中して換金作物生産に使うようになる。ところが、大規模農場と比較すれば競争力で劣る。

⑥　取り残された特に女性、老人が共有地において自給用食糧を生産せざるを得ない状況となった。小規模家計世帯をさらに圧迫する要因となる。

⑦　さらに、サブサハラ・アフリカでは、飢饉、内乱が勃発するたびに、海外の安い食糧を輸入することになり、一般の食糧生産分野においてもこうした安価な輸入食糧に対し競争力を持たない小規模農家の生産に圧迫を加えることになる。輸入食糧が都市住民に低価格で売られると地方の小規模農家を中心とする食料生産の市場を奪われてしまうことになる。

⑧　また、構造調整策の基本は財政収支の悪化を改善することにあるが、公共支出の削減はそのまま、小規模生産者への各種の補助金の削減や補償の削減となってあらわれ、生産奨励とならなかった。

サブサハラ・アフリカ諸国に関する経済開発の失敗の根本原因は、開発の主体となる大多数の国民、小規模生産者の生産能力・自活能力を崩壊させてしまい広く国民全体の社会厚生を高められず不平等格差を拡大してしまったところにある。

（3）農業生産における女性の役割

　世界銀行の長期展望（LTPS）によると、アフリカの農産物の 60% 以上、主食生産の 70% が女性の手で行われていると推定されている。すなわち、男性が大規模農場のプランテーションや鉱山に季節労働者として移住しつづけたので、女性は実質的な一家の家長として自給用の食糧、あるいは換金作物の生産に携わってきた。換金作物の下落、一般物価の上昇のために農村の貧困が深まると女性の労働に対する負担が増えることとなった。

　ガーナのアイレビの典型的な一家族の調査で、1 年の 3 期間のうち何週間かの女性の平均的な毎日の労働を調査した報告によると、収穫後（1 月～3 月）、端境期（4 月～8 月）、収穫期（10 月～12 月）のうち、最初の 2 期間で男性より 2 時間以上、後の収穫期では 3 時間半以上働いていることがわかった（M.ブラウン、「アフリカの選択」より）。女性は子供達の世話や食事の用意をしながら、外の畑の仕事、農業以外の生産の仕事もほとんど男性と同じように働いている。また、薪集め、水汲み、洗濯、商品を市場まで運搬する仕事がある。男性に賃金労働が広まるにつれ、家族農園の農作業は益々女性に委ねられることになった。女性にとって過重な家庭内の仕事に加え、土地にかけなければならない必要な作業にまで手がまわらず、耕作準備作業、植付け、除草は遅れるか、手抜きされることも多く、各地で農業生産高が減少したと言われる。

　また、男女間の性差による問題も絡んでいる。一般的に地権者は男性に限られているため、担保力がない女性には必要な融資が受けられず、農業生産に必要な材料や畑仕事用に改良された道具や食品加工用の器具が買えないことも起こり得る。また、農業に導入された機械化援助、公的な機関による農業技術訓練については圧倒的に男性を対象として行われており、小規模農家の実質的な主力となる女性が対象からはずれたことによる損失は大きかったものと思われる。さらに、第 1 節にあるように男女間において、どの国でも初等・中等教育の普及状況をみると、女性への普及状況は男性に比較してはるかに低い。教育の機会の不平等は女性の識字率は男性の半分にも満たない国も多い。この貴重な人間資源の開発を中心に考えていく必要がある[6]。

（4）アフリカの農村開発が達成されない原因

① 小農民の経験と土地に関する知識、現地の状況やその他の地元で入る情報の軽視。
② 小農民の優先事項、例えば、労働時間当りの最大カロリー、動物性蛋白に相当するものとして植物性蛋白を軽視したこと。
③ 貧しい者、土地無し農民、また女性家長の世帯といった最も恵まれない家族に対する差別的な対応、例えば、必要な信用供与が受けられないなど。
④ 女性の労働時間配分に対する配慮がないこと、特に作物の植付けや収穫の労働需要が最高になる時の援助の必要性。
⑤ 農業開発に関する中央集権化と、一般的に、女性や若年労働者に対するプロジェクトの計画・実行・維持のあらゆる段階における民主的参加の欠如。
⑥ 低賃金のために出先機関の指導員は内職をしなければならず、交通手段の欠如から村落を頻繁に訪れ開発プロジェクトの推移を監視できないこと。
⑦ 間違った施設、部品の不足、予測できない投入資材、まずい商売のやり方、輸送手段の欠如、会計事務の不充分な訓練、適切な貸し付けの欠如といった一般的なプロジェクト設計の不備。
⑧ 政府助成、または外国の援助に初期段階以降も引き続き依存し、そのために助成や援助を停止したときにプロジェクトそのものも破綻してしまう結果となる。

　アフリカの貧困の悪循環からの脱却は、農業の主力である小規模農家を育成し食糧需給のバランスを考え、教育し、技術訓練をし、生産力の質を高めていくこと、および農家の家族協力を図ることが基盤となる。ここでは、対外債務返済を自由主義原理に基づいた比較優位にあると妄想された換金作物の生産特化のために自国農業構造を変えていくという発想ではなく、サブサハラ諸国に生きている人々の幸福・厚生の改善を、貧困からの脱却を念頭において裾野の広い家族を中心とする小規模農業をベースに農業生産できるような経済構造の構築に努めるべきである。

（5）農業の地域協力

　各国農産物について、個別国のみではなく、もし近隣の諸国の地域協力が進展すれば効果は高まるものと思われる。現在成立している地域グループをみると、経済力のある1国（南アフリカ、ナイジェリア、エチオピア）とその周辺の小国というかたちの組合せが多い（第1-30表参照）。こうした国家間で特恵関税や相互扶助の取決めを結び積極的に貿易、地域協力を推進していくことが望ましい。食糧自給力を高めるためにも、欧米から安価な穀物のみに頼るのではなく、隣国同士で特徴ある穀物、工芸作物、軽工業品などを生産し、相互貿易による協力が必要であるように思われる。南部と東部の二つの地域グループであるSADCC（南部アフリカ開発調整会議）とPTA（特恵貿易地域）は、1980年代に設立された。南部のアフリカの経済強化をはかるために、9カ国の各々のメンバーが地域経済の個別部門のプロジェクトや計画の優先順位と作成のための責任を持つことを取り決めている。例えば、ジンバブエは食糧保証の責任を負い、サンビアは鉱山の開発、アンゴラはエネルギー、モザンビークは輸送、タンザニアは産業開発、ボツワナは家畜調査、スワジランドは種々の訓練という具合である。1985年までに約400のプロジェクトがSADCCに承認された。このなかには、鉄道の修復、メンバー10カ国間の衛星通信ネットワークの設立、気象と作物予報の早期警戒システム、ソルガムやミレットといった旱魃に強い種類の農業調査プログラムが含まれていた。この後、SADC（南部アフリカ開発共同体）と名称を変更して活動は継続されているが、南アフリカという経済基盤が強固な国を中心とする経済圏であり、様々な関係国間の利害調整はあろうが、地域協力を進めていくことには意義があるものと思われる。これまで、IMF、世銀との構造調整策は、国際機関側と各々の個別国との関係において結ばれたものであり、その国を含め特定の広い地域における影響ということは度外視されてきたように思われる。また、こうした国際機関との個別国との切り離された計画策定により、近隣の諸国が同じように特定農産物や鉱物の生産特化を目指し、農産物の付加価値をつけるための加工に注力し、結果的にその地域の国々がある特定の一次産品の供給過剰を引き起こし、「合成の誤謬」をもたらす結果にもなりかねな

(第1-30表) 1988～89年のアフリカの地域と準地域

地域と国名	人口(百万人)	GDP(百万ドル)	1人当りGDP(ドル)
マグレブ			
モロッコ	23.9	22.4	922
アルジェリア	23.7	39.8	2,284
チュニジア	7.8	8.9	1,287
その他の北アフリカ			
リビア	4.2	22.9	5,417
エジプト	50.1	31.6	681
スーダン	23.8	—	461
UDEAC			
ガボン	1.1	3.4	3,030
カメルーン	11.1	11.1	1,136
コンゴ	2.1	2.3	1,007
赤道ギニア	0.3	—	438
中央アフリカ	2.9	1.1	388
チャド	5.4	1	169
ECOWAS			
うち MARIUN			
リベリア	2.4	—	484
ギニア	5.4	2.7	446
シエラレオネ	4	0.9	297
うち CEAO			
コートジボアール	11.2	7.2	876
セネガル	6.9	4.7	717
モーリタニア	1.9	0.9	522
ベニン	4.4	1.6	410
ニジェール	7.3	2	329
マリ	9.7	2.1	223
ボルキナファソ	8.5	2.5	218
その他の ECOWAS			
ガーナ	14.1	5.3	369
ナイジェリア	101.9	34.8	296
カーボベルデ	0.3	—	748
トーゴ	3.3	1.3	408
ガンビア	0.8	—	271
ギニアビサウ	0.9	—	159
CEPGL			
ザイール	33.5	9.6	193
ルワンダ	6.8	2.2	340
ブルンジ	5.2	1	211

地域と国名	人口(百万人)	GDP(百万ドル)	1人当り GDP(ドル)
SADCC			
アンゴラ	9.5	7.7	610
ボツワナ	1.2	2.5	1,654
レソト	1.7	0.3	232
マラウイ	8.2	1.4	146
モザンビーク	14.9	1.1	84
ナミビア	1.7	1.6	1,030
スワジランド	—	—	—
タンザニア	25.5	2.5	123
ザンビア	7.9	4.7	346
ジンバブエ	9.1	5.2	690
PTA			
ブルンジ	5.2	1	211
コモロ	0.5	—	402
ジブチ	0.4	—	589
エチオピア	46.1	5.4	121
ケニア	22.5	7.1	375
レソト	1.7	0.3	232
マラウイ	8.2	1.4	146
モーリシャス	1.1	1.7	1,843
ルワンダ	6.8	2.2	340
ソマリア	7	1.1	239
スワジランド	—	—	—
タンザニア	25.5	2.5	123
ウガンダ	17.5	4.5	243
ザンビア	7.9	4.7	346
ジンバブエ	9.1	5.2	690

出典:「アフリカの選択」

い。こうした関係や開発計画の策定には、特定の国のみではなく、その国をとりまく地域グループとの関係、地域への影響を考えていかなければならない。

注[6] Final Report of the International Conference on African Women and Economic Development: Investing in our Future, 1998 を参照。
　アジアアベバの世界女性会議の報告書であり、女性の平等な地位を確保することがアフリカの経済成長には必要条件としている。特に、性差別をなくすための法整備を進めること、女性の地権者としての資格を保証すること、女性の小規模金融の融資資格を保証すること、女性の教育、技術トレーニングへのアクセスを保証することなどが盛り込まれている。特に、女性は保健・衛生面における家族のケアおよび固有の伝統の広範な普及には欠かせない存在として位置付けられる。性差別をなくすことで社会・経済が活性化し、その social return は大きいとしている。

第5節　サブサハラ・アフリカ諸国の問題の理論的な説明

（1）貿易の利益

　サブサハラ・アフリカ諸国の抱えている問題を簡単な2財モデルを用いて説明してみよう。サブサハラの小国を仮定する。2財とは、第1財（X_1）を輸出換金作物である一次産品、第2財をその他の財（X_2）（ここでは、先進国からの輸入の大半を占める耐久消費財や資本財と規定してもよいし、あるいは輸出換金作物以外の食糧農産物と考えてもよい）とする。当該国には生産要素の賦存量（資本、土地、労働）があり、資本、土地、技術進歩を一定とすれば、国内の労働賦存量を2財の生産に配分することができ、横軸に第1財（輸出用一次産品）の生産量、縦軸に第2財（その他の財）の生産量をとれば、労働の限界生産力逓減の法則から右下がりかつ原点に対し凹型の生産可能性辺境線を描くことができる（第1-5図）。さらに、2財への消費選好により効用を得られると仮定すれば、社会厚生関数（国民にとっての効用無差別曲線）の群を描くことができる。

　まず、閉鎖経済の場合、この国の最適生産点は生産可能性辺境線と社会厚生関数（U_0）が接するE点に決まる。効用無差別曲線にあたる社会厚生関数は右上の線にいくほど効用が高まり、閉鎖経済の場合、生産可能性辺境線の内側の財の組合せが生産可能な財の組合せとすれば、この生産可能性辺境線上のE点で両財を生産し、国民がこれを消費することによって最大の効用を得られるからである。このE点における接線の傾きをみると、両財の価格比は、$-P_1/P_2$であるが、この両財の価格に財の生産量を掛け合わせることで国民所得 $Y=P_1X_1+P_2X_2$ が得られ、国民はこの予算制約の下で効用を最大化するということを示す。

　次に開放経済とした場合には、小国の仮定をとると、海外で決まっている価格比 $-P_1^*/P_2^*$ に従うところから、2財の生産量の組合せを示す生産点（B点）と2財の消費量の組合せを示す消費点（A点）を分離することが可能となる。すなわち、海外価格比でみて、相対的に安く生産可能な第1財（一次産品）

へ生産をシフトさせ海外に輸出して、この輸出額分で第2財を輸入することができる。この結果、生産点は生産可能性辺境線上を右下に移動したB点に移り、消費点は価格線と社会厚生関数U_1と接するA点に移動する。開放経済の場合、閉鎖経済における最適生産点（E点）を通る無差別曲線（U_0）より右上の無差別曲線（U_1）を選択することができ国民の効用は高まることになる。これが、「貿易の利益」といわれるもので、デービット・リカードの提唱以来、経済学の基本的な命題となっている。

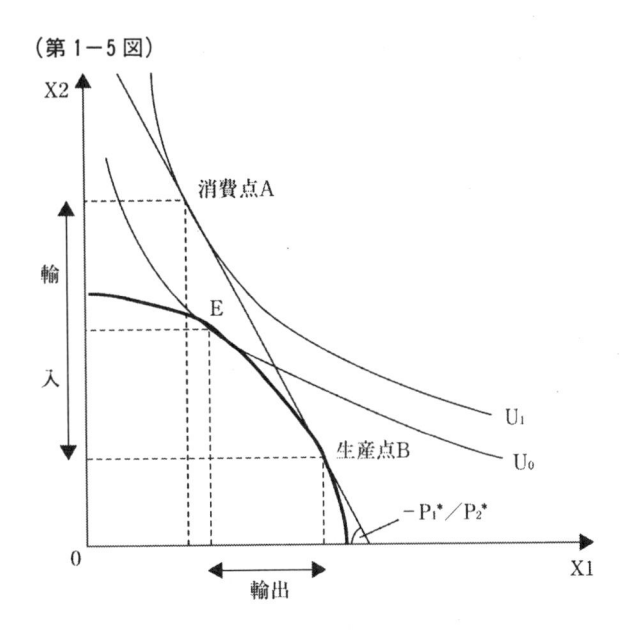

(第1-5図)

X2軸、消費点A、E、生産点B、U_1、U_0、$-P_1^*/P_2^*$、X1軸、輸入、輸出

(2) 現実のサブサハラの問題に応用した場合の考え方

　1970年代に石油危機の影響もあり1次産品価格（P_1^*）が高騰したケースを考えると、価格比の勾配（$-P_1^*/P_2^*$）が高くなり、価格線と無差別曲線の接点はさらに上方に移り、生産点はさらに1次産品にシフトさせることで、貿易を行いより高い効用を持つ無差別曲線の消費点へと移行することができたと考えられる。生産要素を1次産品の生産に特化できるように他の部門からシフトさせることになる。例えば、サブサハラ・アフリカの場合、生産要素の

ひとつである土地は一般の食糧生産（メイズ、ソルガムなどの主要穀物）から輸出換金作物専用の農場（タバコ、砂糖、紅茶など）へと変えられていく。あるいは、男子労働者が一次産品の生産に吸収されていく。こうしたことを念頭に置くと、生産可能性辺境線は、労働以外の生産要素賦存量が一次産品部門の生産に有利なように配分される傾向にあったと捉えることができよう。この結果、生産可能性辺境線は、一次産品部門の増産ができる一方、他の財の部門での生産量は減産するような形状へと変化する。この時点でサブサハラ諸国のように一次産品のみに生産を特化させるような生産構造が出来上がってくる。サブサハラ諸国では、生産可能性辺境線の形状を高価格の見込める一次産品の生産増強（逆に、他の財、例えば食糧生産は減産するかたち）に進めていった。もしも、70年代同様、高い価格比（$-P_1^*/P_2^*$）を維持できたとすれば、生産点はB′、消費点はA′に移ることとなり、これに接する効用無差別曲線はU_2になる結果、厚生水準を大きく高めることができるはずであった（第1-6図）。

　しかし、80年代になると、状況は一変し、価格比に関しては一次産品の長期の下落傾向が続くことになる。輸出不振となり債務問題を抱えた国々では、構造調整策を本格的に実施することとなるが、これは構造調整策として一次産品の増産をむしろ促進させることになるから、途上国の生産可能性辺境線はより一層一次産品の増産に傾いていくことになる。さらに、発展途上国の多くが一斉に一次産品の生産を増やすことになるから世界的な一次産品過剰供給となり、各国で構造調整策が本格化するに伴うにつれ、この傾向は一段と強まる。一方、先進諸国の側でも、農産物の需要の所得弾性値は1以下であるという財の性格があり、先進諸国が高度成長から安定成長に転ずれば、世界の所得は伸び悩み農産物の需要が低迷する傾向が出てきた。これに加え、70年代の資源・エネルギー価格の高騰の経験から省資源、省エネルギー技術の開発に力を注ぎ、一次産品のうち鉱物資源の需要を抑制する傾向を高めていた。さらに、一次産品によっては、禁煙運動（たばこ）、糖分摂取を控える傾向（砂糖）などから大幅な需要低迷を余儀なくされた財もある。こうした動向を当モデルに応用すれば、①一次産品の価格の大幅な下落（価格線の勾配のフラット化）、②この小国の生産可能性辺境線の形状変化（土地の生産要

第5節 サブサハラ・アフリカ諸国の問題の理論的な説明

素の一次産品部門生産への特化、これをベースとして労働賦存量を配分し辺境線を描くと第1財の増産、第2財の減産となるような形状）によって特徴づけられる。生産点は、一次産品の生産に特化した形状の生産可能性辺境線上のB″点に移り、第2財の生産を落として第1財の生産を高めるかたちとなる。しかし、一次産品の価格は第2財に比較して大幅に低下することから、価格比（$-P_1^*/P_2^*$）はフラットになる。この結果、この価格線と接する無差別曲線（U_3）との接点A″点が新たな消費点となるが、当無差別曲線（U_3）の効用レベルはU_1線に比べ大幅に低下することとなる。

（第1-6図）

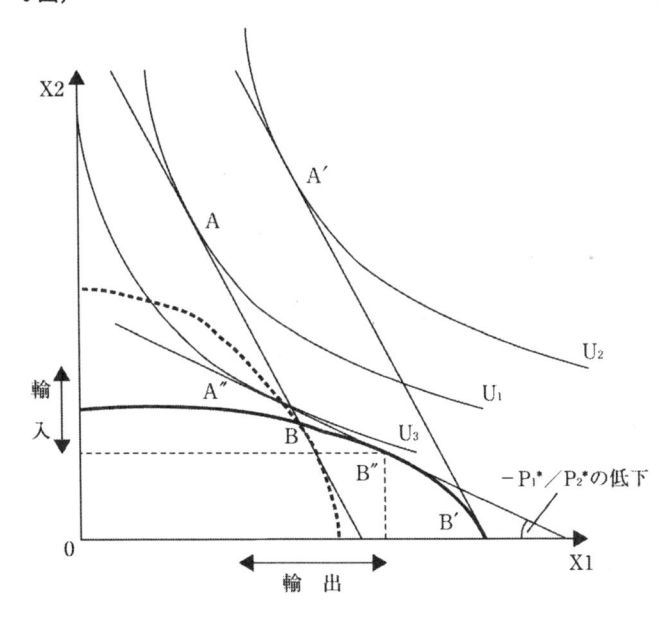

X2軸：輸入
X1軸：輸出
$-P_1^*/P_2^*$の低下
曲線：U_1、U_2、U_3、点A、A′、A″、B、B′、B″

サブサハラ・アフリカ諸国には比較生産費説に基づく貿易の利益ははたらかないという考え方もあるが、これは間違いである。貿易の利益は存在する。しかし、問題は貿易の利益を当て込んで一次産品の生産に特化して思惑がはずれたところにある。70年代に続いた一次産品市況の高騰が80年代以降も

継続すると期待して一次産品部門の生産を強化していった。あるいは、貿易収支の赤字が恒常化し累積債務問題が深刻化してきた時に、外貨を獲得し債務返済を図るためには一次産品の輸出に特化しこれを伸ばすしか方法がなかったというのが妥当な見方であろう。しかし、あの時点で、サブサハラ・アフリカ諸国において一次産品のみに生産を特化させ、同じように累積債務問題に苦しむ中南米、東南アジアの諸国にも同じように先進諸国に比べ比較優位となる一次産品の生産を増やす構造調整策を集中的に採用したために「合成の誤謬」に近い状態となり、一次産品の世界的な供給過剰が発生したものと思われる。

当2財モデルでは、第2財にどんな財を採用するか説明にやや無理があるかもしれないが、仮に第2財を耐久消費財や資本財とすれば、まずサブサハラ・アフリカ諸国では生産技術がないことから生産可能性辺境線は第2財の縦軸の切片は低く第1財（一次産品）の横軸の切片は長いような形状であろう。このような形状であれば、一次産品の相対価格が高い時の貿易利益は大変高まることになる。しかし、価格比が大幅に不利化した時に社会厚生関数のレベルが大幅にダウンする。また、一次産品の生産自体が構造調整策により、先進諸国の近代農業技術に大幅に依存する構造であったとすれば、相対的に割高となっている資本財の輸入分を暴落している一次産品の輸出分で補塡しようとすることには困難が伴うのではないだろうか。

一方、先進諸国側をみると80年代、90年代と技術革新がさらに進み、生産可能性辺境線は、第2財に特化するかたちで拡大、また一次産品部門（第1財）においても農業技術の改良、ハイブリッド種子などの品種改良などある程度の技術進歩を達成したことは疑いなく、生産可能性辺境線は第2財の生産を拡大するかたち（第1財の生産も増加できる構造）で外側に拡大する形状となったであろう。また、こうした技術進歩の裏づけで耐久消費財、資本財の一次産品に対する相対価格を上昇させていき、第2財に特化することで第2財の輸出を伸ばし社会厚生関数は一段と高いレベルにシフトしていったと思われる。また、省資源・省エネルギー技術の開発は製造コストを引下げ同じ耐久消費財の価格でも生産の利益は確保できるようになったことに加え、こ

うした省資源技術、省エネ技術を耐久消費財・資本財の生産工程に盛り込んだため、たとえ耐久消費財の生産が増えてもこの原材料となる一次産品、特に鉱物燃料などの投入量は相対的に減少することとなった。これが、また一次産品輸出国の輸出が伸びない要因となった。

　次に、アジアの諸国はどうだろう。ここでも第２財を耐久消費財（資本財は除く）と仮定すると、70年代から一次産品の技術改良に努め第１財の生産も増加させるように生産可能性辺境線の形状を変えたことも間違いないが、やはり、少しずつ耐久消費財の生産能力を高めていったと考えるのが自然であろう。これは、欧米、日本からの直接投資を受入れ着実により付加価値の高い耐久消費財の生産能力を高めていったと考えられるからである。1980年代の後半に円高基調となり、貿易収支の恒常的黒字が顕著となった時、わが国から輸出製造業がASEAN諸国に生産拠点を移した事例も記憶に新しい。アジアのNIEs諸国、ASEAN諸国はこうした工業製品の輸出主導で生産力を伸ばしていく。また、自国の農業生産力も高め、自国の農産物などの自給率は維持しつつ、付加価値の高い工業製品の輸出を伸ばすことで高度経済成長を達成したと言える。従ってモデルでは、耐久消費財の生産能力を伸ばした国では、価格比の変化は有利にはたらいたであろう。また、マレーシア、インドネシア、タイ、フィリピンなどの一次産品の生産に関し労働生産力は高いレベルを持っていることに加え、技術開発の動向をみても、コーヒー、紅茶の品種改良、ハイブリッド米の技術開発などサブサハラ・アフリカ諸国を上回る品質の向上をみせ、世界市場においても評価され高い占有率を長期にわたり確保することとなった。逆に、過剰供給の下で一次産品の厳しい選別が行われるなかでサブサハラ諸国が不利な立場に立たされたことは想像に難くない。

　いま、仮に第２財を伝統的な穀物（麦、米、メイズ、ソルガム）と仮定する。もちろん、開放経済に２財、輸出換金作物の一次産品（第１財）と伝統的な穀物（第２財）のみしか存在しないという仮定には無理があるかもしれない。また、先進諸国側で、メイズ、ソルガムといった穀物を輸入するということ自体を困難な仮定であるかもしれない。現在、この理論モデルから得られるインプ

リケーションとしてサブサハラ・アフリカ諸国の実情を照らし合わせて考えてみると以下のようになる（第1-7図）。

　A点（70年代の高い社会厚生を維持可能な点）からA″点（一次産品の価格急落により社会厚生が低落したレベル）へのシフトが問題となる。このシフトの程度が大きいために、現在ある社会厚生関数のレベルは国民の生存限界のレベルにあるのかもしれない。実際に、国民所得はゼロ成長かマイナス成長を長期間に続けている国もみられる。そして、この第2財にあたる本来自給すべき穀物の生産能力は、輸出換金作物の生産に特化してきたために、短期間に復活させることが難しく、逆に、第2財について欧米から小麦などの食糧援助によって生存可能な効用無差別曲線まで何とか引き上げている状況というのが正しいだろう。これは、もちろんモデルのなかで、第1財の輸出分により第2財の輸入を図るだけでは足りず、無償の食糧援助を受けざるを得ない国もでてきているわけである。もしも、80年代に無理に輸出換金作物の生産に特化するような生産構造にせず、従来の伝統的な穀物生産を維持する生産構造を堅持していたらどのようになったであろうか。伝統的な農業ができる土地を維持しておき、生産可能性辺境線を実線部分（第1-7図）のまま維持することができたとすれば、一次産品価格が相対的に大幅に低下し価格線がフラットになったとしても、第2財の生産自体を維持できるところから、この価格線と接する無差別曲線はU_4となり、この社会厚生水準は一次産品の生産に特化した生産構造をベースとし一次産品価格の下落により厚生水準を大幅に低下させたU_3よりも高い水準にある。もちろん貿易の利益は少なくなるであろう。これは、輸出量、輸入量の大きさを比較すれば、（第1-6図）の方が（第1-7図）に比べ輸出入量は大きいことが明確である。

　但し、一次産品の相対価格の大幅な低落からこれと接する無差別曲線のレベルも大幅に低下し、伝統的な農業を維持してきた生産可能性辺境線を維持してきたケースに比較すれば、この低下した無差別曲線は、この当初の生産可能線辺境線の内側を侵食するかたちとなってしまうのである。伝統的な農業を維持してきたケースは、貿易による利益は少ない、その代わりに、食糧の自給を確保し他国からの食糧援助は必要としない（このケースでは、一次産品

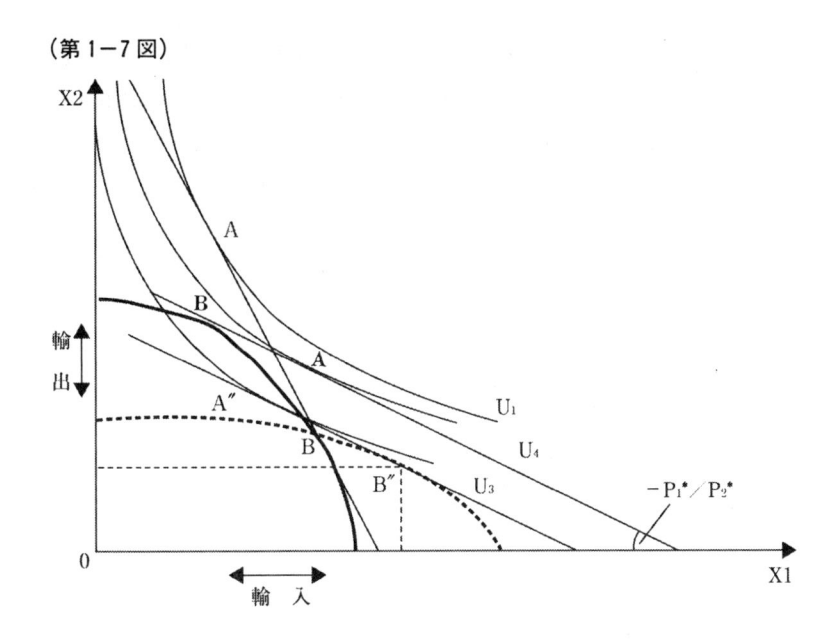

第5節 サブサハラ・アフリカ諸国の問題の理論的な説明

(第1-7図)

価格比	生産可能性辺境線	消費点	生産点	厚生水準
高い	通常（実線）	A	B	U_1
高い	1次産品特化（破線）	A′	B′	U_2
低い	1次産品特化（破線）	A″	B″	U_3
低い	通常（実線）	**A**	**B**	U_4

の相対価格の低下が大幅であるために伝統的農産物の方が比較優位となる極端なケースとなっている)。構造調整策の意味するところは、生産可能性辺境線をできる限り第1財の増産を図れるように構造変化させることにより、ともすれば伝統的な農業生産能力を犠牲にしても一次産品の生産能力を高める構造に変化させることにあった。もし、一次産品の相対価格が高水準を維持したままであったら、貿易の利益は高く、これにより耐久消費財、資本財、食糧までも十分輸入することができ効用水準は高い水準を確保することができたであろう。しかし、当初の予想ははずれ長期間にわたり一次産品の価格低迷が続いている。

もし仮に伝統的な農業生産のための土地を確保しておき、農業生産技術を

少しずつでも改良する努力を続けていれば、効用無差別曲線のレベルは70年代のA点（U_1）に比べれば落ち込んだであろうが、A点の効用レベル（U_4）を確保し、A″点の効用レベル（U_3）まで低下することはなかったであろう。貿易の利益こそ小さいかもしれないが、自国の穀物生産を維持し食糧援助に依存するという状態は避けられたかもしれない。あるいは、近隣のサブサハラ諸国に食糧を輸出することができたかもしれない。

第6節　開発政策の改善提案

（1）構造調整プログラムに対するアフリカの代案

　1989年4月、ECA（アフリカ経済委員会）は、「構造調整プログラムへのアフリカの代案（AAF-SAP）、変革と復興のための枠組み」を提案した。これは、これまでのIMF、世界銀行の構造調整策の修正するべき点とサブサハラ・アフリカ固有の潜在能力を活用し貧困からの脱却を試みることに主眼が置かれている。アフリカの当事者間から提案されたものだけにIMFに対し厳しいものがある。

（構造調整プログラムの修正措置）
① 社会支出の思い切った削減が、開発への人的可能性を侵食してきた。
② 価格動機による伝統的な輸出の無差別な促進が、食糧生産を低下させ、輸出のための過剰生産に導いてきた。
③ 全般的な貸付削減が、産出と有効利用の許容限度を低下させてきた。
④ 公開の外国為替市場を通した通貨切下げを一般化したことで、基礎的物資の輸入価格が上昇し、インフレが発生し、資本撤退が増加し、所得不平等を悪化させた。
⑤ 維持できない高金利が、投機的行為を助長し、生産的投資を断念させてきた。
⑥ 全面的な輸入自由化が、食糧の自給と未成熟な産業の生き残りを危機に陥れてきた。
⑦ 「適正価格」を得るための市場の力への過度な依存が、インフレとさらなる所得配分の歪みを生み出してきた。
⑧ 非現実的な民営化が成長を限定し、社会福祉を減退させてきた。

（四つのグループの積極的措置）
A．生産力の強化と多様化
① 土地改良をし、女性の権利や役割を高めて、生産と雇用機会を増大し貧困を軽減する。
② 農業投資を全公共投資の25％まで引上げ、農村のインフラストラクテュア（社会整備）を改善し、農業の生産性を向上させる。
③ 農業や製造業を活発にするため、国内生産を増加させ農業と工業の連結を増すため、そして必需品を充足させるために、外国為替にもっと真剣に取り組む。
④ 貸付の優先順位を食糧部門と食糧自給や雇用増大に不可欠な製造業に割り当てる。
⑤ 地方の起業家を奨励するために小規模産業に投資する。
⑥ 利率を差別化して投機行為を阻止し、生産的活動の貯蓄にシフトさせる。
⑦ 地方の貯蓄を推進するために、農村貯蓄銀行を創設し強化する。
⑧ 生産能力以下の利用状況にある機械設備を使いこなすために訓練を行い、生産量を増大し輸入を節約する。
⑨ 資本の流入促進と資本流出阻止のために、多重為替交換率を利用して国際収支を改善し、必需品を充足する。
⑩ 革新的生産者のための利率助成に当って、特別開発基金を創設する。

B．所得水準と配分パターンの改善
① 徴税を改善し、政府歳入の増加を図る。
② 国防費を削減し、財源を生産的投資に振向け、不必要な輸入を減少させる。
③ 社会部門と戦略として推進する産業以外の公営企業への助成を無くし、資金を生産的投資に投入する。
④ 選択的成長維持のための融資をして赤字財政を現実的に使う。
⑤ 人々のニーズにあった地方の食糧増産を維持するために、戦略的備蓄の利用を通して食糧作物の最低価格を保証する。

C．ニーズ充足のための支出パターン
① 生活水準を向上させ人的資源に投資するために、政府支出の30％を教育と保健および女性労働力の集約に切替える。
② 貧しい者のニーズに対応する生活必需品に選択的な助成をし、産業への中間的な投入財を確保する。
③ 贅沢品の輸入を禁じる選択的な貿易政策と、浪費への増税によって、国産品の市場拡大を図る。
④ アフリカの自立を増大するために、アフリカ諸国間の財政と金融の協力を強化する。
⑤ 生産活動のための資金の自由化と国際収支の改善のために、債務返済率に限界を設ける。
⑥ 輸出収入源の多様化を増し、相場商品価格の下落に対する脆さを軽減するために、選択的に加工製品の輸出を特化する。
⑦ 輸出助成に差異をつけて、アフリカ内での物々交換貿易を促進して、対欧米諸国への依存度を低下させ、アフリカの経済統合を強化する。
⑧ 二国間や多国間の商品協定を求め、国際収支の改善と安定を築く。

D．変革を伴う調整のための制度的な支援
① 食糧増産を維持し新しい技術を育成するために、農民が簡単に利用できる、十分な資金を持った「食糧生産管理貸付システム」を農村地域につくる。
② トウモロコシ、ソルガム、ミレット、米、芋類など基本的な食糧の自給を達成するために、農業調査や研修を強化する。
③ 集約的農村開発を促進し、農村地域の魅力を増すために、固有の技術・地元の資本・女性の参加を伴う家内小規模産業を支援する農村の組織を創設する。
④ 小規模職人協同組合などの所有権に関する明確な法的枠組みを整備することにより、開発の主流に最大限統合する方向で民衆の参加を増し、インフォーマル（自発的制度外経済活動）部門を強化する。
⑤ 農村の道路、保健センター、学校、小規模潅漑計画などのインフラにお

ける地域の共同体労働を促進するために、特に地元の NGO や自助プログラムを巻き込んだ地域協同開発機関を設立する。
⑥　意志決定や計画の遂行における大衆参加をさらに増すことで、人的資源を活性化し、開発過程での大衆の自信の獲得と求められる犠牲への積極的な関与を得る。

（2）世界銀行からのレポート

　世銀では、1990年に「サブサハラ・アフリカ－危機から持続可能な成長へ：長期展望に基づく計画（Sub-Saharan Africa-from Crisis to Sustainable Growth：A Long-Term Perspective Study、通称 LTPS）を発表した。公平で持続可能な発展をするために年平均4～5%の実質成長率（これまでの実績の2倍）を目標とした。農業の成長目標は4%とし、引き続き成長の原動力とした。また、このような目標を達成するために、以下に掲げる主要項目を戦略的課題として取上げた。
①　マクロ経済の安定化と正常化。
②　人材育成と基本ニーズの充足を最優先課題とする人間中心の戦略策定。
③　政府の制度改革と非政府組織（NGO）の支援による能力開発。
④　適切な政策と効率的なインフラサービスの提供など、民間投資が可能となるような環境の構築。
⑤　低い農業生産性から急速な人口増加と環境破壊へと至る連鎖反応の克服。
⑥　地域統合と協力の推進。
⑦　アフリカ諸国とドナーの協力体制の強化。
⑧　信頼性（accountability）、透明性（transparency）の高い政府の確立。
　LTPS の枠組みでは、政府の役割は、差別しない手段を用いた経済の調整や民間セクターの繁栄をもたらすような法律、秩序の確立、初等教育・基礎的な保健衛生および基礎的なインフラストラクテュアに対する投資の集中、及び特定のニーズにターゲットを絞った介入などである。開発を達成するためには、政治的にも複数政党制度による民主政治の確立には直接触れていな

いものの、信頼性、透明性、予見可能性、開放性、法的秩序の確立など「良い統治（ガバナンス）」の重要性は認めている。また、人口増加率の問題、農業生産性および環境との因果関係が開発戦略において非常に重要であると認識されている。人口問題に対しては適切な技術面、資金面ならびに運営面での支援を受けた家族計画の普及を提案している。LTPSは、農民に有利な価格での農産物の買取り、農業に対する課税（直接的には低い生産者価格、間接的には過大評価された為替レート）の軽減、農業普及活動と農業研究サービスの向上を提言した。環境にかかる行動計画（environment action plan）の精緻化と実施の必要性を強調しているのも特徴である。

　さらに、世界銀行では、1990年代中盤のサブサハラ・アフリカ大陸についての現状をまとめ、今後の基本政策のポイントを整理している。これは、世界銀行が進めてきた「アフリカに関する長期展望に基づく研究（Long Term Perspective Study on Africa：LTPS）」および「人材育成報告書（Human Development Report）」、「世界開発報告（World Development Report）」などに基づいている。ここでは、「持続的貧困の緩和」が重要な開発目標とされており、貧困克服の柱となるのは、「基本的な保健や教育、そしてインフラストラクチュア整備への幅広い投資」および「公平な分配を伴った成長」であるとの結論を導き出している。また、これまでとの違いは、アフリカをひとまとめにして議論することは不可能で各国の多様性を認めていこうとするものである。

（開発のためのアジェンダにおける今後の課題）
① マクロ経済政策
　　現実的な為替レートを維持し、通商政策の改革を進める。歳入面での体質の強化と予算の管理を通じて、財政のバランスと規律を回復させる。公共支出は、開発のためのアジェンダに沿った優先順位に基づいて実行する。
② 男女差別のない人材育成
　　公共、民間、および地域レベルの活動を通じて初等教育、保健、家族計画などを普及させる。男女間についての不平等についても焦点をあて、能

力構築・人材育成という観点から中等・高等教育にも努力する。HIV 感染や AIDS の問題には細心の注意を払う。

③ 農　　　業

農民の生産意欲が湧くような農産物の生産者価格が確保されるように留意すると共に、民間セクターによる農産物加工や販売を促進する。効果的な農業研究および（その結果としての）農業技術普及活動、農村部のインフラ整備や教育・保健サービスの充実などをはかる。

④ 環　　　境

環境保全のコストが市場価格に反映されるように価格体系を改革する。地域社会とも協力の上、国家環境行動計画（National Environment Action Plan：NEAP）を策定、実行する。

⑤　民間セクター育成

法律や制度を改正し、民間企業の事業コストを低下させる。また、制度改革や人材育成の充実を通じて金融セクターを充実させ、健全な制度の枠組みの中で競争を促進する。同じに民間セクターに対しては、これを支援するという明確なシグナルを発信し、他方で公営企業の適切な改革や民営化により政府財政負担の軽減を図る。また、現実的かつ「外向き」の輸出指向型戦略と合致するような方法で域内競合の推進を図る。

⑦　インフラ・サービス

都市部の上水道供給や電気通信など、一部のサービス分野に民間活力を積極的に導入する。また、農村部の給水など他の分野については地域社会（コミュニティ単位）のイニシアティブをより積極的に活用する。

⑧　能力構築・人材育成の充実

社会サービスの供給における政府の役割を見直し、建設などの事業は民間企業への外注を促進する。また、肥料・農具などの農業投入財の供給や農産物の販売なども民営化を検討する。意志決定権限やサービス提供業務も地方自治体や伝統的な社会統治システムに委譲する。政府の核となる機能（特に行政事務）を強化し、長期的な外人専門家による技術援助への依存度を低下させる。

同レポートでは、このうち人材育成と財政の管理が特に重要としている。
(援助の性質と有効性)
① 希少な援助資金は、開発のためのアジェンダについてのコミットメントを示している政府には従来以上に選択的に配分すること。
② マクロ経済改革や民間セクター主導型の成長についてコミットメントを示している国に対しては、国際収支支援型の足の早いプログラム援助を通じて継続的に資金の移転 (resource transfer) を行うこと。
③ 人材育成に焦点を当てること。特に公共サービスへのアクセス面で、都市と地方の格差や男女差別が生じていないか注意すること。
④ 整合性がとれ、且つ被援助国側で作成されたセクター政策を支援するようなプロジェクト援助であること。
⑤ 被援助国側の能力を損なわさせるようなものではなく、むしろ強化するような技術協力を強化すること。
⑥ 資金協力以外の支援策にも十分注意すること。すなわち、経済分析やセクター分析に対する助言・諮問などが今後は重要性を増すと思われる。
⑦ 被援助国とは体系的に協議を重ね、プログラムの立案や実施には受益者の視点を十分組み込むこと。

(経験からの教訓)
① 援助受益者との対話の重要性を強調。
② 拡大セクター・アプローチを通じたプロジェクト支援の質の改善。
③ プログラム援助の効率性向上に対する積極的な姿勢。
④ 被援助国の組織開発への関心および支援の増大（特に公共支出計画の策定および管理）。
⑤ 技術協力の質的向上ならびにその量の削減。
⑥ 援助のアンタイド化への積極的な動きと見返り資金の使途制限の撤廃。

(3) 重債務貧困国 (HIPC) 債務救済イニシアティブ
　貧困国にとって持続可能な成長を追及し貧困を緩和する目的で、主に先進諸国が債権者となっている多額の債務が大きな足かせになっているとの認識

に立ち、IMF と世界銀行は、1996 年 9 月に重債務貧困国（HIPC）債務救済イニシアティブを開始した。当イニシアティブは、経済的社会的改革の実行を決意した貧困国を対象に、債務を維持可能な水準に軽減するものであり、従来の債務救済措置だけではその国の債務繰延べプロセスから脱却させることができない場合に限って適用される。また、これまでの債務救済措置と異なり、包括的なかたちで債務に対処し、多国間金融機関を含めた全債権者が参加するものである。

当イニシアティブは、①極めて緩やかな条件で融資を行う世界銀行の国際開発協会（IDA）からの支援に関して受給資格をもつ国が適格国で、②従来の債務救済措置をすべて適用しても維持不可能な債務状況に直面しており、③経済・社会改革の実施においても良好な実績を有する国である。同イニシアティブの斬新さは「債務全体の維持可能性の達成」に焦点を当てることにより、HIPC の債務問題に包括的に取り組んでいる点である。「救済」とは、要するに、経済成長と貧困緩和を統合的にみた時にその国の返済能力に基づくものであり、したがってそれは、債務国が債務返済繰延べプロセスから脱することを念頭においている。ここで、対外債務が維持可能かどうかは、IMF と世界銀行が借入国と協力して行う債務維持可能性分析（DSA）によって判断される。当分析によってその国が、従来の債務救済措置すべてを適用しても維持不可能な債務状況に直面しているかどうかをチェックされる。維持可能な債務水準は、債務／輸出比率が 200〜250%（現在価値ベース）、元利払いの対輸出収入比率が 20〜25% の範囲内とされ、ケース・バイ・ケースで判断される。この範囲内での輸出品目の偏りやバラツキといった各国特有の不安要因を考慮し、債務元利返済額の財務指標に照らし合わせ具体的な目標値が設定される。

まず、HIPC の仕組みとは、公的債権者が構成するパリ・クラブによる債務株式化計画の適用対象国となるためには、3 年間の審査期間が必要となっている。これが当イニシアティブの第 1 段階であり、この 3 年間が経過すると「決定時点」が設定される。維持可能性分析は、パリ・クラブの同計画と、その他の非マルチ債権者による同等かそれ以上の措置によって、当該国が「完

了時点」に債務維持可能かどうかを判断するものである。現行の救済措置で完了時点に債務維持可能にならない国々は、第2の審査期間に政策改革を強力に推進することを条件に HIPC イニシアティブに基づく十分な援助を受け、完了時点に債務維持が可能となるようにする。完了時点において、債権者は決定時点に約束された債務救済を実施する。完了時点に実質負債比率が決定時点に定めた目標範囲に収まらない場合は、その国の債務維持を可能とするため、債権者は援助額を調整するよう求められる。完了時点に実施される債務救済は無条件であり、債権者に対する負債の当該部分は、その国の会計簿から事実上削除されることになる。必要な審査期間は、ケース・バイ・ケースで柔軟に実施されており、既に実施中のプログラムの決定時点が近づくと支払猶予期間が与えられる。順調に改革を行っている実績のある国々に対しては、第2段階の3年間を短縮できる。最初に本イニシアティブの適用対象となった6カ国のうち、ボリビア、ボルキナファソ、ガイアナ、モザンビーク、ウガンダの5カ国に対してこの措置がとられた。

経済が極めて開放的で、外部指標のみでは対外債務の財務負担を適切に反映できない国については、完了時点における債務／輸出の目標値（純現在価値ベース）を200％未満としている。ただしこの場合、当該国が決定時点に、GDP に対する輸出収入の割合が40％以上、GDP に対する財政収入の割合が20％以上という二つの評価基準を満たしていなければならない。これらの最小値を満たしている国々については、債務／輸出目標値（純現在価値ベース）を、完了時点における債務／歳入比率（純現在価値ベース）が280％となるよう設定する。コートジボアールとガイアナは既にこの評価基準に基づく適用資格が認められている。

全債権者による措置として、債務負担の継続を可能とするため、現行の対策以外に、全債権者が参加して例外的援助を提供する。債権者は、広範かつ平等な分担方法に基づき HIPC 援助の費用を負担し、従来の債務削減措置をすべて適用した後の債務残高における各自のシェアに応じて救済措置を実施する。従来の債務削減措置には、債務を67％（純現在価値）削減するパリ・クラブによるナポリ・タームなどがある。

また、二国間および民間債権者においては、貧困国を維持不可能な債務から脱出させるための努力の一環として、パリ・クラブはHIPCイニシアティブに基づき債務削減額を追加する。さらに、現在の慣行に従い、パリ・クラブから援助を受ける国々は、他の二カ国間および民間債権者に対しても、パリ・クラブと合意された条件とほぼ同等の条件で債務を扱うよう求めなければならない。

　さらに、マルチ債権者は、債務維持可能となるよう、請求額の現在価値を削減する措置をとっている。これは、ナポリ・タームが全面的に適用された後、他の債権者による完全比例方式の負担割当に基づいて行われている。多国間機関は、HIPC信託基金または同様の措置のいずれかにより請求額の現在価値を削減する措置を取ることで、本イニシアティブに参加する。多国間機関は、引き続き順調に改革を実施している国々に対して、第二審査期間中に、債務削減のための援助を実施することができる。こうした援助は暫定的なかたちで供せられるが、多国間機関が約束した完了時点の措置の一部とみなされる。国際開発協会 (IDA) は、ボリビア、コートジボアール、モザンビーク、ウガンダに対してこうした措置を適用している。

　HIPC信託基金は、適用対象のHIPCが本基金に参加しているマルチ債権者に対して負っている債務の削減措置を提供する。HIPC信託基金は、繰上げ返済、マルチ債権者に対する債務の一部購入、債務の棒引き、支払期限が到来した債務元利返済額の支払いのいずれかを行う。HIPC信託基金は、本基金に参加するマルチ債権者および2国間出資国からの拠出金で構成される。援助供与国 (二国間) 15カ国がHIPC信託基金に拠出または拠出を約束した金額は総計約2億ドルに上る。こうした拠出により、全ての多国間機関が、本イニシアティブのもとで支援を受ける国々に対して、各自の負担分に確実に対応できるようになるのである。

　IMFは、適用対象国に対する請求額の現在価値に合意に達した額だけ削減するため、完了時点において措置を講ずることを約束する。これは、エスクロウ勘定に払いこまれ、IMFに対する債務元利返済額をカバーするためだけに用いられる特別な拡大構造調整融資制度 (ESAF) の交付金を通じて実

行される。本イニシアティブの早期IMF負担分を賄う財源は、暫定的に確保されている。他方、ESAF－HIPCトラストの資金確保にも、引き続き努力がなされている。

　世界銀行はHIPCイニシアティブへの参加に係るコスト全てを独自の財源から賄う。多国間のHIPC信託基金が、完了時点における世界銀行の参加のために構想されている。世界銀行は国際復興開発銀行（IBRD）の純益からHIPC信託基金に7億5000万ドルを移した。世界銀行がHIPC信託基金に移した資金は、IDAに対する債務削減に当てられる。世界銀行の債務削減措置への貢献として、必要に応じてさらにIBRD純益をHIPC信託基金に移すことが構想されている。こうした資金移動は、IBRD収益分配枠組ならびにIBRDの理事会および総務会の承認によって行われる。

　HIPCイニシアティブの総コストの最新推定額は、1996年の純現在価値で74億ドルである。この数値は、適用対象、債務維持の目標値、マクロ経済見通しを含む多くの重要な仮定に基づき、また大きく左右される。マルチ債権者による費用負担は総額41億ドルと推定されるが、このうち世界銀行の負担額は純現在価値で16億ドル、IMF8億ドル、その他の多国間機関17億ドルになると推定される。

（4）重債務貧困国債務救済イニシアティブ適用状況

　1998年4月までにIMFおよび世界銀行の両総務会は、9カ国について本イニシアティブの適用資格を討議し6カ国がHIPCイニシアティブに基づく債務救済の適用対象国として認められている。返済可能な水準までこれらの国々の債務を削減するのに必要な金額は、純現在価値にして合計30億ドル（名目的債務救済額 約57億ドル）にのぼる（第1-31表参照）。この6カ国のほかに、ギニアビサウ、マリ、タンザニア、モーリタニアなどに対するHIPC債務削減取引が現在検討中である。また、現段階では、36カ国が拡大HIPCイニシアティブを受ける資格があると推定されているが、このうちの29カ国がサブサハラ・アフリカ諸国である。

(第1-31表)　　　　　HIPC債務救済措置（98年4月時点）

	決定時点	HIPC救済措置以前の対外債務評価(注1)	完了時点	返済可能にするために合意されたHIPC支援額(注2)	名目的債務救済推定額(注3)
ウガンダ	97年4月	維持不可能	98年4月	350	650
ベニン	97年7月	維持可能	—	—	—
ボリビア	97年9月	維持不可能	98年9月	450	600
ボルキナファソ	97年9月	維持不可能	00年4月	115	200
ガイアナ	97年12月	維持不可能	98年12月	250	500
コートジボアール	98年4月	維持不可能	01年3月	345	800
モザンビーク	98年4月	維持不可能	99年6月	1,440	2,900
合　計				2,950	5,650

出典：世界銀行東京事務所
(注1)　維持可能分析(DSA)の結果に基づく。
(注2)　完了時点における、おおよその純現在価値
(注3)　名目的債務救済額とは、累積債務救済額のことである。当額は、純現在価値での債務救済額を上回るが、これは名目的債務救済額を完了時点までさかのぼって割り引いたものだからである。

第7節　IMF、世界銀行の新しい貧困救済プログラム

(1) 拡大構造調整策の評価

　IMFでは、1997年から99年にかけて、これまでの拡大構造調整策（ESAF）が機能してきたかどうか、不十分であった点はどこにあるかといった議論を重ね、1997年にはIMF内部からの評価、1998年には外部からの評価を得ることとなった。当構造調整策に関する批判を整理したものは、*The IMF's Enhanced Structural Adjustment Facility*(ESAF)：*Is It Working*（1999年9月）のなかに述べられており、結論は *Summing Up Distilling the Lessons from the ESAF Reviews*（1998年7月）、*Status Report on Follow-Up to the Reviews of the Enhanced Structural Adjustment Facility*（1999年8月）に整理されている。この評価は、以下の様に整理することができる。

① 構造調整政策は、国民貯蓄の増加、一桁台の低インフレの実現、構造改革の実施、保健・衛生、教育などの財政支出項目への配慮を行うことによって成長を達成することを目的とするべきである。

・ESAFのプログラムは、国民貯蓄（National Saving）を実質的に増やすことをターゲットとするべきである。特に、民間貯蓄（Private Saving）を増やすのには時間がかかることから、短期間で効果のある公的貯蓄（Public Saving）の増加をめざすのがよい。また、健全な財政運営と低率のインフレーションが対外収支を悪化させず成長するためには必要である。

・公的貯蓄を高めるために財政政策の質向上を図ることが必要である。歳入の増加と歳出の効率的支出の間にバランスをとることである。

・歳入構造を強化しかつ歪みが生じないように注意を払うことが重要。例えば、貿易の自由化策を採る場合、貿易財に対する課税に大きく依存することを避け、もう少し幅広く消費税、付加価値税から徴収し、負担が特定の部門に集中しないようにする。

・歳出の構成を改善する必要がある。特に歳出のなかでは、保健・衛生部門

と教育部門への支出は守る（あるいは増やす）べきである。公的貯蓄（財政収支のバランス）は、公的サービスの効率化、公的企業の構造改革により達成することが肝要。構造調整策を実施するなかで、Social Safety Net の整備が必要である。
・公的投資のプログラムには、海外からの援助を効率的に使うことが重要である。
・インフレの抑制が長期的な成長には不可避である。このためには、健全性を持つ財政政策と物価抑制のための金融政策の実行は必要となる。また、政策実行のためのアンカーとして、為替レートのペッグ（exchange rate peg）、マネーサプライの上限（ceiling）、インフレーションの目標などを考慮すること、またこのアンカーの選択は、当該国の状況に応じて選択することが必要である。
・制度改革、例えば自由化政策、健全な銀行制度、民間企業の活動のための制度改革などはケース・バイ・ケースに応じて民間の活力が増加するように考えるべきである。
・貿易の自由化は、効率配分の観点からも必要である。輸入量規制、輸入課徴金、輸出課税などは廃止するのが望ましい。
② 構造調整策のプログラム策定にあたっては、当該国政府の策定意思を尊重し（Ownership）、できるだけ幅広いグループとのコンタクトを図り、幅広い意見が反映されるべきである。
・政府のなかでも経済政策部局ばかりでなく、当プログラムの影響を受ける部門を担当する閣僚との意見交換や市民社会の代表者、NGO、他の国際機関などとも幅広い意見交換を実施し、プログラムに関しコンセンサスを得るようにする。
③ 構造調整策の内容を記述した Policy Framework Paper と Letters of Intent については公表することを基準とするべきである。
④ IMF と世界銀行は、構造改革のデザイン、政策の社会的影響などについて強力するべきである。
⑤ 政策プログラムの策定にあたっては、保健・衛生、教育、基本的なイン

フラストラクチュアにおける生産的な支出について重視する必要があり、ソーシャル・セーフティ・ネットの確立に関しプログラムの中に明確に盛り込むことが重要である。
・社会指標に必要なものがあれば、ベンチマークをつけてその指標の実現に努力することも必要である。
⑥ コンシステントな政策の実行を促進するために、プログラムのモニタリングを強化しなければならない。

（2）貧困削減・成長ファシリティ（Poverty Reduction and Growth Facility）

1999年9月のIMF暫定委員会において従来の拡大構造調整ファシリティ（ESAF）を貧困削減・成長ファシリティ（Poverty Reduction and Growth Facility、通称PRGF）に改めることになった。これまでの拡大調整策は、早急な経済成長と対外収支の改善をめざしてきたが、幅広い観点からの貧困削減をめざすことを主目的とした。この場合、保健・衛生、教育、地方のインフラ整備、民間部門の発展が重要な鍵となる。このPRGFが、重債務貧困国債務削減イニシアティブと協同して機能するように望むとされている。

① まず、このファシリティについては、貧困削減戦略ペーパー（Poverty Reduction Strategy Paper、通称PRSP）を作成し、プログラムを策定することが必要となる。このPRSPの作成については、当該国の政府が主導して作成されるもので、IMF、世界銀行がそれぞれ担当する分野に責任をもつ。また、このPRSP作成に際しては、当該国の幅広い市民グループの参加を促し、NGO、援助国、他の国際機関（国連諸団体、アフリカ開発銀行など）の参加によりプログラムの策定を行うこととする。また、当該国政府はPRSPの内容を国民社会に知らせ、常にモニターしてもらうような工夫をする。他の多重国間、二国間援助を行っている援助国もその専門性や経験に基づいてPRSPにアドバイスを行うこととする。

② PRGFのプログラムの目標は、当該国の貧困削減のための戦略に基づくものになる。プログラムの柱となるマクロ経済政策についての議論はオープンにし相互補完的なものとする。マクロ経済政策は、経済成長とインフ

レーション、財政政策、金融政策、対外政策における目標を設定することとなるが、できるだけオープンに議論して慎重に設定する。また、鍵となる社会・個別部門間、構造改革については、PRSPの参加プロセスのなかで優先順位を明確につけることが重要。特に、政府予算の影響については、貧困層に十分配慮してデザインすることとする。

（第 1-32 表）　　　　　　PRGF 受給資格のある国

アフガニスタン	コンゴ共和国	キルギス	サオトメ・プリンシペ
アルバニア	コートジボアール	ラオス	セネガル
アンゴラ	ディブチ	レソト	シエラレオネ
アルメニア	ドミニカ	リベリア	ソロモン諸島
アゼルバイジャン	エジプト	マケドニア	ソマリア
バングラディッシュ	中央ギニア	マダガスカル	スリランカ
ベニン	エリトリア	マラウイ	セント・ルシア
ブータン	エチオピア	モルディブ	セント・ビンセント
ボリビア	ガンビア	マリ	スーダン
ボスニア・ヘルツェゴビナ	グルジア	モーリタニア	タジキスタン
ブルキナファソ	ガーナ	モルドバ	タンザニア
ブルンディ	ゲレナダ	モンゴル	トーゴ
カンボジア	ギニア	モザンビーク	トンガ
カメルーン	ギニアビサウ	ミャンマー	ウガンダ
ケープベルデ	ガイアナ	ネパール	バヌアツ
中央アフリカ	ハイチ	ニカラグア	ベトナム
チャド	ホンジュラス	ニジェール	イエメン
中華人民共和国	インド	パキスタン	ザンビア
コモロス	ケニア	ルワンダ	ジンバブエ
コンゴ民主共和国	キリバス	サモア	

出典：The IMF's Poverty Reduction and Growth Facility (PRGF)、2000 年 3 月、上記の国は、当初は SAF/ESAF プログラムを実施したもの、これを 1999 年 11 月より PRGF と新しく命名。

③ IMFと世界銀行は密接に協力する。IMFは、プルーデンス・マクロ経済政策の策定、為替政策、財政運営、予算の執行、税政策にアドバイスをする。一方、世界銀行は、貧困削減策のなかで当該国の構造・部門毎の問題点、社会政策問題、個別開発の問題にアドバイスする。
④ PRGFにおける譲許的な融資は、PRGF・HIPC信託基金を通じて行われる。IMFの貢献は、1999年12月、保有金の市場売却などを通じて資金を確保し、1998年ベースでの純現在価値で350億ドルになるものと思われる (The IMF's Poverty Reduction and Growth Facility, 2000年3月)。
⑤ PRGFの融資条件は次のとおりである。
・約80カ国の途上国がPRGFを受ける資格がある (第1-32表参照)。
・受給資格は、世界銀行のIDAの受給資格と同じ1人当りのGDP額とする。因みに1998年の1人当りのGDPは895ドルである。
・受給資格のある国は、3年間の融資期間の下、当該国のIMF出資クォータの140%まで借入れることができる。また、例外的には、出資クォータの185%まで最大限利用できる。
・PRGFの金利は年利0.5%、融資開始後の支払猶予期間5.5年、10年後までに返済完了。

(3) モザンビークのPRGFの内容

　モザンビーク共和国では、2000年2月に当国政府が主体となってInterim Poverty Reduction Strategy Paperを作成しており、その内容を紹介する。モザンビークでは、1980年代にスタンドバイ・プログラム (1987/6月～1990/6月、総額42.7百万SDR) を組んだが、政治的に不安定な事情もあり、なかなかうまく進まなかった。内戦の終結は1992年後半になってからである。最初、本格的に当該国の平和をベースに貧困からの脱却のための計画を策定したのは、1995年のStrategy for Poverty Reduction in Mozambique(1995年～1999年)であった。当国のPRGFもこのプランをベースとしている。この中期計画は、5つの目標をもっている。それは、①地方の生活状況の改善、②人的資本への投資、③ソーシャル・セーフティ・ネットの改善、④人口政策の策

定、⑤貧困のモニタリング・分析である。

(a) 貧困の解明

まず、貧困の原因を究明している。それは6つの要因に集約されている。①1990年代初めまでの経済成長の低迷、②経済的に活動的な世代における教育レベルの低さ、特に女性の教育レベルが低いこと、③家族構成において扶養家族が多い状況（high dependency rate）、④家族経営農業の低い生産性、⑤農業部門内および部門外の就業機会の乏しさ、⑥地方におけるインフラストラクチュアの未発達。

次に貧困の定義を具体的に設定している。モザンビークにおける貧困とは「扶養家族を含めた1単位の家族が生存するための最低限必要な状況を独力で得ることができないこと（inability of individuals to ensure for themselves and their dependants as set of minimum basic conditions for their subsistence)」と定義されている。ここでいう生存のために最低限必要な状況を絶対貧困基準に求めており、それは、1日成人1人当りの栄養レベルが2,150キロカロリーと設

(第1-33表)　平均1人当り消費額、絶対的貧困層の割合

	人口の割合	平均1人当り消費額	絶対的貧困層の割合
地方	79.7　%	150,740　Mt	71.25　%
都市	20.3	202,685	62.01
総計	100.0	160,780	69.37
Niassa	4.85	147.841	70.64
Cabo Delgado	8.16	194.448	57.40
Nampula	19.47	161.668	68.92
Zambezia	20.34	154.832	68.10
Tete	7.3	117.049	82.27
Manica	6.19	191.608	62.60
Sofala	8.77	97.906	87.92
Inhambane	7.06	128.219	82.60
Gaza	6.57	183.223	64.66
Maputo Province	5.14	177.774	65.60
Maputo City	6.14	253.102	47.84

出典：Interim Poverty Reduction Strategy Paper, Republic of Mozambique, 2000, February, IMF

定している。これを貨幣基準で測ると、国家的な貧困レベルは、1日1人当りの消費額が5,433.00 Mt ということになる。これ以下であると、人間の生存を維持する栄養補給が不足することを意味する。これを1月当りの1人当り消費額 (per capita consumption) とすると 160,780 Mt、年額に直すと US 170 ドルという額が算出される。この絶対的貧困レベルには全国民の 69.4% が属している。また、この貧困層は都市部よりも地方において一段と高いことがわかる。全国を 11 の地方に分けて分類しており、特に Sofala 地方 (87.92%)、Inhambane 地方 (82.60%)、Tete 地方 (82.27%) が多い (第 1-33 表参照)。

さらに、貧困指標として非識字率 (15歳以上)、女子の識字率、水供給への非アクセス率、幼児死亡率を算出している (第 1-34 表参照)。これも地方の状況は悪い。また教育面で女子にハンディキャップがある。

(第 1-34 表)　　　　　　その他貧困指標

	非識字率	女子非識字率	水供給への非アクセス率	幼児死亡率（千人当り）
地方	72.20%	85.10%	99.00%	160.2 人
都市部	33.3	46.2	69.0	101.2
総計	60.5	74.1	91.5	145.7

出典：Interim Poverty Reduction Strategy Paper, Republic of Mozambique, 2000, February, IMF

また、貧困の特徴として、①人口問題が影響しており、大家族の方が貧困層に含まれる率が高いこと、②教育レベルが貧困層と非貧困層の差の説明要因になっている、しかも、性差、都市部・地方における教育アクセスの差が激しい。貧困層の子弟でも都市部に住んでいれば小学校にいける可能性は高い。一方、地方では、例え貧困層でも少年のほうが少女よりも小学校に上がる率が高い。また、家族のなかで家長が教育を受けていた場合、非貧困層に属し子弟にも教育を受けさせる確率が高くなるようである。③保健・衛生の状況は都市部と地方で最も異なる点である。地方の場合、貧困層・非貧困層にかかわらず保健・衛生サービスを受けられる比率が極めて低い。これは、乳児の免疫を受ける率や 5 歳以下の慢性的な栄養失調の比率に顕著に表れている。④地方のほとんどすべての家族、都市部の半分以上の家族は自分自身

の土地を所有している。そこで一般穀物であるメイズ、キャッサバを作っている。非貧困層では、農地の生産手段、潅漑の利点などの長所を持っている。一般的に人々が適切な農機具、その他の生産手段を使用しないことが農業の生産性を低めている原因である。⑤就業機会においては、都市部が有利であり、地方では、全体が農業に従事しているが、都市部では三分の一程度は農業に従事するかたわら商業・サービス業、公的サービスに従事しているケースがある。しかし、貧困の基本原因は、就業機会にはなく、賃金レベルと家族が抱える扶養家族の数の方にある。⑥地方では非貧困・貧困にかかわらず、学校、医療、市場、情報・通信などの公共サービスにアクセスすることができない。特に水の入手はほとんど井戸、川、湖に依存している一方、都市部では鉛管による水供給サービスが受けられる。

(b) 貧困から脱却するためのアクションプラン

まず、基本的な貧困脱却の目標として2000年〜2010年までに現在ある絶対的貧困層のシェア70%から50%以下に約20%引下げることとする。この場合、貧困層のなかでも特に弱者のグループを設定し、貧困救済の優先的なターゲットとしていく。そのターゲットとは次のグループである。①扶養家族を多く抱えている家族、②主な生計を農業のみに依存している家族、あるいは家長が定職を持っていない家族③女性が家長、未亡人、離婚経験者、シングル・マザー、④農業環境にいながら低所得にある家族。

このように貧困層を削減していくための具体策として次の政策ガイドラインを策定している。

① 農業の生産性を高め、産業、建設の発展を刺激して持続的な経済成長を達成すること。
② 教育、保健、環境衛生、きれいな水へのアクセスを確保するなどの公的な投資を通して人的資本（Human Capital）の発展を優先させること。
③ 潜在的に高い（伝統的な）エコロジー的農法（aglo-ecological）を活用しうる地域において家族経営による農業生産性を高めること。
④ 地方におけるインフラストラクテュアの整備。
⑤ 社会的な安全の確保や公的援助によって最も弱い階層を守ること。

⑥ 地方、都市部における就業機会の確保、職業トレーニングの充実、広く収入機会を得られる小規模プロジェクトの促進、特に女子労働者、失業中の若年労働者の機会確保。
⑦ 当国の貧困の状態を常に分析しモニターできる制度的枠組みの構築。

また、長期的な政策の前段階として2000年〜2004年までの中期の政策目標を掲げている。ここでの目標は絶対的貧困層の10％削減である。2つの柱があり、1つは人口抑制策、もう1つはマクロ経済政策である。

まず、人口抑制策は、貧困層の生活レベルの向上と特に貧困層の高い地域を中心に人口抑制策を採っていく。これは、主に成人男女、特に青年層に対する知識の普及と教育により実践していく。これをベースに2000年〜2010年にいたる人口増加率を2.7％程度に抑制していこうとしている（第1-35表参照）。この中での特徴は、貧困層への重視や地方における保健・衛生・医療サー

（第1-35表）　　　人　口　動　態　計　画

	1997	1998	1999	2000	2001	2002	2003	2004
全人口(百万人)	16.1	16.4	16.8	17.2	17.6	18.1	18.5	19.0
出生率(千人当り)	44.32	43.97	43.56	43.1	42.63	42.17	41.7	41.25
死亡率(千人当り)	21.34	20.27	19.21	18.19	17.19	16.2	15.23	14.29
平均余命(年)	42.28	42.88	43.48	44.09	44.69	45.3	45.85	46.41
乳児死亡率(千人当り)	145.45	142.0	138.9	135.8	132.6	129.4	126.5	123.6
出産子供数(人)	5.90	5.83	5.77	5.71	5.65	5.59	5.53	5.47
人口成長率	2.297	2.326	2.348	2.365	2.379	2.393	2.401	2.411
北部	2.114	2.142	2.160	2.173	2.187	2.202	2.223	2.243
中部	2.332	2.364	2.392	2.414	2.432	2.448	2.457	2.466
南部(含む都市)	2.475	2.497	2.515	2.527	2.537	2.543	2.536	2.533
南部(除く都市)	2.475	2.497	2.515	2.527	2.537	2.543	2.536	2.533
Maputo市	0.897	0.982	1.076	1.164	1.246	1.321	1.382	1.451

出典：Interim Poverty Reduction Strategy Paper, Republic of Mozambique, 2000, February, IMF

ビスの充実から死亡率、乳児死亡率、平均余命は増加するが、教育により家族の平均子供数を抑制していくことと、地方の農村部の家族を貧困脱却の基本ユニットとしていることから、長期的に各地方に分けて人口成長率をコントロールしていき、農村部から都市部への人口流出は都市部での失業増加にも繋がることからこれを回避したいとしている。

次に、マクロ経済政策では、2004年までの中期計画において、インフレーションを約4〜6％程度に抑え、経済成長率を現行の7％程度を維持し、人口抑制策との兼ね合いにより1人当りのGDP成長率を約5％に設定している。ここでも計画の核は経済成長の恩恵ができるだけ絶対貧困層に及ぶように工夫することにあるとしている（第1-36表参照）。

(第1-36表)　　　　　　　　マクロ経済政策目標

	1997	1998	1999	2000	2001	2002	2003	2004
名目GDP	40,603	46,203	51,560	57,767	67,768	78,281	90,415	104,429
実質成長率	11.7	12.1	9.0	8.3	8.0	8.0	7.5	7.5
インフレ率	5.9	0.6	1.5	6.6	5.0	5.0	5.0	5.0

出典：(第1-35表) と同じ、名目GDPは10^9 Mt

次にアクションプランの中の一般目標を以下のように掲げている。前述のように貧困からの脱却には、適切なマクロ経済政策と人口動態変化率を加味した経済安定策を中心とする。これと歩調を合わせ、食糧安定政策、STD/HIV/AIDS撲滅戦略、女性権利向上政策 (Post-Beijing Action Plan)、若年層の失業対策プランが策定されている。また、資源の有効配分のために中期予算政策により選択順序を明確にした予算執行を心がけることにしている。さらに、貧困削減のため、政府、NGO、宗教団体、民間部門との協力戦略を考えている。

このうちで食糧安定政策は、生存のために必要な栄養が摂取できるように個人が常に食糧にアクセスできるような仕組みを構築することにある。まず、家族の収入を安定させることにあり、①生産の増加、②主要農産物の多様化、③農業生産と非農業生産を通した収入源の拡大と多様化、④食糧生産と保存に関する知識の普及、技術の発展、が必要としている。農産物の効率

的な市場交換のプロセスを構築することも重要である。具体的な戦略としては以下の項目を挙げている。
① 農業生産に必要な生産手段を供給でき、また自家消費で余った農産物を売買できる市場ネットワークの確立。
② 特に地方において小規模農家や小規模商業者による農産物の生産、売買の仕組みを推進するための地域金融システムを構築すること。
③ 中小規模の商業者が首都への農産物の販路確立をできるようにすること。
④ 全国的に栄養教育を実施し、健康な食習慣の確立をめざすこと。

次に、HIV/AIDS に対する対策として、疫病予防対策として知識の普及とカウンセリング、ボランタリーの検査を実施すること（同疫病に成人の約14.5％が感染しているとの報告もある）。

また、貧困脱却のためには、女性へのこれまでの性差別を廃止することが不可欠としている。特に教育への機会、信用供与、技術的な指導を受ける機会の確保、知識・情報へのアクセスである。

最後に特定の政策目標とこの目標達成のための年次インディケータを次のように挙げている。

（教育面）
① 子供達に基本的な教育を施し人的資源（Human Capital）の質向上をめざすこと、かつ学校教育の門戸開放において地方間の格差や男女差別を完全に撤廃すること。
② 学校への貧困層の子供達のアクセスを保証し、継続的に登校してもらうために、教材と制服の無料提供を実施すること。
③ 特に、女子の学校へのアクセスを促進させるため、両親と地域コミュニティが協力して少女達の学校教育への関わりを注意して見守る。また、少女には教材、制服の無料提供のほか必要とあれば他の教育支出についても補償する。
④ 非公式の教育、成人を対象にした教育を特に地方で実施することにより、成人の識字率を高めること。

⑤　企業、非政府組織が労働者や地域コミュニティに実施する識字教育を援助すること。
⑥　技術・知識の職業教育を充実させる。特に農業・商業学校の強化。
⑦　ストリート・チルドレン、孤児、貧窮児童 (destitute) への基本教育や職業訓練の実施。これらの子供達への家族への帰属を援助すること (social reintegration into families)。非行少年 (delinquent children)、犯罪の犠牲になっている子供達 (victims of prostitution) のリハビリテーションと社会復帰の推進。

(農業生産)
①　生産投資を通じて小規模家族経営農家における生産性の増強。小規模の灌漑設備、適切な農機具の普及、地域に合った種子、肥料の普及、家畜による農作業の普及など。
②　土地法規と関連規則の制定。個別家族による土地所有、その権利の法的確保。
③　小規模の水産業者 (漁師) に対する生産性の増加、このための技術指導。
④　食糧生産、所得の多様化のため畜産の奨励
⑤　地方における市場情報へのアクセス、余剰農産物の保存。

(地方の発展)
①　地方の低所得者に対する融資制度の実施
②　地方のコミュニティの地域投資に対する関与の促進
③　地方の天然資源の管理に関する地方コミュニティの管理責任の明確化。
④　地方の文化の保存 (associational culture) と地域コミュニケーションの促進。

(インフラストラクテュアの整備)
①　市場へのアクセスや輸送取引コストの低下のための道路網の拡充と質の向上。
②　農業生産者間の商品取引の活発化、および農業に関するインプット確保、工業製品の購入。特に village market の設置、地域における貯蓄システムの確立。

③ 安全な水確保のためのインフラ整備。
④ 自力による住居建設、低コストによる安全な住居建設の促進
⑤ 電化の促進。全ての都市部の全電化、6万世帯の電化推進。
⑥ 地域的な孤立化の削減と情報の疎通。

(保健・衛生)
① 基本的な保健サービスを地方で実施し、健康のケアに努める。
② 特に女性の健康確保に努める。
③ 幼児、乳児の健康確保。乳児死亡率の目標を 200/1000、新生児の全員のコンサルテーション実施。
④ 子供達に影響を与える伝染病の予防強化。75% の子供達に完全予防接種 (8種類) の実施、乳児への結核 (tuberculosis)、ポリオ、はしか、破傷風の予防接種確保。
⑤ 学校教育を通じて若年層に対する保健知識の普及。特に HIV/AIDS 対策。
⑥ HIV/AIDS への対策強化。実際 AIDS 患者を抱えている家族へのケア。全国8箇所の病院の設置と精神的ケア (phycho-medical-social assistance) の実施。無料の HIV テストの実施。HIV 患者の家族に対する資金的な援助の実施。コンドームの配布。
⑦ 栄養不良に苦しむ子供達、成人女性への援助。特にヨウ素、ビタミンA、鉄分の摂取。栄養に関する教育の普及。

(就業機会の確保)
① 地方での就業機会の確保。少なくとも 10% 程度の地方の労働力が地方におけるインフラ整備、道路建設に吸収できるようにすること。
② 農業関連の企業における就業機会の拡大、都市部における農業以外の就業機会の拡大。
③ 非教育家庭においても少なくとも1人、特に家長の職業訓練を受ける機会の確保。

(社会政策)
① 貧窮者、身体の不自由な人々、高齢者に対する直接的な社会援助の実施。

食糧・医療の補助の実施。
② 現行の年金制度の立て直し
③ 特に最弱者層（women, the disabled, drug addicts, ex-convicts, and people infected with HIV）が収入を得られるように図ること。

(c) プログラムのインディケータの設定とモニタリングの実施

これだけの詳細な貧困脱却のための政策目標を掲げ、さらにこの目標を達成するために年次ベースでのインディケータを設定している（詳細は省略）。このためには、従来のIMF・世界銀行主導でプログラムを策定するのは、経済面のみのプログラムではないこと、マクロ経済政策と人口抑制策、その他地方における貧困の実態の把握、保健・衛生面の状況、教育の状況など多岐にわたることは言うまでもない。従って、地域コミュニティ、NGO、国連の関連組織、具体的な貧困者の直接的な意見の吸収などが必要となる。こうした多面的な協力に基づいて当該国の政府が責任をもって策定し、これをIMF、世銀は尊重するということになる。貧困に関する当該国の研究機関による継続的な研究やマスコミによる貧困脱却のためのキャンペーンといったものも効力を発揮することであろう。

そして、毎年、各部門における目標の到達をチェックし得る全国、地方ベースの評価システムを整備し、これを評価し、それは透明性をもって国内、海外にも報告されることになる。年次ベース、及び5年間をベースとするインディケータは次の通りである（第1-37表、第1-38表参照）。

(第1-37表)　　貧困削減プログラムにおけるインディケータ

項　　目	年　次　デ　ー　タ
人口問題分野	人口成長率、余命率、出生率、依存率
マクロ経済政策分野	GDP成長率、1人当りGDP成長率、インフレーション・レート、社会部門における公共支出の割合
食糧安定政策	食糧バランス（必要穀物量） 基本穀物の生産量 基本穀物の価格 環境状況（旱魃、洪水、虫害など）
教　　育	初等教育普及率 学校数、生徒数 教育における女子の占有率 卒業者数 生徒／先生比率
農業と地方の発展	基本穀物の価格 基本穀物の生産量 主要穀類の農地面積当りの生産性 家畜生産量、漁業生産量 家族単位の農業生産物の売買 地方の農業市場の拡充・整備
インフラストラクチュア	主要道路の建設と補修 全国レベルの道路状況 井戸の整備数 地方、都市部の鉛管による水供給
保健・衛生	HIV/AIDSの感染者数 出生前のコンサルテーション数 予防接種の普及数 未熟児数 発育不全児童数
就業機会	失業率 都市部、地方の職業機会増加数 社会安定制度による便益
社会安全政策	援助されている子供の数 援助を受けている身体不自由な人々の数 援助を受けている高齢者数 リハビリを受けている薬常用者
貧困の研究	貧困研究者数 貧困の年次セミナーやコースの設置 貧困研究結果

出典：前表と同じ

(第1-38表)　　5年ベースのインディケータ

母親の死亡率
幼児死亡率
病院収容者数
貧困ギャップ・インデックス
貧困深度インデックス
成人の識字率
人的資源インデックス（Human Development Index）

出典：前表と同じ

第8節　重債務国に対するわが国の対応策

（1）ケルン・サミットG7首脳会議での進展

　1999年6月18日にケルンで開催されたG7首脳会議において、重債務貧困国に対する債務救済措置の国際的枠組みであるHIPCイニシアティブを改善・拡充し一層手厚い救済を行うことへの合意をみた。合意点は以下のとおり。

① 　1996年に始まった重債務貧困国の過剰債務を削減するイニシアティブは、初めて国際機関、パリクラブ及び他の二国間公的債権者を債務救済の包括的枠組みにまとめ、これまで肯定的な結果を生み出してきた。それにもかかわらず、最近の進展及び経験からは、多くのHIPCの外性的衝撃性が強調されている。新たな千年紀を間近に控えた今こそ、再発する債務問題から適格国が強固且つ永続的に抜け出す展望をはっきりさせるために、本イニシアティブを強化するときである。

② 　我々は、従って、改革や貧困軽減へのコミットメントを示している最貧国に対するより早く、深く、広範な債務救済を支持する。実施された場合、イニシアティブの適用可能性がある国の債務残高は、従来の債務削減措置を実施してもまだ残るとされる現在価値ベース（NPV）での710億ドル余りから、追加的に270億ドル削減されることになる。これらの措置と、G7諸国全体では名目価値で200億ドル余りにのぼる政府開発援助（ODA）の債務の免除を合わせれば、債務国の債務支払負担を顕著に引下げ、財源を優先順位の高い社会的支出に開放することとなる。

（貧困削減のための枠組み）

③ 　拡充された債務救済は債務国の政策活動の余地を強化するが、一方で、健全な経済政策の遂行が継続され、新たな非生産的支出は回避されなければならない。同時に、債務救済の便益は最も脆弱な住民層を支援することに充てられることが重要である。従って、債務救済と、継続的な調整、統

治の改善、貧困軽減との間に強い関連性がなければならない。財政面でのより良い統治並びに債務救済により得られる資金により、基礎的社会サービスへの重点的支出が可能となるべきである。

④ 健全な社会政策の遂行は、債務国による実施が期待される構造調整プログラムと統一されるべきである。新しいHIPCイニシアティブは、国際金融機関により作られる貧困削減のため拡充された枠組みの上に構築されるべきである。これは、発展のために不可欠な医療、教育、その他の社会的ニーズに対して、より多くの財源が投資されることを確保するために重要である。

⑤ このような趣旨に、IMF及び世界銀行は、「政策的枠組み(PFP)」のもとでの支援、特に拡大構造調整ファシリティ(ESAF)のもとでのIMFプログラムを適合させるべきものである。これらの努力を統合しつつ、IMF及び世界銀行は、適格国が社会的支出を守るための財政手続きの透明性を高めるとともに、債務救済により得られる資金の効果的使途を定める貧困削減計画を策定、実施するのを助けるべきである。プログラム策定及び実施の間、市民社会のより広い層との協議が行われるべきである。そのような対話は、必要な調整プログラムが採用されることとなった際、債務国の政府および市民のオーナーシップを深める基礎となるだろう。

⑥ 我々は、IMF及び世界銀行に対して、貧困削減を目的とする拡充された枠組みのための特定計画を、年次総会までに発展させることを要請する。

(より早い債務救済)

⑦ 債務救済の実施は二つのステージにわたり健全な経済政策に基づいて継続されなければならないが、債務国には改善された経済実績を通じて「完了時点」を早めることが認められるべきである。従って、早期に大胆な政策目標を達成すれば、第二ステージを相当短縮することを可能とするようにする(「変動完了時点」)。このメカニズムにおいては、特に貧困削減に焦点を絞りつつ、構造改革をより深め、社会部門への投資を高めるために必要な特定の優先的措置を並べるようにするべきである。

⑧ 過剰債務を解決することに加え、HIPCイニシアティブは、貧困削減の

ための財源を開放するため、債務支払の資金負担を著しく軽減することに一層焦点をあてるべきである。債務削減が「完了時点」で実施される以前においてでも、国際金融機関による「暫定期間中の救済」を通じて、適格国の債務支払い負担をより早急に軽減すべきである。このことは、既にパリクラブの二国間債務について採られており、国際機関は同等の措置を講じるべきである。更に、「完了時点」後、国際金融機関は、早い時期の債務支払いをより軽減する方法により、債務残高の削減を前倒し的に実施することができるだろう。

⑨ HIPCイニシアティブのプロセスをより予測可能なものとし、資金繰りのより早期の救済を簡素化するために、債務削減額は「決定時点」において、その時の状況に基づいて、決定されるべきである。このことは、債務救済の程度について確実性を高めることとなるだろう。

⑩ 重債務を負っている多くの最貧国は、未だHIPCイニシアティブのプロセスを開始していない。国際金融機関とパリクラブに対して、これらの国がプロセスを開始することを助けることを優先するよう要請する。

(より深い広範な債務救済)

⑪ HIPCイニシアティブ適格国の債務問題の永続的な解決を達成し、貧困軽減の努力を支援するために、国際社会は財源を確保する新たな措置にコミットするべきである。債務返済が持続可能と見込まれる水準を示す目標値を、再評価し、引下げるべきである。従って、我々は、債務輸出比率を200〜250%から150%に引下げることを支持する。更にその代替となる債務歳入比率について、より焦点を当て、280%から250%に引下げるべきである。これに伴い、この代替指標のもとでモラルハザードを回避するために設定された、輸出及び歳入の対GDP比率の最低値を示す副基準の変更も提案する。これらの副基準はそれぞれ、40%及び20%から、30%及び15%に引下げられ得る。これらの一連の変更は、より深い債務免除をもたらし、債務国の財政状況をより考慮に入れるようにし、HIPCイニシアティブをより多くの国に拡大することとなろう。

⑫ パリクラブの二国間債権者は、現在HIPCイニシアティブの適格国に対

して商業債権について 80％ までの債務削減を行っているが、我々はより一層の削減を支持する。債務返済の持続可能な水準を達成するために、我々は 90％ まで、特に中でも貧しい国に対して、必要があれば個々の事情に応じそれ以上の削減を行う用意がある。HIPC イニシアティブに適格ではない貧困国に対して、パリクラブは、ナポリ・タームの削減率を 67％ に一本化すること、その他の債務国については、適切な透明性に配慮しつつ債務スワップの上限を引き上げることを検討し得る。

⑬ 多くの二国間債権者は政府開発援助から生ずる債務を免除し、かつ／または、貧困国に対する ODA を無償のみで供与してきたが、他方残っている ODA 債務は、多くの国において過剰債務の一つの原因となり続けている。従って、我々は、全ての債権国に対し、適格国に関し債務返済を持続可能な水準に収めるのに必要な債務削減に加え、全ての ODA 債務を、選択方式を通じて二国間で免除することを要請する。我々は、そのような免除がいくつかの債権国に特別の負担となることを認識する。HIPC が将来新たな債務問題に直面しないことを助けるために新たな ODA はなるべく無償で供与するべきである。

（資金措置）

⑭ 我々は、これらの変更が、特に国際金融機関に対する債務について相当な費用を伴うことを認識する。しかしながら、本イニシアティブの最終的費用は多くの不確定要素に左右されるものであり、実際の支出は長期間にわたり拡散されるであろう。我々は、国際金融機関が譲許的融資を適切に行う能力を維持することの重要性を認識しつつ、これらの費用を賄う多くの措置を支持する用意がある。

——IMF の費用を賄うため、IMF は、適切な準備金の水準を維持する一方で、割増利子収入の利用、特別勘定からの払い戻しあるいは同等の資金措置の可能な限りでの利用、及び、IMF の金準備の 1 千万オンスまでの、制限的で慎重に段階分けして行う売却益の運用を通じ、自己財源を動員すべきである。

——国際開発金融機関は、自己財源の活用を最大化する革新的なアプロー

チの特定及び活用について既に開発した作業を進めるべきである。
　──国際金融機関にとっての費用を賄うためには、二国間レベルでの資金拠出が必要となる。我々は、既存のHIPC信託基金への相当額の資金拠出を約束した。我々は、拡大されるHIPC信託基金への資金拠出を誠実に検討する。
　──これらの費用を賄う上で、我々は、既に供与されたODAや過去のODA債権の減免の規模と質を含む全ての関連事情を考慮し、また、GDPと比較してODA債権残高が多額の国の貢献を認識しつつ、ドナー国間の適切なバードンシェアリングを要請する。
⑮　この枠組みに基づいて、我々は、国際金融機関及びパリクラブに対して、より早く、深く、より広範な債務救済を実施することを要請する。具体的な提案は、IMF及び世界銀行の次回年次総会の時までに合意されるべきである。

（2）わが国の対応策

　こうした動きを受けて、2000年4月、外務省は「重債務貧困国の債務問題に関するわが国の基本的な立場」を発表した。

（わが国の基本的な立場）
①　拡大HIPCイニシアティブの迅速な実施が急務であること
　──アフリカを中心に、グローバル化の波から取り残され、特に重い対外債務を抱え苦しんでいる国々に対しては、債務の軽減が緊急の課題。
　──今年のサミット議長国であるわが国は、他のG7諸国とともに昨年のケルン・サミット合意（拡大HIPCイニシアティブ）の迅速な実施に向け、一層の努力を行っていく。
　──二国間債権の削減に加え、国際金融機関が有する債権の削減のために、国際金融機関に十分な資金が確保されることが重要。
②　真の「問題解決」には債務救済から更に踏み込んだ取組みが不可欠
　──債務救済は途上国の貧困問題解決の万能薬ではない。
　──むしろ、開発問題全般に関する取組みが不可欠。これにより初めて急

速、公平かつ持続可能な成長を実現し、2015年までに貧困削減や基礎的社会サービス提供に関するOECD開発援助委員会(DAC)「新開発戦略」の下での開発目標を達成することが可能。
――HIPC自身も、債務および貧困の問題を解決するためには、適切な経済・社会政策をとることが期待される。わが国は、このような努力を行う国々をできる限り積極的に援助していく。
――開発戦略が成功するためには、特に途上国の能力向上（capacity building）が鍵となる。わが国は、途上国の能力開発のための様々な取組みの一環として、アフリカ諸国の債務管理能力の強化を目的に「債務管理セミナー」を実施してきている（ケニア、1999年8月30～31日、シンガポール1999年11月29日～12月3日、チュニジア、2000年4月10日～14日）。

（わが国の債務救済の実績）
① 債務救済における主導的な役割：20年以上にわたる一貫した取組み
――わが国では、従来より、途上国の債務救済のための国際的取組みのなかで主導的役割を果たしてきた。
――1999年度までに、29カ国（LLDCおよびMSAC）に対し合計約3,700億円（約33億ドル）以上の債務救済無償資金を供与し、実質的な債務の帳消しを実施。
② 拡大HIPCイニシアティブ実施においてもG7中最大級の貢献
――わが国がHIPC40カ国に対して保有する二国間公的債権残高（ODA及び非ODA）は約105億ドルであり、これはG7の中でも最大の額である。よって、拡大HIPCイニシアティブへの参加を明確に表明しているわが国は、本イニシアティブによる二国間債権の削減について最大の貢献国のひとつである。
――また、わが国は1999年度までに、国際金融機関（IMF,世界銀行）に設立された債務救済のための基金に対し、合計200百万ドル以上を拠出または拠出決定済み。
――従って、全体としてわが国は、拡大HIPCイニシアティブの適用にあたり、G7最大の貢献を行う国のひとつである。

――わが国は、今年のサミット議長国として、リーダーシップを発揮し、拡大 HIPC イニシアティブの迅速な実施を確保するために、最大限の努力を行う。これに関連し、2000 年 4 月 10 日、わが国は次の追加的措置をとることを決定した。

(a) 拡大 HIPC イニシアティブの実施の加速化のために、他の国々および国際機関が一層の努力を行うことを強く求める。
(b) 国際的な枠組みの下、HIPC イニシアティブの適用を受けた重債務貧困国に対し非 ODA 債権の削減率を 90％から 100％まで拡大する。
(c) 世界銀行の HIPC 信託基金に対し、即拠出分 10 百万ドルと合わせ、最大 200 百万ドルの貢献を行うこととする。
(d) 無償資金の協力の拡充を含め、多様な援助手段により引き続き重債務貧困国を支援していく。

（途上国自身による国造り：それぞれの国の誇りと自立心を尊重すべき）

① HIPC に対するわが国の援助実績：すでに最大の援助国のひとつ

　――わが国はアジア諸国に対してのみならず、アフリカ諸国を中心とする重債務貧困国に対しても主要援助国であり、無償資金協力を中心に最大規模の援助実績を誇る。

② 被援助国自身の意思を尊重

　――わが国は開発における被援助国の主体的な意思（オーナーシップ）を尊重するとの基本的な立場。

　――したがって、わが国は、重債務貧困国自身が自らの国造りの哲学に基づき自主的に行う債務救済を求めるか求めないかの判断についてどのようなものであれ、それを尊重する。

　――また、わが国は拡大 HIPC イニシアティブの適用を受ける受けないにかかわらず、ODA の多様な支援メニューを通じ、引き続きこれらの重債務貧困国に対し支援を行っていく。

（日本は即時の債務帳消しをするべきか）

　債務救済により利用可能となる資金は、債務国の社会経済開発及び国民の福祉に活用されることが重要。

――わが国が拡大 HIPC イニシアティブ適用国に対して債権の 100% 削減を行う際には、一旦繰延べを行い、その後当該国から返済を受けるたびに返済額と同額の無償資金（債務救済無償）を供与する。この方式は、1978年以来、国際的にも実質的に債務の 100% 帳消しと同等の措置であると認められている。

――さらに債務救済無償方式は、「貧困削減戦略ペーパー」（PRSP）方式と同様、債務救済により利用可能となる資金が債務国の社会経済開発及び国民の福祉のために活用されることを確保する上で有効（第1-8図）。

――債務救済方式により供与された資金は債務国が必要とする輸入品の購入に充てられるが、その際どの国から輸入するかは、調達適格国からであれば、債務国の自由に完全に委ねられている（調達適格国は、OECD 加盟国及び当該債務国を除く DAC リスト上の開発途上国）。

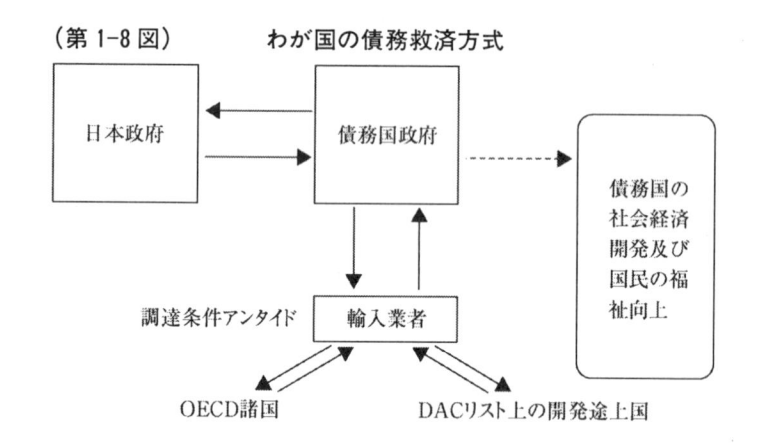

（第1-8図） わが国の債務救済方式

```
   ┌──────┐     ┌──────┐          ┌──────┐
   │日本政府│ ←── │債務国政府│ ──→  │債務国の│
   └──────┘ ──→ └──────┘           │社会経済│
                      ↑ ↓             │開発及び│
                                      │国民の福│
         調達条件アンタイド  輸入業者  │祉向上  │
                      ↙ ↓ ↘          └──────┘
              OECD諸国    DACリスト上の開発途上国
```

（3）サブサハラ・アフリカ諸国の援助で真に必要なこと

① 債務軽減・削減措置を早急に進めること

ケルン・サミットにおいて提唱されているように、デット・サービス率、GDP・債務残高が高く、現在の状況から過重な対外債務を抱え、到底返済できないと考えられる国の対外債務については、至急、債務の繰延べか実質的な債務削減を進めることが必要である。第1節のサブサハラ諸国の現状で示

したように大半の国は、対外債務は加重負担になっている。現状、29カ国が「重債務国」の資格が可能であるとするならば、拡大 HIPC イニシアティブを早急に適用することが必要であろう。ただし、資格があると判断されれば、社会・経済のこれ以上の悪化が進まない前に債務返済に関しては繰延べるのが望ましい。サブサハラ諸国の場合、対外債務のほとんどは公的債務であり、公的債務繰延べであれば、国際間の取決めで決定しやすい。

② **対外債務指標よりも貧困度合を示す社会経済指標を援助の目標とすべき**

ケルン・サミット、わが国の基本的立場の提案をみても、対外債務指標が依然として重要な指標となっており、債務返済能力により債務削減措置を講じるシステムとなっている。確かに、低利とはいえ対外借款を行うときに当該国の返済能力が重要であることは理解できる。しかし、サブサハラ諸国は、「重債務貧困国」の範疇に入るのであり、債務返済能力といった表面上の計数によるよりは、当該国国民を苦しめている貧困の状況を示す指標を援助のベースにするのがよい。1980年代から20年にわたってスタンドバイ・プログラム、構造調整プログラム、拡大構造調整プログラムと失敗し続けてきたところは、債務返済能力に依拠し、経済の早急な回復を求めて平価切下げ、国民の基本ニーズにも影響を与えた財政支出抑制策などが繰り返し実施され、社会体制を崩壊せしめた結果であると思われる。

③ **「人的資本」の向上を中心とした援助に切替える必要**

サブサハラ諸国が貧困から脱却するためには、まず、生きていく上で最低限必要な生活環境を回復させることである。特に政情不安や内乱の勃発を抑え、難民の発生は食い止めなければならない。政治社会情勢が安定しない限り貧困からの脱却はありえない。次に、保健・医療・衛生面での環境を合わせて改善する必要がある。これは、HIV エイズの蔓延していく諸国では特にこれ以上の蔓延を食い止めること、保健衛生面での知識普及に努めることが挙げられる。こうした基本的ニーズを整備していくことは、国連保健機構やNGO（民間非営利団体）の広範な活動により時間がかかるものであるが、早急に梃入れして実施していかなければならない。さらに、人的資本の水準向上のためには、教育システムを整備し、できるだけ国民の多くが初等教育・中

等教育を受けることができ、識字率を高めることがよい。財政支出を抑制しなければならない状況であっても、人的資本の向上や医療・保健・衛生面については、広く国民の厚生に影響を及ぼすものであるならば削減してはならない。

④ 農業を中心とした自給率を向上させる政策を採用するべき

　サブサハラ諸国の国民の大半は農業に従事している。確かに市場原理を国内市場に貫徹させ、海外市場と結ぶこともできようが、この場合、債務返済能力向上を目的にしてしまうと、植民地時代からの少数の1次産品への特化を進め、自国の基本的な農業生産の基盤に影響を与える可能性がある。もちろん、コーヒー、カカオ、紅茶、たばこなど中南米、東南アジアの諸国と比較して国際競争力がある諸国はこうした1次産品の生産効率化を進めていくことは必要である。しかし、要点は、国民が広く農業生産を行い、所得の不平等格差が広がることなく生産拡大に繋がることが望ましい。こうしたことを考慮すれば、欧州の輸入・援助物資としての穀類により主食穀類に関し対外輸入・援助に依存度を高めているのが実情である。こうした主食穀類に関し、広く国民が生産に携わり自給率を高めていくのがよい。確かに、市場原理に委ねれば安価な欧州の穀類がサブサハラ市場を席捲するかもしれない。しかし、この点は、「幼稚産業の保護」の観点から、自国の穀類生産を独立農家の農業生産により行われること、都市部の穀類需要を援助物資ではなく自国の農村部が供給するシステムを構築することが望ましい。穀類の生産を行う基本ユニットとして農業家族を設定し、水の供給、伝統的な農業においても転作、輪作、牧畜との共存でも土地の性質を弱めない、これ以上の乾燥化を進めないような土地改良に配意しつつ進めるのがよい。特に、農業生産の担い手となる女性の役割を重視する必要がある。男子との格差がある女子への教育強化、初等・中等教育の普及強化、女性の土地獲得や農業関連融資を受ける権利を認めること、農業生産手段の普及、農業生産訓練の実施など幅広い生産体制の構築が必要である。併せて、農産物の生産・流通・消費のマーケットの環境を整備し、循環メカニズムを整えることが重要である。

補論　調整プログラムの作成方法

(1) フィナンシャル・プログラミング

　IMFにおける調整プログラムを作成する場合の一般的な方法を説明する。もちろん、当該国の経済構造の特色によって工夫を凝らすことになったり、データの入手が困難な場合もあり、ある部分前提条件をたてて構築しなければならない場合もある。しかし、基本的には、①国民所得部門（National Account Sector）、②対外部門（Exchange Rate Sector）、③金融部門（Financial Sector）、④財政部門（Fiscal Sector）に分けて有機的な関係を取りつつ各部門の分析を進めていくことになる。

　まず、国内居住者の国内と海外の財・サービスに対する支出（民間消費、投資、政府支出の合計）をアブソープション（A）と呼ぶ。所謂アブソープション・アプローチの考え方から、国内総生産額（Y）と経常収支（CA）との間から次の関係式を導くことができる。

$$CA = Y - A \qquad (1)$$

　経常収支の赤字を呈している債務国に対し、経常収支を比較的短期間に回復させるためには、国内生産を増加するには長期間要するので、アブソープションを減らす政策を採用することになる。これが「支出削減政策」と呼ばれるもので、例えば、サブサハラ・アフリカ諸国の場合は、過剰な国内需要は政府部門・公共部門における過剰支出が原因となっていると考えられ、政府支出削減と歳入の増加といった財政政策が採られたり、あるいは民間部門の景気過熱を抑えるため、消費マインドを抑制するための金融引締め政策など、総需要抑制策が考えられる。

　IMF調整プログラムでは、国際収支の調整をベースとし、継続的に海外からの資本流入ができる状態にまで改善することを目指している。仮に一時的にIMFの融資により経常収支が調整されたとしても、長期的には、国内の貯蓄および海外からの資金流入により経常収支黒字が補填されなければなら

ないからである。

$$\Delta R = CA + KA \tag{2}$$

ΔR は、当該国の銀行部門の純対外資産（中央銀行を含むもので外貨準備額を自国通貨建てで表示したもの）の変化を表し、KA は対外援助を目的とした借款、直接投資などを含む非銀行部門の資本収支を表している。(1)式と(2)式より次の式が得られる。

$$\Delta R = Y - A + KA \tag{3}$$

経常収支の赤字を海外からの資金流入（KA）で補塡できない場合は、銀行部門の純対外資産（R）が減少することとなる。従って、銀行部門の純対外資産は、経常収支の赤字が継続すればいずれは底をつき、ファイナンスするには限界があることとなる。

ここで、②対外部門と③金融部門との間に経常収支の調整という問題から、変動相場制度の下でマネーサプライを国際収支の変化によって内生的に変動するとの仮定をする。すなわち、マネーサプライ（M）の変化は、銀行部門の純対外資産（R）と銀行部門の純対内資産（中央銀行を含む NDA）により会計上の恒等式として表すことができる。ここで、銀行部門の純対内資産（NDA）は、銀行部門の純国内信用（NDC）とその他の純資産（NOA）を加えたものである。

$$\begin{aligned}\Delta M &= \Delta R + \Delta NDC + \Delta NOA \\ &= \Delta R + \Delta NDA \end{aligned} \tag{4}$$

(4)式は、マネーサプライ、すなわち中央銀行を含む全銀行部門の負債の変化（ΔM）が純対外資産（ΔR）、純国内信用（ΔNDC）、その他の純資産などの変化（ΔNOA）の合計に等しいということを表している。これは、当該国の全銀行部門のバランスシートを連結して作成するものであり、「マネタリー・サーベイ」と呼ばれる。

次に、①国民所得部門と③金融部門との関係であるが、ここに貨幣需要関数（Md）を導入する。貨幣需要は、実質所得（y）と国内物価水準（P）の正の関数であり、貸出・預金、その他の金融資産の金利、期待インフレ率の負の関数である。ここでは単純化して、貨幣需要は実質所得と物価の関数である

と仮定する。

$$\Delta Md = f(\Delta y, \Delta P) \tag{5}$$

貨幣の需要と供給が等しくなるところで貨幣市場のフローの均衡条件が成立する。

$$\Delta Md = \Delta M \tag{6}$$

(4)、(5)、(6)式を合わせての変化を M の変化（均衡条件により名目貨幣需要）から純国内信用（NDC）とその他資産（NOA）の変化を差し引いた差として表すことができる。

$$\Delta R = \Delta M - \Delta NDC - \Delta NOA$$
$$= f(\Delta y, \Delta P) - \Delta NDA \tag{7}$$

(7)式は、銀行部門の純対外資産（R）の変化は、貨幣需要の変化が銀行部門の純対内資産（ΔNDA）の変化を上回る分だけ正の値（国際収支の黒字）となることを表している。もし、当該国を小国の仮定とすれば、国内物価水準は購買力平価によって外国の物価水準で決定されており、かつ実質所得が短期的に固定されているという仮定の下で、貨幣需要の変化は国内信用の変化と独立することになる。従って、純国内資産の増加（NDA）が貨幣需要（Md）を上回ると純対外資産（R）の減少となる。(7)式は、(2)式と合わせると次の式を導き出せる。

$$\Delta M - \Delta NDA = CA + KA$$
$$= Y - A + KA \tag{8}$$

純国内資産（NDA）の変化が貨幣需要（M）の変化を上回るときには、アブソープション（A）は、国内総生産（Y）と海外からの資金流入（KA）の合計を上回る。もし、M が NDA の変化と独立した変数の関数であると仮定するならば、(4)式により、M に影響を与える変数が一定である状態では、NDA の変化に対する上限を設定することで経常収支の変化（R）を決定することができる。

IMF の調整プログラムの作成においては、まず、経常収支の変化に対して、通常 1 年間またはそれ以上の期間を想定し、銀行部門の純対外資産（R）の変化に関するターゲットを設定する。次に、同期間の貨幣需要関数（Md）

を予測する。このためには、農業部門、製造業部門、サービス部門からの積み上げにより、実質国内総生産（y）やGDPデフレータなどにより価格水準（P）を予測し、貨幣需要関数の主要決定要因とする。もし、単純な貨幣の流通速度を一定とした貨幣需要関数を想定すれば、名目所得の予測から貨幣需要関数を得ることができる。貨幣の流通速度を一定としない場合には、貨幣需要関数と関係のある説明変数を結びつけるパラメーターを推定することになる。最後に、銀行部門の純対外資産（R）のターゲットと貨幣需要関数の予測値を所与として純国内資産の変化（NDA）を導き出すことができる。

　IMFの調整プログラムの特徴は、このように銀行部門の資産と負債の状況を国際収支に関連づける「国際収支問題に対するマネタリーアプローチ」にある。サブサハラ諸国のマクロ経済の状況をできるだけ正確に把握しようとする場合、国内の個別産業部門の生産量、価格などの詳細なデータを入手する場合には困難を伴うことが多く、脆弱な実体部門（real economy）からの積み上げをベースとする場合誤差が多いものと思われる。従って、中央銀行が入手している他の銀行部門と合わせたバランス・シート（monetary economy）を当該国のマクロ経済の状況変化を表しているものとして実態把握、調整プログラム策定のベースとするわけである。

　このように調整プログラムの策定には、バランスシートの恒等式と貨幣需要関数が重要な役割を果たす。銀行部門の純国内資産（NDA）の変化が銀行部門の純対外資産（R）にもたらす影響が予測可能であるためには、貨幣需要と貨幣供給の間に強い仮定が存在していることに気づく。例えば、NDAの増加はMdとMの間に乖離をもたらすことで、Rは減少することになる。このような状況が起こるのは、Mdが一定である限り、公衆は追加的に創造された貨幣を保有する誘因をもたないので貨幣が超過供給されるかたちになるからである。しかし、Mdが受動的に貨幣市場を均衡させるように調整されると仮定できるならば、貨幣の超過供給に対応してMdが増加するのでは変化しないことになる。

　IMF支援プログラムでの重要なポイントは、貨幣需要関数の安定性である。すなわち、実質所得、価格、金利などの変数に対して貨幣需要が予測可

能なかたちで反応することである。但し、サブサハラ諸国の場合、インフレ率が大きく変動するし、貨幣の流通速度についてもインフレ期待が加速度的に高まるときには速度が異常に高まることもある。他の途上国に比べて貨幣需要関数の安定性が困難なケースが多い。さらに、純国内資産の変化が貨幣需要に影響を及ぼさず外貨準備の変化のみをもたらすという仮定が実際に即しているかどうかが問題となる。この仮定をつきつめてみると、中央銀行の金融政策、例えば公開市場操作により、銀行部門の純国内資産に影響を与える政策が、国内金利、価格、為替レートに影響を及ぼさないという条件が成立しなければならないことになる。この条件の成立は、市場の発達度、為替レートの伸縮性、財・資本市場の自由化の程度に依存すると考えられるが、通常、こうした市場の自由化を調整プログラムにおいても提唱する場合が多く、純国内資産の変化とマクロ変数の変化が独立していると仮定することはやや強い仮定であると考えられる。

(2) 国際収支の捉え方

次に国際収支の各項目、経常収支、資本収支との関係の下、輸入需要関数を想定する。輸入需要関数は、国内所得の一定関数と単純化もできるし、相対価格、為替レートなどの関数として特定化することもできる。単純化して、輸入（IM）は実質所得（y）の関数であると仮定する。

$$IM = ay \tag{9}$$

国際収支の関係を自国通貨建てで表した輸出（EX）、輸入（IM）と非銀行部門の資本収支（KA）で表すことができる。

$$\Delta R = EX - IM + KA \tag{10}$$

輸出（EX）、KA（資本収支）は、外生的に決定されると考え、この構成要素について予測、仮定する。輸出については、その国の輸出市場先の実質所得や世界市場における競争相手国の輸出価格の予測をもとに予測する。非銀行部門の資本収支（KA）については、当該国の負債返済能力に基づいて維持可能な対外債務水準を決定し、予測される純対外債務の増加がこの維持可能な水準に一致する必要がある。また、銀行部門の純対外資産（R）については、

プログラム期間のターゲットを設定する。こうして、EX、IM、を決定した後、(10)式から、輸入（IM）のターゲットを導く。次に、実質所得（y）と物価水準（P）に対してターゲットを設定し、これを用いて、貨幣需要と輸入需要の変化をそれぞれ(5)式、(9)式から導く。ここで、ターゲットとされたRの変化と名目貨幣需要の変化により銀行部門の純国内資産（NDA）の変化を導く。ここで、フィナンシャル・プログラムから導き出される結果と国際収支の恒等式から導き出される結果とを比較し、整合的であれば、プログラムの作成は終了する。整合的でない場合には、R、Pのターゲットを変更するか、KAやEXに関する予測を再度やり直さなければならない。

(3) 財政収支の導入

対外援助を目的とした借款、直接投資、商業的な対外債務などを含む非銀行部門の資本収支（KA）は、民間部門（KAp）と公共部門（KAc）に分離することができる。

$$KA = KAp + KAc \qquad (11)$$

次に、純国内資産の変化についても、民間部門（ΔNDAp）と公共部門（ΔNDAc）に分けることができる。

$$\Delta NDA = \Delta NDAp + \Delta NDAc \qquad (12)$$

ここで、公共部門に対する純資産（NDAc）は、公共部門に対して提供されている信用の総額から銀行部門に預けられている政府預金を差し引いた差額として定義する。政府の予算制約から次の関係式が導ける。

$$G - T = \Delta NDAc + KAc \qquad (13)$$

この式におけるはGは財政支出、Tは政府の税収、G−Tは財政収支を表す。財政収支の赤字（G−T）は、公共部門に対する純資産（ΔNDAc）、政府の対外債務（KAc）によって補塡されなければならないことを示す。財政関連のプログラム作成については、まず、銀行部門の純対外資産（R）の変化に対するターゲットを設定し、貨幣需要を予測して、純国内資産（NDA）の変化を導出する。そして成長率の予測と追加的資本—生産比率（ICOR）などを用いて民間部門の純国内資産（NDAp）の変化を予測する。この両者の残差として公

共部門の純国内資産（NDAc）の変化を得ることができる。プログラムでは、この NDAc の変化に上限を設定することもある。これは、民間部門の活動を中心に考え、この活動のために十分な資金を民間部門に確保しておき公共部門の支出拡大によるクラウディング・アウトを回避するためである。

この NDAc の変化額を(13)式に代入して、実現可能な政府の対外債務（KAc）の変化額を推定して、財政赤字（G-T）を導出する。この財政赤字の水準と政府の税金政策や財政支出政策の実際のプログラムとの整合性を検討していく。ここでは、政府の財政収支と対外債務との関係を考慮し、財政赤字がしばしば国際収支の不均衡の原因であったり、財政政策の調整によって均衡を回復させることも多く、財政政策は、政府によって急速かつ直接的に実施することが可能であるからである。サブサハラ諸国の場合には、経済全体に占める財政部門の占めるウェイトは高く、プログラミングの中でも重要な役割を果たしている。一般的には、このほか、望ましい経済成長を達成するためには、公共部門から生産効率の高い民間部門に資源の移転を伴う潤沢な資金が確保されるように考慮する。

さらに、税金収入に対しては、現実の税制度に依存しており、これを十分踏まえなければならないが、例えば、個人所得税（individual income tax）、法人所得税（corporate income tax）、企業税（business tax）、輸出税、輸入課徴金などについて、最小二乗法（Ordinary Least Square Method）を用いて推計する。例えば、それまでの一定期間の個人所得税の実数データと個人所得の実数データの関連をみる、あるいは、法人所得税の実数データと法人企業の営業余剰（operating surplus of enterprises）との関連をみるなどである。こうした計測に基づいて将来の税収入の予想を立てることができる。輸出税であるならば、将来の輸出額、輸入課徴金であるならば、将来の輸入額が算定のベースとなる。しかし、IMF が貿易自由化をプログラムの方針としている場合、関税収入への過度な依存から脱却し、より広範囲な税徴収ができるようにする。したがって、消費税や付加価値税への転換を促進するような税収入プログラムを組むことが多い。さらに、個人所得税や法人所得税など利益に関する課税が複雑な場合には、課税体系の簡素化を勧める場合も多い。また、

実際の税収入、財政管理の強化を考慮する場合もある。

　一方、財政支出については、中央政府の財政勘定、地方政府の財政勘定、公営企業 (public entities) の収支勘定をチェックする。公営企業の経営悪化が顕著で、政府からの補助金により支えていたりする場合 (極端な場合、中央銀行からの直接補助金で支援している場合もある) もあり、財政支出が効率的になされているかは十分にチェックする。但し、IMFのこれまでのやり方は、財政赤字を縮小するのに、税収入の増加で補うのか、財政支出の削減で行うのかは債務国の責任であるとして、IMF自体が税収入や財政支出削減において社会的・政治的な優先順位に関する判断は回避してきたように思われる。本来、財政支出の項目の中でも、教育、保健・衛生、地方への補助、ソシアル・セーフティネットの構築など国民のなかでも弱者層の救済を支えていた項目が財政支出削減の要求のなかでどこまで守られてきたかは疑問がある。むしろ、経済的側面優先で、輸出関連の公的企業救済のために財政資金が引き続き使われ、こうした短期的に経済効果を持たない教育、保健・衛生などへの支出は削減されてきた可能性も高い。

(4) 金融政策の導入

　次に、マネタリー・サーベイと中央銀行のバランスシートを関連づけることができる。中央銀行の負債 (ハイパワード・マネー、HM) の変化と中央銀行の純対外資産 (Rcb)、純国内資産 (NDAcb) の変化との間に次のような恒等式が書ける。

$$\Delta HM = \Delta Rcb + \Delta NDAcb \qquad (14)$$

　さらに、マネーサプライ (M) は、HMと貨幣乗数 (m) によって次のように表せる。

$$M = mHM \qquad (15)$$

貨幣乗数は、当該国に流通している通貨量・預金比率と市中銀行の支払い準備金・預金比率の関数である。貨幣乗数は国民の選好や政府の金融政策 (支払準備率の変化や割引率の変化) などに依存している。貨幣乗数が安定的で予測可能であれば(4)式の全銀行部門におけるバランスシートの関係式を次のよう

に表せる。

$$\Delta M = m (\Delta Rcb + \Delta NDAcb) \quad (16)$$

調整プログラムの中では、インフレ抑制のための中間目標として、ハイパワード・マネーをターゲットとするか、マネーサプライをターゲットとするかを選択することになる。ここで、金融政策を実施する方法が重要であるが、中央銀行が信用政策を全銀行部門に対する信用管理を通じて金融政策を実施しており、ノンバンクなどの他の金融市場が十分発達していない場合には、銀行部門全体を含む広義のマネーサプライを用いる場合が多い。また、中央銀行が信用政策を自己の国内信用操作を通して行い、さらに貨幣乗数に影響を与える支払準備率の変化を用いている場合には、中央銀行の純対内資産を含むハイパワード・マネーを用いることがある。さらに、貨幣乗数の安定性が問題となる。貨幣乗数が安定的であればよいが、弾力的で予測不可能な場合には、中央銀行の信用貸出よりも銀行部門全体の信用貸出に焦点を当てる場合が多い。サブサハラ諸国の場合には、マネーサプライ全体をターゲットとする場合が多いようである。

(5) 構造調整策の策定

このようにフィナンシャル・プログラミングをベースとし、マクロ経済の4部門の整合性を考慮しつつIMF調整プログラムを作成する。

さらに、分析の方法を詳細に述べると以下のようになる。

① 国民所得部門 (National Account Sector)

まず、過去の名目および実質国内総生産 (GDP) を各個別生産部門 (農業、製造業、非製造業など) の積み上げによる実績値を作成する。この名目値と実質値の間には GDP デフレータが関係している。これをベースに構造調整策の影響、すなわちアブソープションの抑制策 (財政均衡策、金融抑制策など総需要抑制策) と為替レートの調整策がどの程度、インフレの抑制や実質生産に影響を与えるかを推定する。サブサハラ・アフリカの場合、主要農産物 (換金作物やメイズ、ソルガムなど) に関する実質収穫量、農産物価格、この加工業がある場合には、この実質収穫量、製品価格などが大きな役割を果た

す。また、パーフォーマンス・クライテリアとして重要なポイントとなるところは、実質 GDP 成長率（例：GDP at 1985 market price など）、物価指数（GDP デフレータ、消費者物価指数）である。また、農産物に対し生産・販売価格の動向に注目したり、在庫の状況なども考慮する。

② 国際収支部門（Exchange Rate Sector）

輸出額、輸入額の実績をとり、為替レートの調整を実施した場合の輸出価格・輸出量の変化、輸入価格・輸入量の変化を推定し、貿易収支の改善がどこまで進展するか、これにより対外債務残高がどの程度抑制されるか、これを債務救済シナリオ（債務削減措置、ニューマネーの発行）によりコントロール可能であるかどうかがポイントである。また、外貨準備（Gross Official Foreign Resources）の動向を注視する。

③ 財政部門（Fiscal Sector）

基本的に、国内歳入（Domestic Revenue）と海外からの援助資金（Grants）を合わせた総歳入から一般財政支出（Ordinary Expenditure）、投資支出（Investment Expenditure）を合わせた総支出を差し引いた財政収支バランスを作成する。これをベースに IMF・世銀の構造調整策実施を呼び水として海外からのファイナンスがどのくらい見込めるか、国内からのファイナンスがどこまで許容できるか、この両者で補塡できるかが財政収支の調整策のキーポイントとなる。特に緊急を要する場合には、3ヶ月毎に予算執行のスケジュール、その影響度合、また、海外からの援助のスケジュールを細かくチェックし、財政収支がバランスを確保できるようにする。この際、例えば公務員の賃金の抑制や公営企業の再建を実施した場合の影響を分析するなどを行う。

④ 金融部門（Financial Sector）

マネタリー・サーベイの作成が中心となる。マネー指標は、現金通貨、要求性払い預金、quasi-money を集計する。これに基づいて純海外資産（Net Foreign Asset）、国内信用（Domestic Credit）、その他調整項目のデータを作成する。こうした国内信用が民間部門にどのくらいあるか、概して銀行部門から政府や公営企業に多額に融資されている場合もある。特に中央

銀行勘定から政府、公営企業に純融資額が増加している場合には、財政赤字が中央銀行より補填されていることになり、インフレーションの要因のひとつと考えられ注意を要する。

(6) 構造調整策をめぐる議論

このような調整策の策定の方針については、1987年2月に開催されたIMFと世界銀行の合同シンポジウムにおいて議論されている。これは、*Growth-oriented Adjustment Programs* に整理されている。ここでは、調整策においては、対外収支不均衡、財政収支の不均衡を調整することの必要性、そのためには、極力効率性を阻害する歪み (Distortion) を排除することを念頭に置くべきであり、しかもその調整策は早急に実施すべきであるとしている。そして成長を念頭に置いた調整策 (Growth-oriented Adjustment)、あるいは outward-oriented Adjustment すなわち輸出主導型の経済成長が必要であるとも述べている。さらに、そのためには、市場の自由化 (market liberalization) が不可欠であるとしている。但し、実証研究においては、アジアの高度経済成長を達成した国では、必ずしも市場を自由化して輸出主導型の経済成長を実施したのではなく、為替管理、輸入割当、輸入課徴金制度などの規制を強いた上で輸出を伸ばしたとの記述もある。同シンポジウムは発展途上国全体を念頭において構造調整策が growth-oriented にすべきであるという点で非常に興味がある。この1980年代から先進諸国の安定成長や省資源・省エネの技術進歩が定着したわけであり、東南アジア、中南米諸国などに部分的にこうした考えがあてはまったとしても、サブサハラ・アフリカ諸国に早急な growth-oriented な政策を採用させるのは困難であったと思われる。

また、サブサハラ・アフリカ諸国の調整策の議論に関しては、1986年7月に発行された *Africa and the International Monetary Fund* のなかの議論が興味深い。ここで、IMFからの見解で特徴的なのは以下のとおりである。

Richard D. Erb は次のように述べている。1970年代、1980年代前半におけるサブサハラ・アフリカ諸国への海外要因としての影響は、①原油価格の引上げ、②主要輸出品における輸出価格の低迷により生じたとしている。非

産油商品価格は、先進諸国の輸出工業製品価格に合わせて広範に上昇することが予想されるとしている。また、先進諸国側が輸入財に対して保護政策を採用していることが主因としている。国内政策としては、物価の安定を図ること、財政赤字を是正し、マネーサプライの適切なコントロールを実施することが重要である。資源をできるだけ生産的な部門に投入されるように現在の公共支出を緊縮させること。特に、インフレーションは、資源のミスアロケーションをもたらすとしている。さらに、為替レートを不適当な水準に維持していると、価格の歪み（Price Distortion）が生じ、不必要に消費需要を刺激し非効率な投資を促すことに加え輸出財の利益を減じるとしている。経済成長は国内の資本形成のレベルに大きく依存しており、そのためには、価格メカニズム（為替レート、物価水準）を適切なものにし、市場の歪みをなくした上で、過剰となっているアブソープションを吸収する総需要抑制策を採用するべきであるとしている。そして、こうした政策の実施に関し、漸次是正していく政策よりは多くの対策を同時期に早急に取り組む必要があるとした。もし歪んだ価格メカニズムを維持しつづけたとすれば、価格インセンティブが働かず、生産が失われたり、非効率な企業が改善されず、資源がもっと生産的な部門に投入されるのを妨げてしまうと述べている。純国内アブソープションの削減は短期的には抑制的にはたらくが、中長期的には成長する方向に作用するとしている。

　また、Alassane D. Quattara も、原油価格の引上げの影響と主要輸出品の下落と交易条件の悪化、こうした状況にあるにもかかわらず、国内需要の管理が不適切であったことが累積債務問題の原因としている。特に、財政収支の悪化は野心的な財政拡張（ambitious development programs）によるところが多いとしている。これは、1970年代前半には、主要換金作物、天然鉱物の国際価格が上昇したことにより輸出収入が増え、これにつれて財政予算も拡大していった（ガボン、リベリア、マダガスカル、ザイールなど）。また、財政部門においてこの時期、公務員の給料上昇、公的部門の採用急増、公的企業への補助金など財政部門が肥大していき、輸出環境が悪化した後も、財政肥大を転換することができず財政収支の悪化をみたとしている。この財政赤字は、大部

分国内信用により補填されている。この赤字は非政府の生産的な部門の犠牲により行われることとなった。さらに、為替レートを過大評価されたままで維持しつづけたことで輸出部門、輸入代替部門の利益を減少させることになり、また、国内価格管理が行われ、消費財価格の硬直性が消費を助長し、輸入の増加を促した。これはまた予算における輸入財支出の増加となって財政収支を圧迫した。また、消費財価格を低い水準に抑えることは、農産物の生産価格の低価格に反映され、これは高い生産コストを償うことができずに、農業生産の生産性を喪失させることになったと分析している。国民に提供する消費財価格を低いレベルとし生活に圧迫を加えないようにすることが、価格の歪みを生じさせる。逆に価格支持政策をとり、生産者価格を高水準とし、販売価格を低くすることは、公的農業協同組合における価格差補助金となって財政収支を圧迫する。資金の効率的配分に悪影響を及ぼし、財政収支の不均衡、対外収支の不均衡を誘発し、加速度的インフレを惹起することになる。

　当時のIMFに対する批判として、①IMFの調整策は一般的に「標準的」なものであり、サブサハラ・アフリカの特殊事情を考慮していない。②同調整策が比較的短期間で経済金融のほとんど完全な調整を狙うものであること、③調整策が不適切で経済成長には逆効果であること、④IMFの金融サポートが少額であり、コンディショナリティは逆に厳しいことをA. Quattaraは挙げている。このなかで、タイムスパンについては、当時、1から2年間のスタンドバイ・プログラムに加え漸く構造調整ファシリティの構想がでてきて、3年間の融資期間がみとめられることになったわけであり、妥当な批判であったと思われる。特に、G. Saitotiは、サブサハラ・アフリカ諸国の場合、為替レートの過大評価が是正され切下げられても、これが輸出財の増産に結びつくのに相当な時間を要することを述べている。これは、輸出財の多くを占める換金作物のうちtree cropsの生育に時間がかかることや、天然鉱物の増産が短期的に調整することが難しく長期間を要するからである(3年～5年、John Loxley)。一方、輸入財については、価格上昇効果から総需要抑制効果は極めて短期間に効果を及ぼす。特に消費財への価格支持政策、輸入財の購入に大きく依存していた状況で輸入財価格が上昇した時の短

期効果は総需要抑制を一段と強めオーバーキルをもたらす可能性もある。こうした状況を政策採用後の短期間でみても経済成長が落込むほか、長期的にも経済成長に向かうということは困難であったのである。さらに、サブサハラ諸国の場合、貧困層 (small firmer, rural worker, small trader) は大きく政府の援助に依存している。従って、急激な政府支出の削減や輸入財価格の引上げが最低限の生活レベルまでおびやかさないように配慮する必要を求めている。さらに、先進諸国が自由貿易の原則を守って、貿易障壁を構築せずサブサハラ諸国からの1次産品の輸入をするべきであると提唱している。但し、これはたとえ保護貿易を先進諸国が解消したとしても、先進諸国の低成長の定着、省エネ、省資源の技術進歩の進捗、1次産品の代替商品の開発を進めれば結果は同じことであると思われる。市場原理に反せず自由貿易原則を通じても先進諸国の技術開発により1次産品の輸出は伸びない。

　Andrew Crockett は、為替レートの総支出転換効果 (expenditure switching effect) は非常に限られていることを述べている。これは貿易財と非貿易財の代替効果が限定的であること、輸入財と国内生産財の間の競合関係が限定的であることからくる。John Loxley は供給サイドの長期的な構造改革により経済が安定するように図らないと貧困国においては総需要抑制効果が短期的に大きな悪影響を与えることになることを懸念している。逆に、IMF は、加盟国から出資された限られた原資を有効に利用しなければならない国際機関であり、こうした制約から適切な経済政策を決められた期間に実行することを担保にファイナンスするのであり、期間、融資額に関する批判はあたらないとする保守的な考え方もある。もちろん、この後、構造調整ファシリティ、拡大構造調整ファシリティと融資の原資も拡大され、融資期間、支払猶予期間なども考慮されることになる。国際金融機関には、同じ平等な権利と義務をもつ加盟国が、国際金融機関の資金を利用する場合には、その規約に基づいて借入れた資金は返済しなければならないことになる。累積債務問題が深刻化した時、中南米諸国も東南アジア諸国も調整策を受入れ、返済に努めた。サブサハラ・アフリカ諸国の状況はやはり脆弱であり、多数を占める貧困層に対して短期かつ強力な経済調整策を採用するにはマイナスの影響を受ける

度合が強かったと思われる。この時点で示されている供給面の構造調整策 (supply-side oriented structural adjustment policy) についても債務返済、経済成長を達成するための生産構造の改革を伴うものであり、貧困層の救済、貧困からの脱却のやり方を経済面ばかりでなく多面的な取組みにより考えていくという工夫が足りなかったと言わざるを得ない。

参考資料　2000年沖縄サミット首脳宣言

　2000年沖縄サミット首脳宣言のうちサブサハラ・アフリカ諸国に最も関係のある「開発」、「貿易」、「文化」の部分を抜粋。
[開発]
13. 二十一世紀は、万人にとっての繁栄の世紀でなければならず、我々は極度の貧困状況にある世界人口のシェアを1990年レベルから2015年までに半減するという包括的な目標を含めて、合意された国際開発目標にコミットする。我々はケルンで我々が要請した国際開発金融機関（MDB）および国際通貨基金（IMF）による貧困削減に関する報告書を歓迎し、我々が世界中の貧困削減の進展を毎年再検討するに際して、年次貧困報告を受け取ることを期待している。
　　しかし、報告書は、多くの課題が未解決であることを思い起こさせる。発展途上国における貧困率が90年の29％から98年の24％にまで減少している一方で、1日に1ドル以下で生活している人々がいまだに12億人もおり、地域内、および地域間ごとに顕著な相違がみられる。特に、多くの発展途上国、とりわけアフリカにおいては、成長の速度が非常に遅い。エイズウイルス（HIV）／エイズの蔓延が状況を悪化させている。
14. 報告書が指摘しているように、多くの国は過去四半世紀において貧困の克服について著しい進展を遂げており、これらの国の例は他の国にとって希望の指針である。これらの国の成功例から、我々は、貧困を克服する可能性が最も高いのは、すべての人に自由と機会が与えられており、成長している開放的な経済および活力のある民間部門を備え、そして強力で説明責任を果たし得る指導者と制度を有する、強靱性がある平和な民主的な社会であることを学んだ。
15. 貧困と闘うためには、勢いがあり、広範で衡平な経済成長があり、そして、そのような経済成長のためには、人々の能力と選択を拡充することが必要である。我々は人々の生活が向上するような公平な機会を提示する政策、計画及び制度を設置するために発展途上国と協力する。したがって我々は、バンコクで開催された国連貿易開発会議（UNCTAD）第10回総会での建設的な議論を歓迎するとともに、国連その他の場において、特に後発発展途上国における更なる貧困削減のために努力する。
16. 我々は、また適切な社会的保護及び中核的労働基準の推進に当っての国際労働

機関（ILO）と国際金融機関の間の協力の増大を歓迎する。我々は。国際金融機関に対し、これらの基準を加盟国との政策対話に組み入れるよう強く促す。更に、我々は、グローバリゼーション及び貿易自由化の社会的側面に関する世界貿易機関（WTO）と ILO の間の効果的な協力の重要性を強調する。

17．貿易と投資は，持続可能な経済成長を促し貧困を削減する上で非常に重要である。我々は、貿易関連のキャパシティ・ビルディング活動により高い優先度を置くことにコミットする。我々は、国際開発機関及び金融機関に対して貧困削減戦略ペーパー（PRSP）及び統合フレームワーク（IF）を通じるものを含めて、良好な貿易・投資環境を作り出そうとする発展途上国の努力を支援するよう強く求める。

18．我々は、紛争、貧困及び弱い統治の組合せが悪循環となってグローバリゼーションの成果を享受できないでいる後発発展途上国、特にこれらのうちアフリカ諸国が直面している課題の厳しさを特に憂慮する。

19．我々は、保健及び教育を含む健全な社会政策を通じ、成長をもたらす利益の公平な分配を促進することに特段の優先度を置きつつ、これらの課題と闘い克服するためにこれらの国が行っている努力を支援し強化するため、国際社会の手段と資源を動員することにコミットする。この目的のために、我々は如何に詳細を示す下記の事項について合意した。

　　○重債務貧困国（HIPC）債務イニシアチブを促進する。
　　○我々の市場への著しく改善されたアクセスを提供する。
　　○政府開発援助（ODA）の効果を強化する。
　　○感染症、とりわけ HIV/エイズ、マラリア及び結核に関する意欲的な計画を実施する。
　　○基礎教育のための追加的資源が利用可能となることを確保することによって、最近の教育に関するダカール会議の結論を精力的にフォローアップする。
　　○情報格差の拡大の問題に取り組む。
　　○ダイヤモンドの不正取引に関する問題に取り組むことを含め、紛争を予防するための措置を実施する。

20．ODA は、貧困との闘いのためには不可欠である。また、我々は、貧困削減のための国家戦略による努力を含む各国自身の貧困政策努力を支援するとの観点から、ODA の効果を高めることにコミットする。我々は政府が開発に向けられた資源の説明責任を果たし得てかつ透明な管理を通して、国民の福利を向上させる

ためにコミットしていることを示している国を優先すると言う長期的アプローチを採用する。ODA の効果を高めるために、我々は現在までに経済協力開発機構（OECD）において実施した進展および我々が OECD におけるパートナーと合意する公正な負担分担メカニズムに基づいて、後発発展途上国に基づいて後発発展途上国への援助をアンタイド化することを決意する。我々は、この合意が 2002 年 1 月 1 日に発効すべきであると考える。一方で、我々は、ODA のアンタイド化が低水準にとどまっている国に対して対応を改善するように強く求める。また、我々は、よく的が絞られた ODA が成果をあげることを社会一般に対して示すことを心がけると共にそのような援助の優先度を挙げるように努力する。よく調整された援助は発展途上国にとって有益であり、我々はそのような調整を向上するための方策を検討する。

21. 我々は、また、成長に刺激を与えるものとして債務、保健、教育の三つの問題に特別注意を払うことに合意する。

（債務）

22．23 は略

24. 国際金融機関は、他の金融機関と協力して重債務貧困国が貧困削減戦略ペーパーを用意することを助けるべきであるし、技術支援を通じて財源管理を支援すべきである。我々は、現在多くの重債務貧困国が貧困削減を妨げ債務救済を遅らせている軍事的衝突により影響を受けているという事実を憂慮する。我々は、これらの国に対して衝突への関与を終了し早急に HIPC プロセスに取り組むことを要請する。我々は、我々の閣僚に対し、HIPC イニシアチブに参加するための適切な条件を生み出すことを奨励するために、紛争当事国と早期にコンタクトを取るように要請することによってこれらの国が債務救済に備え、それらを促進することを支援するための努力を強化することに合意する。我々は、経済革命の進展や債務救済の利益が貧しくて最も影響を受けやすい人々の支援を向けられることを確保する必要性を十分に考慮しつつ、ケルンで設定した目標にそってできるだけ多くの国が決定時点に到達することを確保するように協力する。我々は、20 カ国が、拡大 HIPC イニシアチブの枠組みの下で本年末までに決定時点に到達するという期待を実現するために、重債務貧困国および国際金融機関と迅速に協力する。この観点から我々は、世銀および IMF による協同実施委員会の設立を歓迎する。我々の側としては重債務貧困国が持続不可能な債務によって再び苦しまないことを確保するために、より責任のある貸借の慣行を促進する。

25. 拡大 HIPC イニシアチブの効果的な実施のために国際金融機関による必要な

融資を確保する上での進展に留意し、HIPC 信託基金への出資を含む種々の約束を歓迎する。

（保健）

26. 感染症および寄生虫症、とりわけ、HIV/エイズ、結核、マラリア、小児期の疾病および一般の感染症は、数十年にわたる開発を逆転させ、同一世代のすべての人々からよりよい未来への希望を奪う恐れがある。新たな、または既存の医学的、技術的および資金的な資源を十分に動員するための継続した行動および整合性のある国際協力を行うことによってのみ、我々は、保健制度を強化し、伝統的なアプローチを超えて病気と貧困の悪循環を断ち切ることができる。

27. 略

28. しかし、我々はさらに一層前進しなければならない。保健分野での国際的な成果に関して前向きな変化を生むための適切な条件が整っていると信じる。我々はダーバンにおいて開催された最近の国際エイズ会議の成功、及び、アフリカの指導者、援助供与国、国際金融機関、及び民間部門が HIV/エイズに取り組むことを重視していることを特に歓迎する。

29. 従って、我々は三つの極めて重要な国連の目標を達成するため、各国政府、世界保健機構（WHO）、その他の国際機関、産業界、特に製薬会社、学術機関、NGO、及び市民社会のその他の関係者とのパートナーシプを強化して作業を行うことにコミットする。

    ○ 2010 年までに HIV/エイズに感染した若者の数を 25% 削減する。
    （2000 年 3 月 27 日付け国連総会への国連事務総長報告書）
    ○ 2010 年までに結核による死亡者数及び有病率を 50% 削減する
    （HO のストップ・結核・イニシアチブ）
    ○ 2010 年までにマラリアに関連する病気の負荷を 50% 削減する。
    （WHO のロール・バック・マラリア）

30. この意欲的な課題を達成するためにパートナーシップは、以下を含むことを目指さなければならない。

    ○我々自身が追加的な資源を動員するとともに、MDB に対し最大限に支援するよう要請する。
    ○衡平かつ効果的な医療制度の発展、予防接種の拡大、栄養及び微量栄養素の拡充、並びに感染症の予防及び治療に対して優先度を与える。
    ○影響を受けている諸国において一般の意識を高めるためのハイレベルでの対話強化を通じて政治的リーダーシップを促進する。

○ NGO、民間部門及び多国間機関とのものを含む、革新的なパートナーシップを支援することにコミットする。
○ 重要なクスリ、ワクチン、治療法及び予防措置を含む費用対効果の高い既存の対処手段を、発展途上国においてより普遍的に利用可能かつより容易に入手可能にするようにする。
○ 発展途上国におけるクスリへのアクセスという複雑な問題に取組みその観点から発展途上国が直面する障害を評価する。
○ 他の国際的な医療公共財について、基礎的な研究開発の分野における協力を強化する。

31．我々は、これらの分野における新たなコミットメントに留意し、力づけられる。我々は、HIV/エイズ、マラリア及び結核に対する国際開発協会（IDA）の融資を3倍にするとの世界銀行のコミットメントを強く歓迎する。我々は、また二国間援助国によってなされたこの分野における援助拡大についての発表を歓迎する。

32．さらに我々のコミットメントを活用するための新たな戦略について合意するため、今年秋、日本において会議を開催する。我々は来年のジェノバ・サミットで進展状況を確認し、また、エイズの治療およびケアへのアクセスを容易にするための戦略に焦点を当てた会議を2001年に開催するため国連と協力する。

（教育）

33．あらゆる子供はよい教育に値する。しかし、いくつかの発展途上国では、特に女性及び社会的に脆弱な人々に対して、教育へのアクセスは限定されている。基礎教育はそれ自体に内在する価値を有するのみならず、発展途上国が直面している広範な問題に対応するための鍵である。この分野における進展の加速化なしには、貧困削減は達成されず、各国間および社会の格差は拡大する。従って、我々はケルン教育憲章を踏まえ、ダカール行動枠組み、及び最近完了した第4回世界女性会議のフォローアップによる勧告を支持し、発展途上国が強力な各国の行動計画を実施する努力を歓迎する。

34．従って、我々は2015年までに普遍的な初等教育、及び2005年までに教育における男女平等という目標を達成するために、二国間での努力並びに国際機関及び民間部門ドナーとともに行う努力を強化することにコミットする。われわれは、国際機関に対し、発展途上国とのパートナーシップの下で、その貧困削減戦略において教育に焦点を当て、健全な教育戦略を有する国に一層の支援を提供することを要請する。これらの戦略は、可能な場合の遠隔地学習及びその他の有効

な手段を通じて、この分野におけるITの潜在的利用を最大化するべきである。

［貿易］

35．WTOによって具現された多角的貿易体制は、ルールに基づく自由貿易を実現するための国際社会による半世紀にわたる不屈の努力の成果の表れであり、先進国及び発展途上国双方の加盟国に対し、経済成長を刺激し社会発展を推進しつつ、多大な貿易の機会を提供してきた。これらの利益をより目に見える方法でより多くの諸国に拡大するために、体制は、発展途上加盟国、特に、後発発展途上国の正当な関心により良く取り組む必要がある。ウルグアイ・ラウンドの取極めの実施、後発発展途上国に対する市場アクセスの改善、キャパシティ・ビルディングの強化のための技術支援、及びWTOの透明性の向上に関するジュネーブにおける短期的なパッケージの採択は、この方向に向けた重要な第一歩であり、迅速に追求されなければならない。

　我々は、また、この関連の二国間及び地域的イニシアチブを称賛する。我々は、発展途上加盟国に対して個々のニーズに沿ったキャパシティ・ビルディングのための支援を強化することにより、主導的な役割を果たすことにコミットする。我々は、また、WTO、世界銀行、IMF、国連開発計画（UNDP）、UNCTADを含む国際機関に対し、この目的のために我々とともに共同して行動をとるよう要請する。

36．我々は、多角的貿易体制が強化され、世界経済において極めて重要な役割を果たし続けることを確保しなければならない。我々は、この責任を認識しつつ、すべてのWTO加盟国の関心を反映する、野心的で均衡がとれかつ幅広いアジェンダによるWTO貿易交渉の新たなラウンドについて強力にコミットしている。我々は、このような交渉の目的が、市場アクセスを促進し、WTOのルール及び規律を発展させかつ強化し、発展途上国が経済成長と世界的な貿易体制への統合を達成することを支援し、貿易政策と社会政策とが、また、貿易政策と環境政策とが両立し相互に支援的であることを確保するものであるべきだということに合意する。我々は、今年中にそのようなラウンドを立ち上げるよう他のWTO加盟国とともに努力するため、我々の間の緊密で実り多い協力を強化することに合意する。

37．我々はグローバリゼーションに関する課題への取組みを助けるためにより包括的なパートナーシップが築かれなければならないことを認識する。この点に関し、国際的及び国内的な政策の一貫性を向上しなければならず、また、国際機関の間の協力を改善しなければならない。

38. すべての経済を多角的貿易体制に統合することは、我々に共通の利益である。従って、我々は中国のWTOへの加盟に関する進展を歓迎し、他の申請国の早期加盟に向けた努力を支持する。

[文化の多様性]

40. 民族、グループ、及び個人の間の相互関係の増加は、あらゆる文化における興味深くまた良いものに対する理解と評価を増大させている。文化の多様性の推進は、相互の尊敬、一体性、及び無差別を強化し、人種差別、外国人嫌悪と対抗する。我々は、2001年に南アフリカにて開催される人種主義に反対する国連世界会議の準備に当っての国連の作業に対する強い支持を新たにする。

41. 異なる文化の接点の相互関係を促進する。ITにより、個人が、安価かつ世界的に、文化の内容や考え方を創造し共有するための空前の機会が開かれる。経済状況を向上させることを探求する地域社会において、特にIT社会のたぐいまれな手段に助けられる場合に、文化の多様性は、関心を呼び起こし、イニシアチブを生み、積極的な要求を満たすことをこれまでの経験が示している。我々は、一般からのアクセス向上のため、国立博物館システム間の国際的な関係を強化することなどを通じて、文化遺産のデジタル化を推進することに尽力する。

42. 文化間の相互関係の恩恵を最大化するため、我々は国民に対し、異なる文化への関心、理解及び共存することを学ぶよう奨励しなければならない。従って、我々は、異なる文化及び非母国語への理解を向上させるような教育の推進に関するG8教育大臣会合の結果を歓迎し、関係当局に対し、今後10年間で流動性を倍増するという目標の下に、学生、教師、研究者及び行政官の交換を推進するよう奨励する。

参 考 文 献

(サブサハラ・アフリカの金融経済政策)
世界銀行　世界銀行年次報告 (1990〜1999)
世界銀行資源動員・協調融資局 [1998] 『開発政策・人材育成 (PHRD) 基金』
世界銀行アフリカ地域総局 [1995] 『転換期にあるアフリカ大陸』
世界銀行　世界経済・社会統計 [1998] 東洋書林
通商産業省 [1988] 「累積債務問題」Discussion Paper No.88
国際金融情報センター [1989] 「累積債務問題の焦点」JCIF 特別レポート
マイケル・ブラウン [1999] 『アフリカの選択』つげ書房新社
二村英夫 [1991] 『累積債務と財政金融』堀内昭義編　アジア研究双書 409
二村英夫 [1990] 「発展途上国の累積債務と経済調整問題について」『金融研究』第 9 巻第 2 号、日本銀行金融研究所
大野健一、大野泉 [1993] 『IMF と世界銀行：内側からみた開発金融機関』日本評論社
河合正弘 [1998] 『国際金融論』東京大学出版会
P.R.クルグマン、M.オブストフェルド [1999] 『国際経済：Ⅰ国際貿易編』新世社
P.R.グルグマン、M.オブストフェルド [1999] 『国際経済：Ⅱ国際マクロ経済学編』新世社
白井早由里 [1999] 『検証 IMF 経済政策』東洋経済
アマルティア・セン [1999] 『合理的愚か者』勁草書房
アマルティア・セン [1999] 『福祉の経済学』岩波書店
アマルティア・セン [1999] 『不平等の再検討』岩波書店
ミッシェル・チョスドフスキー [1999] 『貧困の世界化』つげ書房新社
松本重治、米山俊直、伊谷純一郎 [1983] 『アフリカハンドブック』講談社
IMF [1981] *Financial Policy Workshops : The Case of Kenya*
IMF [1984] "Fund Supported Programs, Fiscal Policy and Income Distribution", *IMF Occasional Paper 46*
IMF [1989 October] "Subsaharan Debt Levels Attract world Concern, Spark Policy Initiatives", IMF Survey
IMF [1998 June] "External Evaluation of the ESAF"
IMF [1998 July] "Summing Up Distilling the Lessons from the ESAF Reviews Executive Board Meeting 98"
IMF [1999 August] "Status Report on Follow-Up to the Reviews of the Enhanced Structural Adjustment Facility"
IMF [1999 September] "The IMF's Enhanced Structural Adjustment Facility (ESAF): Is It Working ?"
IMF [1999 September] "IMF Concessional Financing through ESAF"
IMF [1999 November] "Poverty Reduction Strategy Papers-Status and Next

Steps"
IMF [1999 December] "Concluding Remarks by the Chairman of the IMF's Executive Board Operational Issues"
IMF [1999 December] "The Poverty Reduction and Growth Facility(PRGF)-Operational Issues"
IMF [2000 February] "Republic of Mozambique Interim Poverty Reduction Strategy Paper"
IMF [2000 March] "Poverty Reduction Strategy Paper Uganda's Poverty Eradication Action Plan Summary and Main Objectives"
IMF [2000 March] "The IMF's Poverty Reduction and Growth Facility(PRGF)"
IMF [2000 March] "United Republic of Tanzania Interim Poverty Reduction Strategy Paper"
IMF [2000 April] "Progress Report on Poverty Reduction Strategy Papers (PRSPs)"
IMF [2000 April] "The IMF and Environment Issues"
IMF [2000 April] "Debt Initiative for the Heavily Indebted Poor Countries (HIPCs)"
IMF [2000 May] "Poverty Reduction Strategy Papers"
World Bank [1992 June] "The Macroeconomic Impact of AIDS in Sub-Saharan Africa"
World Bank [1996] *Social Indicators of Development*
World Bank [1999] "The World Bank Group in Africa An Overview"
World Bank [1999 October] "Remarks at Culture Counts, A Conference on Financing, Resources and the Economics of Culture in Sustainable Development"
World Bank [2000] *Global Economic Prospects*
World Bank [1999] *Global Development Finance*
United Nations ECA [1998 December] "Report of The Ad-hoc Expert Group Meeting on Liberalization of Trade and Factor Mobility within Africa and The Promotion of Emergence of Complementarities as a Basis for The Expansion of Intra-African Trade"
United Nations ECA [1998] "Final Report of the International Conference on African Women and Economic Development : Investing in Our Future"
United Nations ECA [2000] "Economic Report on Africa 1999 : The Challenges of Poverty Reduction and Sustainability"
Bhagwati, Jagdish N. [1981] *International Trade : Selected Readings* The MIT Press
Bond, Marian [1983] "Agricultural Response to Prices in Sub-Saharan African Nations", *IMF Staff Papers* 30
Bond, Marian [1987] "An Economic Study of Primary Commodity Exports from Developing Country Regions to the World", *IMF Staff Paper* 34

Bond, Marian and Elizabeth, Milne [1987] "Export Diversification in Developing Countries Recent Trends and Policy Impact", *IMF Staff Studies for the World Economic Outlook*

Dornbusch, Rudiger and Simonsen, Mario H. [1987] "Inflation Stabilization With Incomes Policy Support", Group of Thirty New York

Edwards, Sebastian [1988] "Structural Adjustment Policies in Highly Indebted Countries" NBER Working Papers No. 2502

Erb, Richard D. [1986] "A View from the Fund", *Africa and the International Monetary Fund*, edt. G.K. Helliner

Fischer, Stanley [1987] "Economic Policy and Economic Policy", *Growth-Oriented Adjustment Programs*

Guitan, Manuel [1982] "Economic Management and International Monetary Fund Conditionality", *Adjustment and Financing in the Developing Countries* edited by IMF

Guitan, Manuel [1987] "Adjustment and Economic Growth : Their Fundamental Complementarity", *Growth-Oriented Adjustment Programs*

Quattara, Alassane [1987] "Design, Implementation, and Adequacy of Fund Programs in Africa", *Africa and the International Monetary Fund*

Loxley, John [1987] "Alternative Approaches to Stabilization in Africa", *Africa and the International Monetary Fund*

Sachs, Jeffrey [1987] "Trade and Exchange Rate Policies in Growth-Oriented Adjustment Programs", Growth-Oriented *Adjustment Programs*

Saitoi, G [1986] "A View from Africa : 1", *Africa and the International Monetary Fund*

第2章
アジア通貨危機と国際通貨基金の経済調整策

序　論

　戦後、アジア地域[1]は長期的に安定した成長率を確保し、マクロ経済の主要指標をみても良好な状況を持続し、国民生活も飛躍的に豊かになってきた。産業構造は、農業主体から製造業主体へと変遷していった。特に、NIEsといわれる国々（韓国、シンガポール、香港、台湾）は70年代から急成長し世界の国際金融市場の一角を占めたり、重工業生産地域に変貌していった。また、ASEAN諸国も積極的な外資導入により、軽工業から重工業へと徐々に付加価値の高い工業製品を幅広く生産する力がついてきたし、これに続くベトナム、中国といった国々も社会主義国から自由・開放をめざし、農業国から徐々に工業化を図りつつ高度成長過程の軌道に乗っていると言ってもいいだろう。東南アジア諸国は、発展途上国のなかでも、70年代累積債務問題に悩みつづけた中南米諸国や経済の長期停滞が続くサブサハラ・アフリカ諸国に比較して経済も安定的に推移し、高い成長を遂げてきたと言える。
　しかし、1990年代に入り、それまで以上に、金融技術革新や情報通信技術の発展により金融経済のグローバル化が進み、巨額な短期資本が僅かな金利差や通貨制度の盲点をついて瞬時に移動する状況の下でアジア通貨危機が発生し、瞬く間に、タイ、インドネシア、韓国に飛び火し、ロシアの通貨制度が実質上崩壊し、ニューヨーク株式市場の世界同時株安に至るまでとなった。こうした通貨価値・株価の急落やその後の対応策の遅れから、景気が急速に後退、各国とも金融機関の倒産や失業の増大が顕著となっている。こうした通貨危機は、これまでの累積債務問題にない性格を持っていることから、「ハイテク金融危機」または「21世紀型通貨危機」と言われている。
　アジア通貨危機が発生した際、各国政府と対応を練ったのは国際通貨基金

(IMF)であり、経済調整策の要となった。しかし、国際通貨基金の構造調整策は、必ずしも効果的ではなく、その経済見通しが頻繁に変更されたり、金融改革の不手際もあり、預金の取付け騒ぎを起こしたりしてアジア国民の反発を強めたりした。また、各国への通貨危機の伝播を食い止めることができなかった。

　本章の目的は、①アジア通貨危機の性格が、従来の国際通貨制度問題と比較してどのような点に特徴があるのか、この原因を解明すること、②アジア通貨危機への対応策にどのような問題があり、なぜ迅速に解決することができなかったのか、主として国際通貨基金の構造調整策を対象にして解明すること、③アジア諸国に影響力をもつわが国がどのような対応策を採ったらよいか、について整理することにある。

第1節　アジア通貨危機の分析

(1) アジア通貨危機以前のアジア諸国の経済発展

　アジア諸国、なかでも「NIEs」と呼ばれる韓国、シンガポール、香港、台湾および東南アジアの新興市場経済と呼ばれる諸国、タイ、インドネシア、マレーシアなどの「ASEAN」諸国は、1960から90年にかけて飛躍的に高い経済成長を遂げることができた。勤勉な質の高い労働力と高い貯蓄率に裏打ちされた高貯蓄・高投資の経済構造のなかで、先進諸国からの直接投資を長期的に活かし、主に輸出指向型産業を中心に生産力を高めてきた。NIEs諸国では、1980～90年代になると、労働集約型産業の価格競争力が失われ、その代わりに、相対的に付加価値が高い電子製品・部品生産に傾斜するようになり、後発工業国への部品・素材などの供給基地の役割をはたすようになった。また、ASEAN諸国では、80年代初頭までは、農産物を主要輸出品とする産業構造であったものを徐々に労働集約型の軽工業品の比率を高めていき、その後、家電製品、半導体など資本集約型の生産も進めるなどした。また、こうした諸国に続き、かつて社会主義国家であった中国、ベトナムにおいても経済改革を進め、経済成長の経路に乗りつつあった。こうしたアジア

諸国の特徴は、各国が比較優位を変化させつつより高次元の工業化をめざしていく分業体制が構築され、いわゆる「雁行型」の発展を遂げてきた点に特徴がある。アフリカや中南米地域など他の途上地域と比較して、経済成長の過程でも従来から低かった不平等の度合をさらに低下させてきておりほぼ理想的な経済発展を遂げてきたと言えよう（第2-1表参照）。

（第2-1表）　　　アジア諸国の実質GDP成長率の推移　　　　　単位：％

	1980〜84	1985〜89	1990〜94	1995〜96
アジア地域	6.4	7.1	7.4	7.3
タ　イ	5.7	9.0	9.0	7.2
インドネシア	5.0	5.6	8.0	8.1
韓　国	6.3	9.5	7.6	8.0
マレーシア	6.9	4.8	8.7	9.0
シンガポール	8.6	6.2	8.7	7.8
フィリピン	1.3	2.7	1.9	5.2
香　港	7.8	6.9	5.3	4.4
中　国	9.3	9.9	10.7	10.1
台　湾	7.2	9.1	6.5	5.8
日　本	3.1	4.5	2.2	2.7
中南米地域	0.9	2.5	4.5	2.5
旧社会主義地域	2.2	2.7	△5.5	2.0
先進諸国	1.8	3.5	1.8	2.3

出典：IMF Economic Outlook、なお先進諸国はG7諸国。

また、アジア地域の特徴は、低いインフレ率と均衡財政収支にある。インフレ率では他の発展途上国地域と比較して格段に優れたパフォーマンスを示している。これは、民間部門の活発な経済活動を高貯蓄・高投資の好循環が支え、良好な財政収支により通貨過剰発行が抑えられ、例えば、過剰な国債の発行による政府支出の増加が金利の上昇を招き民間部門のクラウディングアウトを生じさせることがない比較的小規模の政府で民間の投資形成に貢献していたことが挙げられよう（第2-2表、第2-3表参照）。

(第2-2表) アジア諸国における国民貯蓄・固定資本形成の状況(対GDP比率)　　単位：％

	1980〜84		1985〜89		1990〜94		1995〜96	
	国民貯蓄	固定資本	国民貯蓄	固定資本	国民貯蓄	固定資本	国民貯蓄	固定資本
アジア地域	28.3	29.1	31.1	26.2	33.0	31.0	33.4	32.6
タ　　　イ	19.2	24.1	27.9	29.2	34.3	40.1	33.6	41.1
インドネシア	21.6	22.1	24.7	24.7	29.0	27.0	28.9	28.3
韓　　　国	25.4	29.4	34.7	29.5	35.4	36.8	34.2	36.7
マレーシア	31.6	34.1	28.6	26.5	30.9	36.7	35.1	42.6
シンガポール	39.8	44.8	40.6	34.6	46.2	33.8	50.8	35.0
フィリピン	19.9	27.4	17.5	18.1	18.8	22.5	18.7	22.7
香　　　港	31.7	28.7	35.0	23.6	34.2	27.5	30.5	30.9
中　　　国	34.3	25.4	35.1	29.5	39.5	31.5	40.6	34.4
台　　　湾	31.1	25.7	35.7	19.8	28.3	22.9	28.0	21.9
日　　　本	30.8	29.5	32.5	26.2	33.1	31.0	31.0	32.6
中南米地域	18.3	20.1	19.7	19.4	19.3	19.2	20.7	18.6
旧社会主義地域	28.2	26.3	27.4	26.5	20.4	22.5	21.0	22.7
先進諸国(G7)	21.9	21.8	21.7	21.0	19.8	20.3	20.3	19.3

出典：IMF World Economic Outlook Data Base

(第2-3表) 消費者物価ベースのインフレ率　　単位：％

	1980〜84	1985〜89	1990〜94	1995〜96
アジア地域	9.7	5.0	6.5	5.9
タ　　　イ	8.5	3.2	4.8	5.8
インドネシア	12.5	6.9	8.6	8.7
韓　　　国	12.6	4.2	7.0	4.7
マレーシア	6.0	1.2	3.5	3.5
シンガポール	4.9	0.7	2.9	1.6
フィリピン	20.2	9.5	11.4	8.3
香　　　港	11.5	5.9	7.8	7.0
中　　　国	2.9	11.7	9.0	10.4
台　　　湾	7.9	1.4	3.8	3.4
日　　　本	3.9	1.1	2.2	0.0
中南米地域	99.1	303.6	453.0	32.3
旧社会主義地域	8.6	39.8	257.8	51.1
先進諸国（G7）	8.8	3.6	3.6	2.3

出典：IMF World Economic Outlook Data Base

（2）経済成長を支えた経済システム
（a）固定為替レート制度

このようにアジア諸国が高い経済成長を持続できた第一の原因は、通貨バスケット制度（実質的な固定為替レート制度）である。これは、複数通貨バスケット方式であり、為替レートを貿易相手国との貿易取引額によってウェイトづけした上で算定し、国際取引の状況によって弾力的に運用するものであるが、実質的には、国際通貨である米ドルにリンクした固定レート制度であった。例えば、タイでは、10 カ国の通貨（米ドル、日本円、ドイツマルク、英ポンドなど）で構成されていたが、8 割程度は米ドルが占有するかたちとなっていた。この結果、長期的に為替リスクを回避し、安定した貿易や資本取引を進展させることとなった。

1995 年初めまでの実質実効為替レート[2]をみてみると、長期にわたって過大評価を回避し、輸出志向型の経済成長を達成してきたことがわかる。しかし、韓国を除けば、1995 年半ば以降からは、実質実効レートが徐々に過大評価されていることがわかる（第 2-1 図参照）。1995 年後半から、米ドルが日本円に対して増価傾向を示し、米ドルにリンクしているこれら諸国の輸出競争力は急速に低下することになる。こうした実質実効為替レートの動向が経済のファンダメンタルズから乖離したミスアライメントであったかどうかに関し、Chinn［1997］、白井［1999］では、ミスアライメントの状況にあったと結論づけている。その理由は、①アジア諸国は、インフレ安定化政策を採用するより、固定相場制度維持により国内投資プロジェクトに必要な資金を海外から調達促進することに重きをおいていたこと、②実質実効為替レートが均衡しているのであれば、今回通貨危機で発生したような名目為替レートのオーバーシューティングや実態経済に対する影響は本来起こらないはずであること、③実質実効為替レートの増価は、米ドルが日本円と欧州通貨に対して増価したことに端を発すること、である。

こうした実質実効為替レートの増価によるミスアライメントは、輸出に比重をおいているアジア諸国の輸出財部門に負の効果を及ぼし貿易収支の悪化をもたらした。1990～94 年と 1995～96 年を比較してみると、通貨危機の先

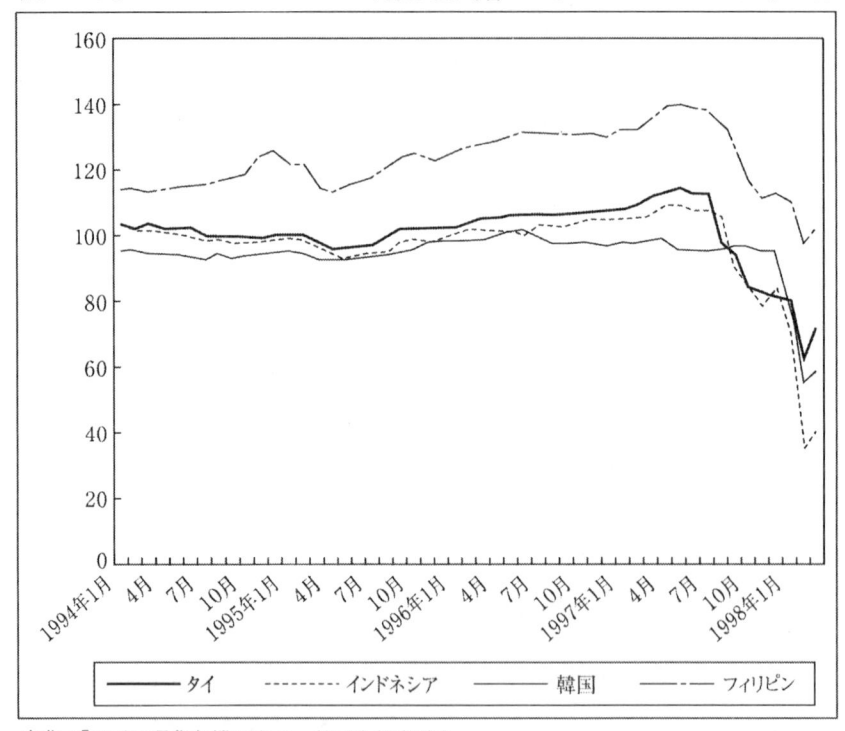

(第 2-1 図)　　　　　アジアの実質実効為替レート　　　　　1990 年＝100

出典：「アジア通貨危機に学ぶ」外国為替審議会

鞭となったタイ、韓国のほか、フィリピン、香港では、貿易収支・GDP 比率のマイナス幅が増価しており、マレーシア、インドネシアでも貿易収支黒字額が大幅に縮小している。特に、アジア諸国にとって日本は重要な輸出先であるが、円に対して自国通貨が増価することは、同地域の価格競争力を弱めることになるほか、日本の輸入数量の年増加率は 1995 年の 12.5％ から 1996 年は 2.3％ と大幅にダウンしたこともあって同地域の日本向けの輸出は打撃を被ることとなった（第 2-4 表）。

　1995〜96 年において既に実質実効為替レートは増価しており、明らかにアジア通貨危機に先行していた。アジア諸国が、貿易取引の安定化・有利化を念頭において固定相場制度を堅持していたというよりは、資本流入を安定的

に確保するために為替リスクを抑えておきたいと考えていたのであろう。実質実効為替レートを一定にするためには、固定レート制度を維持する場合には有効な不胎化政策が必要となるのであるが、債券市場が未発達であるなどの理由により債券を用いた有効な不胎化対策が採られなかったと思われる。

(第2-4表)　　貿易収支のGDPに占める割合　　　　単位：％

	1980～84	1985～89	1990～94	1995～96
タ　イ	△5.1	2.2	△8.3	△8.8
インドネシア	5.1	3.9	2.5	0.9
韓　国	△3.8	3.6	△0.8	△2.1
マレーシア	3.3	13.8	4.1	2.1
シンガポール	△42.1	△10.0	△6.7	△1.0
フィリピン	6.0	2.9	△9.7	△12.8
香　港	7.8	0.4	△3.4	△12.6
中　国	0.6	△2.3	1.0	2.5
台　湾	7.8	16.5	6.8	5.8

出典：IMF Economic Outlook

(b) 金融・資本取引の自由化

　第2の要因は、積極的な資本流入の促進である。特に、他の途上国と際立って異なる特徴点は、①中南米・旧社会主義諸国・アフリカ諸国に比較して民間部門への資本流入の割合が高いこと、および②90年代になってから、従来の直接投資に加え短期のポートフォリオ投資・株式投資が増えてきたことである。1990年代以前までは、アジア各国、特にASEAN諸国において、金利上限規制、金融業務の垣根規制、金融機関の参入規制などが残存しており、自国の金融機関保護、金融システムの安定をもたらしていたことは想像に難くない。しかし、①こうした旧態依然とした制度では、金融市場の効率性が低下し、輸出指向型の工業化を推進するために障害となること、②アジア各国間で外資導入競争が激化するなかで、外国資本をより引きつけるためには、自国の金融制度の自由化を一段と推進し、より高い金融サービスを提供する必要があること、特にASEAN諸国では、中国が92年、改革開放政

（第2-5表） アジア諸国の主要な資本・為替取引の自由化政策

国　名	年　月	内　　容
タ　イ	90/5月	IMF8条国に移行 為替管理（経常取引）の自由化
	91/4月	非居住者バーツ建て預金の自由化 居住者・非居住者への外貨貸付の自由化 居住者外貨建て預金の制限付き認可
	92/5月	バーツによる輸出代金受取の認可 輸出代金による外貨建て債務の返済および輸入代金決済の認可 居住者外貨建て預金勘定による関連会社の対外債務返済認可 バンコク・オフショア金融センターの開設
	93/3月	対外直接投資規制の緩和
	94/2月	海外関連会社に対する貸付規制の緩和 銀行の非居住者貸出枠の撤廃
インドネシア	83/5月	信用数量規制の廃止
	88/5月	IMF8条国に移行
	88/10月	外国銀行の支店開設規制の緩和 外国証券会社の設立認可
	89/3月	金融機関の対外借入規制の撤廃
	94/6月	外資100％規制の無条件認可
韓　国	81/1月	「資本市場自由化計画」発表
	81/11月	外国人専用投信の開設
	85/11月	韓国企業の海外証券発行認可
	87/2月	非居住者ウォン建て預金の認可
	88/11月	IMF8条国に移行
	88/12月	「資本市場国際化中期計画」発表
	89/11月	韓国企業のワラント債、海外預金証券発行がスタート
	90/3月	外国為替集中管理制度の緩和
	92/1月	外国人による株式直接投資の制限つき認可
	92/9月	改正外国為替管理法施行（為替取引の原則自由化）
	94/12月	外為制度改革案発表
	96/4月	韓国人による対外証券投資完全自由化
マレーシア	68/11月	IMF8条国に移行
	90/10月	ラブアン・オフショア金融センター開設
	94/12月	為替管理の自由化（輸出業者による外貨預金勘定および外貨借入の条件付き認可など）
シンガポール	68/10月	アジア・ダラー市場開設
	68/11月	IMF8条国に移行
	78/6月	為替管理の撤廃
香　港	73/11月	為替管理の撤廃（内外一体化のオフショア市場の発達）
フィリピン	92/9月 95/9月	経常・資本取引に関する為替管理の規制緩和（輸出外貨保有限度枠の引上げ、利子・配当の海外送金の自由化、貿易外の外貨保有規制の緩和）

出典：大蔵省「アジア通貨危機に学ぶ」ほかの資料より作成。

策を明確に打ち出し、貿易の自由化と外資の積極的な誘致を盛んに進めたことは、金融制度改革をいやがうえにも推進しなければならない動機づけとなった。③外的要因として、欧米の先進諸国を中心に、金融の自由化と開放を求める声が上がってきたこと（特に、95年のWTOの発足により、市場自由化の圧力は、モノの貿易にとどまらず、金融サービスを含む幅広い分野が対象とされた）。

例えば、タイでは、90年代以前では、経常・資本勘定では為替管理を実施していたが、90年IMF 8条国となったのを契機に資本取引の自由化を推進し始めた。これは、①貿易関連の経常取引による為替管理の撤廃（90年）、②居住者外貨預金の認可（91年）、商業銀行による居住者への外貨貸し付けの認可と国外送金の自由化、③バンコク・オフショア金融センター（BIBF）の成立により、外貨のオフショア市場が成立、④居住者による対外直接投資に関する規制緩和（500万米ドル→1000万米ドル）、などが代表的な資本取引自由化の政策であった（第2-5表参照）。わが国でも1970年代、資本取引の自由化、変動レート制度への移行を経験し、80年代を通じて金利の自由化、外貨資金取引の自由化（ユーロ取引の自由化など）を進め、国内金融・資本市場の整備（株式・公社債市場の整備など）、国内金融機関の業際制度の見直しなど約30年程度かけて漸進的に進めてきた。こうした資本自由化政策を僅か10年程度で進めてきたことは性急にすぎたのではないかとの印象は否定できない。

（3）国内金融制度改革の未整備

また、外資導入という目的を完遂するために、ともすれば対外取引の自由化を優先的に実施する一方、これに併せた金融制度を順序だてて整備しておくことを怠った感はぬぐえない。国内金融制度として予め完備しておくべきであったものは、国内の公社債市場の整備によりできるだけ銀行を主体とした間接金融優位かつ株式市場に資金が集中するのを和らげるべき直接金融のルートを構築しておくのがよかった。また、金融機関の万が一の信用危機発生を念頭に置き、その予防対策として預金者保護を主軸とした預金保険制度の確立、さらに、情報通信システムによる資金の瞬時かつ巨大なシフトに耐えうる金融機関・企業間の決済システムの構築によるシステミックリスク回

避の管理対策を準備しておくべきであった。こうした国内面の制度改革が疎かになっており、金融部門は長期間にわたり行政の保護の下にあった結果、全般的にリスク管理面で脆弱であったものと思われる。さらに、一般企業、個別金融機関、行政の側にも次の諸点に脆弱な面があったように思われる。

① 金融機関の与信審査・管理体制が不十分
② 企業側のコーポレート・ガバナンスが不徹底。なかには、企業の会計管理上二重帳簿がまかりとおっていたケースもみられたようである。
③ 金融機関において不良資産が積みあがっていった時に、中間管理をしっかりしなければいけないのに、担保の再評価・処分、企業の破産処理プロセス、企業の再建の方法などをきちんとルール化していなかった。また、こうした点の法整備が整わず、企業内規則の徹底がなされていなかった。
④ 金融機関・企業は、市場メカニズムに合わせた積極的な情報開示の方法を予め策定しておくべきだった。
⑤ 行政側の監督体制が不備であった。銀行に対する検査システムの不徹底、過度な短期対外資本を抱えている収支バランスやミスマッチングに対する流動性リスクに対して是正を求める適切なアドバイスを欠いた点は、行政側の監督不十分といってもよいであろう。

（4）短期の外貨資本に大きく依存する経済構造

　こうした金融・資本市場における外資規制の性急な自由化により、ASEAN諸国では、直接投資のみならず証券投資、民間金融機関経由の借入などの外資導入チャンネルやオフショア金融市場、非居住者外貨預金のルートも加わって巨額な対外資本がアジア地域に流入することとなった（第2-2図参照）。アジア諸国では、長期貸付市場が未整備であったり、厚みのある株式・公社債市場が発達していなかったこともあり、民間銀行でも短期外貨資金を取り入れてこれをロールオーバーして長期的な国内貸し付けに向けるという極めてリスクの高い金融収支バランスが成立するようになった。これは、短期調達・長期運用ということで期間のミスマッチを抱えた流動性リスクがあることを示すし、先進諸国の投資先がロールオーバーに応じない場合

には、大量の資金ショートが発生する惧れを抱えていた。

（第 2-2 図）　アジア諸国への対外資金（純流入額）の推移

（アジア全体）[3)]

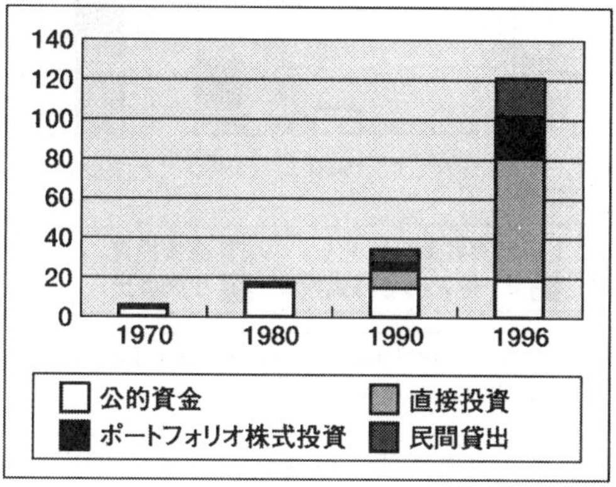
140
120
100
80
60
40
20
0
1970
1980
1990
1996
公的資金
直接投資
ポートフォリオ株式投資
民間貸出

出典：World Bank Global Development Finance, 1998
（注）縦軸：10 億ＵＳドル

（タイ）

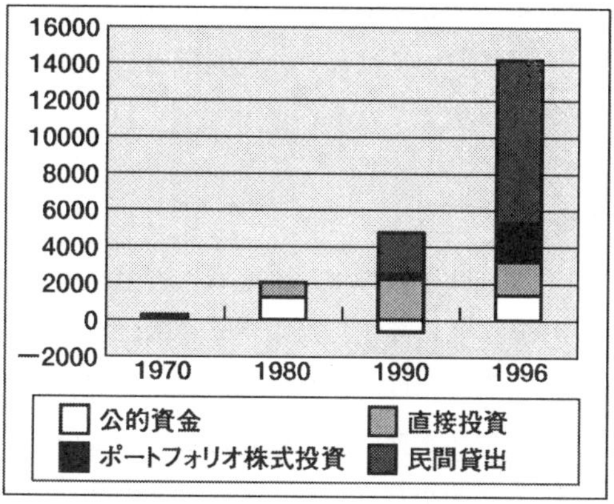
16000
14000
12000
10000
8000
6000
4000
2000
0
−2000
1970
1980
1990
1996
公的資金
直接投資
ポートフォリオ株式投資
民間貸出

出典：World Bank Global Development Finance,1998
（注）縦軸：百万ＵＳドル

(インドネシア)

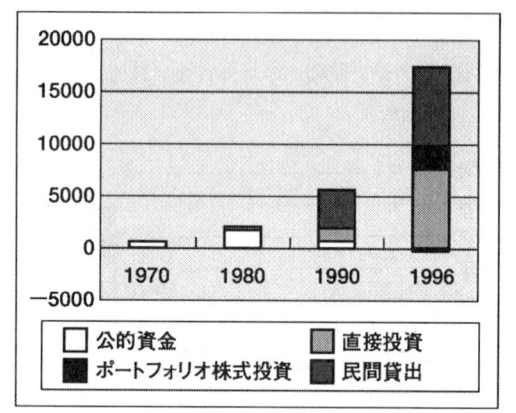

出典：World Bank Global Development Finance, 1998
(注) 縦軸：百万USドル

アジア全体でみると、1970年代、80年代、90年代と対外資金のネット・フローは急増していることが明らかである。当初は公的資金の割合が高かったが、対外直接投資の割合が着実に増え、アジア全体の経済成長に寄与したことがわかる。但し、1996年の時点においては、民間貸出し、ポートフォリオ株式投資の割合が急激に増加していることがわかる。特に、通貨危機が発生したタイやインドネシアにおいては、この民間貸出し、およびポートフォリオ株式投資の割合が急激に増えている。

(5) 先進国側の事情

先進諸国側においても、90年代にアジア地域に資金を集中しうる理由が存在した。その第1は、80年代に発生した中南米諸国に対する公的融資により累積債務問題の解決が長引いたほか、わが国においては、バブル崩壊の後の長引く景気後退のなかで金利水準は低位に安定してしまい、旨みのある投資対象がなくなった。欧米諸国からみても、アジア諸国は、安定して高い成長率に裏打ちされ、マクロ経済指標も良好で高い成長を今後も望めることに加え、90年代から資本取引の規制緩和やオフショア市場の開設もあり、しかも実質的に米ドルに固定された為替レート制度で為替リスクを考慮せず高い収

第1節　アジア通貨危機の分析　　165

益率が確保されるとすれば、資本流入の主要ターゲットとして考えられたとしても不思議ではなかった[4]。

　また、従来の資本受入国に長期的に根づく直接投資に比較し、短期的な資本取引を先進国側の金融機関が選択したのもそれなりの理由がある。すなわち、先進国側の金融機関では、国際取引活動をする場合、BISの自己資本比率8％以上という国際基準を守らなければならない。これは、銀行の自己資本をリスクアセット、個々の資産カテゴリーのウェイトを信用リスクの大きさに応じて調整した総資産額で割った比率を算定基準とする仕組みである。その場合、OECD非加盟国向けの債権のリスクウェイトは、長期の銀行向け債権は100％のリスクウェイトづけされるのに対し、短期の債権の場合は20％で算定されることから、自己資本比率算定上有利になるからである。これは、短期資金であれば、それだけ市場・信用リスクが低いという判断によるものであろう。さらに、金融先端技術革新により金融派生商品の開発により、スワップ、オプション、先物取引など多彩な金融商品が発達してきたこと、情報通信技術の発達により巨額な資金を瞬時にしてマーケット取引ができる仕組みを構築したことなどから、膨れ上がった短期資本の投資先が唯一の利益獲得が確実と判断してアジア地域に集中したと考えてもおかしくない。

（6）株式・不動産投機

　タイでは、90年代に入りこうした外資が輸出製品の生産性向上には必ずしも結びつかなかった。むしろ、95年からの米ドル高の影響を受けて、タイバーツの実質為替レート価値は過剰に増加し、ファンダメンタルズから乖離したミスアラインメントを呈することとなった。この結果、輸出産業はダメージを受け、95、96年と経常収支は赤字を露呈することとなった。特に、地場エレクトロニクス企業では輸出減速により業績悪化が顕著となった。一方、流入した巨額の外資は、BIBF（バンコク・オフショア市場）を通じてファイナンスカンパニーにより低コストで入り込んだり、非居住者外貨預金のかたちでタイの金融機関に流入し、こうした機関を通じて、株式投資に向かった

り、バンコク等主要都市におけるオフィスビル、コンドミニアムなど不動産部門に対する貸出が積極化されたりした。この結果、バンコクの地価は約30倍に、また株式の取引額は約100倍にものぼることとなり、資産価格のバブル現象を呈することとなった。

（7）政策の失敗

　タイでは、国内で、貨幣需要を上回る貨幣が供給され過剰流動性が現出することとなった。実質的に固定レート制度を採用しているため、貨幣の需給を反映した為替レートの自由な変動によって過剰流動性を吸収する変動レート制度の利点は活かされず、金融政策に裁量の余地がはたらかないことになる。通常、中央銀行が不胎化政策を採用して、国債の現先オペレーション（売りオペレーション）をすることで公開市場での過剰流動性を吸収することが先決となる。但し、タイでは、元々財政均衡主義に徹してきたことから、国債の発行残高が少なく不胎化政策の効果には限界があったほか、国債の売りオペレーションにより、金融引締めと同じ効果で金利が上昇すると、内外金利差が一層拡大し、外資をさらに呼び込み過剰流動性を膨らませる結果をもたらす惧れもあった。この結果、適切な金融政策を採れず各国ともマネーサプライが急増することとなった。因みに、1990～96年にかけて、マネーサプライの年増加率は、インドネシアで25％、韓国17％、タイ18％であり、また同期間、国内信用の年増加率をみると、インドネシア28％、韓国25％、タイ22％の伸びを示した。

　さらに、こうした国内信用の内訳から不動産向け貸出の占めるウェイトをみると1997年末において、インドネシア25～30％、韓国15～20％、タイ30～40％であった。ここで不動産投資は、わが国のバブル期にある程度主軸となった個人住宅投資というものではなく、オフィスビル、コンドミニアムなど都市部における不動産開発投資が主力である。また、不動産投資は、過熱する資産価値の上昇によって加速され、銀行の貸し付け担保もこうした価格上昇した土地が主体となっており、こうした膨らんだ資産価値を担保として益々土地投機に向かうスパイラル的な加熱投機の状況を呈した。

第1節 アジア通貨危機の分析 167

　銀行部門においては、比較的短期の資金を調達し、不動産開発投資など長期の貸付けに土地を担保にして貸出すというバランスシート上流動性リスクを抱える構造となった。マチュリティー・ラダーでいえば、資産・負債の満期ミスマッチが顕著となっていった。また、株式市場も投機していったが、銀行部門の株式保有も大幅に増え、株式価格が暴落した場合の市場リスクも高まることとなった。タイの銀行部門においては、外貨調達は国内に外貨建てで貸し付けたり、先物市場でヘッジするなどして為替リスクを回避することができたが、ノンバンクや一般企業は固定レート制度持続の予想の下、為替先物ヘッジを実施しておらず、自国通貨暴落の際には多額の不良資産を抱える為替リスクも負うこととなった。

　(第2-6表)は、3カ国(タイ、インドネシア、韓国)の1990～94年、1995～96年の外貨準備、短期対外債務残高の増加額を示している。ここで1995～96年の短い間にその前4年間の3倍以上の加速度的な増加を示していることがわかる。しかも、外貨準備の額を倍以上上回っているケースもあり、こうした短期債務がロールオーバーされず、回収されてしまった場合には、短期債務

(第2-6表)　アジア通貨危機以前の外貨準備額、短期対外債務残高の増加

単位：億ドル

	1990 ～ 1994		1995 ～ 1996	
	外貨準備額	短期対外債務	外貨準備額	短期対外債務
タ　　　　イ	220	193	379	444
インドネシア	110	62	172	228
シンガポール	420	n.a.	719	n.a.
フィリピン	50	94	49	72
マレーシア	190	42	264	83
香　　　　港	n.a.	n.a.	585	n.a.
中　　　　国	390	106	915	115
韓　　　　国	180	n.a.	290	532

出典：IMF Economic Outlook Data Base, World Bank Data Base

を返済するのに十分な外貨準備を蓄積していないことから極端な流動性危機に直面することは明らかであろう。

注[1] 本章で「アジア」という場合、主に韓国からインドネシアに至る東アジア地域を念頭に置いている。

[2] 自国の為替レートを購買力平価説に基づき、自国の物価水準と貿易取引諸国の物価水準（各取引国の貿易額で加重平均し算出）の比によって表わすもの。基準時点（この場合、1990年＝100）から上昇している場合、当該国の為替レートは、貿易関係からみて過大評価されているものとみることができる。逆に、100以下の場合は過小評価されていることになる。

[3] ここでアジアに含まれているのは、カンボジア、中国、フィジー、インドネシア、ラオス、マレーシア、モンゴル、ミャンマー、パプア・ニューギニア、フィリピン、ソロモン諸島、タイ、トンガ、バヌアツ、ベトナム、サモア、キリバス、北朝鮮、バングラディッシュ、ブータン、インド、モルディブ、ネパール、パキスタン、スリランカ、アフガニスタンである。

[4] タイでは、1990年代半ば、国内金利は12％、米国金利は5％であり、実質的にドルにリンク（1＄＝25バーツ）しているとすれば、為替リスクなしで7％の利益が確保できることになる。この結果、国家予算の10倍の1000億ドルが流入したとされる。

第2節 アジア通貨危機の発生と危機の連鎖的波及

(1) タイにおける通貨危機発生

タイにおいては、前節で説明したように、①米ドルと実質的にリンクした固定レート制度をとっていたために、95年春以降、米ドルの通貨価値上昇と合わせタイバーツは過大評価されたこと、②これが96年における輸出の減少や経常収支赤字幅増加につながったこと、③労働コストの上昇に対応した産業構造の転換が遅れ、通貨価値増加に見合った生産性向上を達成できず、むしろ後発の中国などの輸出品との競争にさらされ国際競争力を弱めていたこと、などにより基本的にはマクロ経済が不均衡となり持続不可能な状況になっていた（第2-7表）。

（第2-7表） アジア通貨危機発生後の各国通貨の為替レート変化率の言語

	変化率（％）			実　数（対ドル為替レート）				
	対97年6月末	対97年9月末	対97年6月以降最安値	97年6月末値	97年9月末値	98年6月11日	最安値(97年6月末以降)		変化率
タ　イ	△36.44	△6.92	42.82	24.7	36.17	38.86	98.1.12	55.5	△55.50
インドネシア	△77.38	△69.59	20.47	2431.9	326.9	10750	98.1.26	12950	△81.22
マレーシア	△33.36	△14.35	24.37	2.5249	3.2452	3.789	98.9.1	4.7125	△46.42
フィリピン	△33.40	△14.14	13.76	26.375	34	39.6	98.1.7	45.05	△41.45
シンガポール	△12.75	△6.77	9.24	1.4309	1.5289	1.64	98.1.12	1.7195	△20.13
台　湾	△16.69	△14.29	3.33	27.8	28.6	33.37	98.1.12	34.481	△19.38
韓　国	△38.38	△36.55	36.66	884.8	911.1	1436	97.12.23	1962.5	△54.91
香　港	△0.04	△0.15	0.01	7.7468	7.738	7.7497	97.8.29	7.7505	△0.005
中　国	0.14	0.07	0.17	8.2908	8.285	8.2789	97.7.15	8.293	△0.03

出典：外国為替等審議会「アジア通貨危機に学ぶ」98年5月15日現在の為替レート変化率

これに加えて、④為替・資本市場の規制緩和やバンコク・オフショア市場の開設、および先進諸国の低金利に比較して為替リスクなしの高金利が見込

めることから、短期外貨資金が大量に流入することとなった。この結果、タイの金融機関、企業の借入は、大幅に短期の外貨資金に依存する危険な構造となってしまっていた。

　こうした点を背景に、市場において、タイのマクロ経済のミスアラインメントが顕著であり、タイの実質ドルにリンクした固定レート制度は持続不可能であるとの予想が強まり、その過程で、ヘッジファンドなどの投資資金による先物売りも加わり、タイ・バーツの市場売り圧力が高まった。1997年5月に市場のバーツ売り圧力は急速に高まり、これにタイ中央銀行は買支えで応じたが、外貨準備は枯渇し、7月22日にタイは変動レート制度に移行することを発表した。この結果、短期の外貨資金は一斉に流出し、タイ・バーツは一気に下落した（1＄＝25バーツ→55バーツ）。11月までにチャワリット政権からチュアン政権にかわったものの有効な政策を打つことができず、結局、通貨・金融危機が国内に広がり、12月に発表された金融再建措置においてファイナンスカンパニー58社中56社が閉鎖、6銀行が国営化される事態に至った。7月29日に当時のチャワリット政権は、IMFに支援を求めたが、政権の不安定や近隣諸国の動揺を受け安定しない状況が続いたため、11月にIMFの支援パッケージが成立することとなった。

（2）インドネシア等近隣国への波及

　タイにおける通貨・金融市場の混乱は、インドネシア、マレーシア、フィリピンに数週間後には影響を及ぼし、また、3カ国に比べ影響は小さいものであったが、シンガポール、台湾、香港にまで及んだ。さらに10月以降には韓国に、翌年には、ロシアに波及し、ロシア・ルーブルの実質的破綻まで引き起こした。この通貨崩壊の連鎖は最終的には、ニューヨーク株式市場の世界同時株安にまでつながったが、米国通貨当局の防衛やG7諸国の通貨危機支援により何とかこと無きを得ることができた。しかし、こうした短期間で巨大かつ瞬時に市場間をシフトする市場の投機資金の存在が今回の通貨・金融危機の最大の特徴であり、「21世紀型通貨危機」と呼ばれる所以である。

　これらの国は、程度の差こそあれ、実質的にドルとのリンクをしており、

ドル高に伴い実質実効為替レートの上昇により、輸出競争力の低下が懸念されていたほか、輸出主導型の経済構造に関する輸出競争力の低下、上昇した労働コストを吸収し得る生産性の向上が伴っていない状況にあった。これに加え、為替・資本市場の自由化を契機に短期対外民間債務が流入し流動性リスクを抱える危険な状況にあった。但し、マクロ経済のパフォーマンスをみる限り、累積債務問題を抱え込んでいた80年代の中南米諸国やサブサハラ・アフリカ諸国と比較すれば、それほど悪化した状況にあるわけではなかった。むしろ、長期にわたり維持されてきたアジア諸国の経済は健全であるという市場の厚い信任が、ここにきて、適切な金融・企業の情報開示など透明性の欠如、政府・国際通貨基金の政策パッケージをアピールする弱さなどから、市場参加者のアジア諸国に関する不確実性を高めてしまい、その結果、一斉に短期資金が流出する事態に陥ったことが最大の原因であった。

但し、波及した国のなかでも、最も深刻な事態にいたったのは、インドネシアである。インドネシア・ルピアは、タイ・バーツ以上に急落し、この結果、民間の対外外貨建て債務額が膨らみ、これが対外債務返済能力に対する市場の信任を失わせ、外資は逃避し、さらにルピアが通貨価値を下げるといった悪循環に陥ってしまった。1997年10月には、外貨準備が危機的状況を迎え、IMFへの支援を要請する事態に立ち至った。

(3) 韓国への波及

1997年10月下旬以降、アジア通貨危機は、韓国に波及し、深刻の度合は深まっていった。アジアにおける通貨混乱によって不安定性を増した市場の動向が韓国における直接的な通貨危機の原因となったことは間違いないが、同国では、既に産業構造、金融部門に自由化とは相反する問題が噴出していた。①財閥主導の過剰投資とこれを支えた銀行の貸出債権の不良化が既に問題化していた。97年1月には、韓宝グループが破綻、7月には、起亜グループが破綻するなど財閥経営に行き詰まるものが出た。さらに、総合金融会社(ノンバンク)の短期外貨調達に基づく積極的な国内外での資金運用の失敗が顕著になってきた。こうした状況を察知した市場においては、東南アジアで発生

した通貨危機により投資資金の回収如何に敏感になっていたこともあり、早急に韓国から資金を回収する事態となり、8月から10月にいたるまで金融市場安定化対策を講じたが対応しきれず、11月にIMFに国際的な支援を要請するに至った。

(4) ロシアへの危機伝播

市場経済への以降後、マイナス成長を続けていたロシアは、1997年に入って、生産の下げどまりがみられ、インフレも収束してマクロ経済が漸く落ち着いてきたかに見えた。しかし、97年11月、韓国の流動性危機が表面化した際には、韓国企業が大量に保有していたロシア短期割引国債の売却の動きが表面化し、市場においてロシアへの不確実性が高まり、資本流出が始まった。これに対してロシア中銀は、公定歩合の引上げ、外為市場でのルーブル買支えなどを実施したが、金利の高騰は、巨額の財政赤字に対してロシア短期国債発行による財政収支のバランス継続に疑問をもたれる結果を招き、外国人投資家がロシア国債市場から資金を引き上げることを助長した。98年7月、IMFなどから226億ドルの支援を取付けるとともに、8月17日、緊急金融対策を発表し、①ルーブル対ドル目標相場圏の切下げ、②民間対外債務支払いの90日間凍結、③非居住者による投機目的のルーブル建て債券投資の一時制限、④99年末までに償還期限を迎える短期国債の新規国債への切り替え、などを打ち出した。しかし、これらの措置は、却ってロシア政府の国際的な信用を落とし、8月26日には、ロシア・ルーブルは取引停止となり、ロシアの金融危機は頂点を迎えた。ロシアの場合、巨額の財政赤字を高利の短期国債で調達していたことに加えて、この短期国債の3割程度が外国人投資家に保有されていたことで、財政赤字分を市場の動きに敏感な外貨資金で調達するというリスクの高い状況にあった。従って、通貨防衛のために公定歩合を引上げて高金利政策を採ったところで、却って、ロシア国債に対する償還懸念を助長するかたちとなってしまい、通貨防衛のための高金利は、国債の利払い負担を高めるとみなされ、高利回りを狙ってロシア国債に投資していた投資家がロシア市場から流出し、外国銀行からドル資金を借り入れ、ロ

シア国債で運用していたロシア国内銀行のなかには国債価格の暴落とルーブル切下げにより破綻するものも現れることとなった。

8月31日には、ロシアの金融混乱は、ニューヨーク株式市場のダウを512ドル下落させ世界同時株安の状況に陥った。9月には、米国の有力ヘッジファンド会社、ロングターム・キャピタル・マネージメント（LTCM）が対ロシア投資などで巨額な損失を被り、経営危機に陥った。こうした事態に直面した米国連邦準備銀行は、同ヘッジファンドと関係する大手金融機関の協力を仰ぎ35億ドルの出資を募り、破綻回避に努めたほか、信用収縮の懸念払拭のため、9月、10月、11月と3度にわたる利下げを実行し、市場の敏感な動きを牽制、世界同時株安から世界恐慌への伝播を何とか食い止めることができた。

第3節　IMFの構造調整策

　通貨危機発生直後、3カ国（タイ、インドネシア、韓国）に対し、IMFは支援プログラムを策定した。当初のプログラムの軸となったのは、大別すれば次の4つの政策に集約できる。①金融引締めなど総需要政策による為替の安定、②総需要抑制を財政面からサポートするための緊縮財政政策、③金融システム改革の推進、④貿易・投資の一層の自由化、である。しかし、こうした緊縮的な金融・財政政策を中心とする伝統的な処方箋の効果がなかなかでず、初期消火に手間取っているうちに次々と通貨危機が他国に伝播拡大する事態となった。巨大なグローバルマネーの移動により引き起こされる21世紀型の金融危機を前にしてIMFの伝統的な処方箋は必ずしもうまく機能しないのではないかという疑念が持たれることとなった。

（1）市場資金のシフトを食い止める実効性のある政策の欠落
　アジア通貨危機の状況は、それ以前の累積債務問題と比較して異なる特徴がある。まず、①アジア諸国のマクロ経済パフォーマンスは、為替レートの過大評価、経常収支の赤字傾向こそあるものの、それほどひどい状況ではなかった（第2-8表）。むしろ、②それまでアジアに投資されていた巨額な短期性外貨資本がごく短い期間に一斉に流出したことが最大の原因であった。従って、処方箋は、市場の信任を一挙に回復させること、資金流出を食い止め得るスピードと積極的実効性のある政策を打つこと、当該国政府とIMFとの協力が必要であった。

　しかし、まず当該国は、ギリギリまで自力で危機克服に努め、IMFの支援要請までに時間がかかってしまった。また、要請から支援プログラムの実施までにさらに1ヶ月を要してしまい、市場予想が当該国にとって不利な方向に向かい傷を深めてしまった感はぬぐえない。IMFと当該国との交渉の中で厳しいコンディショナリティの条件等でなかなか折り合いがつかず交渉妥

結に時間がかかったことは想像にかたくない。丁度、金融恐慌が発生した場合、中央銀行から破綻が懸念される銀行に特別融資を決定し迅速に行動してこそ預金者の預金引上げといった思惑からくる行動や金融機関の破綻の連鎖に立ち向かうことができる状況に酷似している。高度情報通信ネットワークで迅速に資金移動が可能であり、相当思い切った政策を迅速に決定し実行しなければ効果はないし、遅れれば遅れるほど事態は深刻化していくのは明確であった。

(第2-8表) アジア地域の通貨危機発生後のマクロ経済状況

	実質経済成長率			インフレ率			失業率		
	1997	1998	1999	1997	1998	1999	1997	1998	1999
タ イ	△0.4	△7.0	2.5	5.6	9.2	6.0	4.0	6.0	n.a.
インドネシア	4.6	△15.0	△3.5	6.6	80.0	27.0	5.4	15.0	n.a.
シンガポール	7.8	0.0	0.1	2.0	1.3	1.7	2.4	4.4	5.7
フィリピン	5.1	0.4	4.0	6.0	10.0	7.5	n.a.	n.a.	n.a.
マレーシア	7.8	△5.1	0.1	2.7	6.1	6.7	n.a.	n.a.	n.a.
香 港	5.3	△3.0	1.6	5.7	3.2	△2.4	2.2	5.0	4.0
中 国	8.8	6.5	6.0	2.8	△2.8	△0.5	n.a.	n.a.	n.a.
韓 国	5.5	△4.0	2.6	4.4	8.5	3.0	2.7	7.5	6.0

出典:「検証IMF経済政策」

(2) 伝統的な処方箋自体が抱える問題

(a) 高金利政策はアジアの景気後退を助長しなかったか

この場合、経済調整策においては、総需要抑制策により経常収支を均衡させ、同時に高金利政策を用いて海外への資本流出を食い止めることで為替レートを安定させようというところにある。これは、それまでのIMFの経済プログラムを踏襲した考え方により、市場の信任を得るためには、緊急的に総需要を引き締めつつ金利を高めに設定して資金の流出を止め為替レートの下げ止まりを図るところに狙いがある。しかし、これもケース・バイ・ケースである。高金利政策は、景気の冷え込みに拍車をかける可能性は高い。外

貨資本に大きく依存する金融構造であればあるほど、外貨資本の流出により国内は流動性不足に陥っており金利は高騰している状況にある。これに輪をかけるように金融引締めを実施するわけで金利は急騰することとなる(第2-9表参照)。この結果、個人消費、設備投資は急速に冷え込み、景気後退は深刻の度合を一層深めることとなる。

　通貨価値の下落により、金融機関、企業の対外債務残高は増大したことに加え、利子率が急騰したことによって債務額の支払い負担が増大する結果となってしまった。景気の落込みによる売上ダウンと金利負担の増大は、金融機関、企業の債務履行能力が低下し、信用リスクがさらに高まった結果、倒産に追い込まれるものも出ることになった。市場は敏感なもので、たとえ高金利で投資に旨みがあっても、当該国の景気後退の深刻度合、信用リスクの高まりは、外貨資金の対外流出を却って助長してしまう可能性もあった。

(第2-9表)　　　　　アジア地域の短期金利の動向　　　　　　単位：％

	1990～97平均	1996年12月末	1997年12月末	1998年7月末
タ　　イ	12.0	9.3	27.0	20.0
インドネシア	16.9	13.3	28.5	60.0
シンガポール	4.1	3.0	6.5	6.6
フィリピン	15.5	11.7	18.1	14.8
マレーシア	7.0	7.3	9.1	10.0
香　　港	5.9	5.6	9.4	9.0
中　　国	10.1	10.0	9.0	6.9
韓　　国	14.5	12.6	24.3	14.8

出典：「検証IMF経済政策」

(b) 当該国だけの政策プログラムに固執し、アジア諸国の緊密な関係に配慮した政策見通しを立てることができなかったか

　さらに、当初、当該国のみに発生した通貨金融危機は、やがて近隣国に波及していくが、これは、アジア各国の貿易・経済の相互関連が緊密であったことが要因である。従って、IMFは、1国の通貨急落がある程度長期間続く

とタイと貿易面で競合関係にある他の諸国に大きな影響を及ぼすことを重視していなかった感がある。すなわち、タイでは、97年中にタイ・バーツは半値近くまで急落することになるが、却って輸出財の価格競争力を高め経常収支はすぐに黒字に転ずることになる。しかし、タイとの輸出品に競合的な他の近隣諸国では貿易収支が却って悪化し、通貨もタイ・バーツに合わせて下落することとなった。IMFは、タイ、インドネシアにおける支援スキームを何度も修正することになるが、この1つの原因はプログラム策定にあたり、当該国のみを対象としその国に関連する東南アジア地域の相互依存関係を考慮にいれなかったからであると思われる。さらに、タイ、インドネシア、フィリピンと集中して金融引締め、財政緊縮政策のプログラムを策定し、実行に移したため、特定の国・地域における景気後退は、貿易・金融の緊密な結びつきを通じて相互に波及し相乗効果を持つことになる。この結果、東アジア全体の経済の状況が悪化し、その後の景気回復が長引くこととなった。

(c) 金融改革の手順に問題はなかったか

IMFの調整プログラムは、政策調整の面と構造調整の面を持ち合わせている。そして金融制度改革は、構造調整策のなかの優先課題とされる。市場の信任を得るために思い切った金融機関の閉鎖を打ち出すことは必要なことであるが、事前準備を怠ったり、金融改革の順序を間違うと却って取付け騒ぎ等を発生させ混乱を招くことになる。インドネシアでは、IMFの構造調整プログラムに従って、97年11月に16の商業銀行を閉鎖した。この時、預金保険機構は未整備であり、政府は預金者1口あたり2000ルピアまで預金を保証し、残りは銀行の清算が終了してから支払うと発表した。この結果、これらの閉鎖を公表された銀行から預金が急速に引き出され他の銀行への資金移転が発生した。中央銀行は、取付け騒ぎを抑えるためGDPの5%に相当する流動性を供給することに加え、インドネシア銀行再建庁を設立すること、98年1月にはすべての預金者、債権者を保証する計画を発表した。しかし、この結果、金融引締め政策の効果は薄まることとなってしまった。不良金融機関の閉鎖・営業停止を進める段取りとして、預金保険制度などのセーフティネットの枠組みをまず整備しておくことが先決であり、その上で市場

の信任を得るために思い切った処置を採ることが必要である。さらに国民経済への影響度合が大きいと考えられる場合には、金融機関を即時閉鎖とはせずにひとまず公的管理の下におく傍ら他の金融機関にも不良債権処理を進めさせつつ、増資、公的資本の導入を通して金融部門の改革を行うのがよいのではないだろうか。また、併せて金融機関の債権処理のスキーム、リスクに応じた債権分類、公的機関における銀行検査の実施、監査体制の整備、金融経営状況のディスクロージャー制度の導入など市場の信任を得るための肌目細かな政策対応が必要であると考えられる。

(d) 緊縮財政政策がそもそも必要か

IMFの経済調整プログラムの考え方は、緊縮財政を採ることにより、需要抑制効果を通じて経常収支を改善することであり、不良債権買取りや公的資本注入などの金融部門の構造改革に運用する原資を確保する狙いがあった。しかし、そもそもアジア各国は、特にタイ、韓国などは財政収支の均衡は保たれていたこと、また、対外債務の大半は民間債務であり、80年代の公的債務（ソブリン・ローン）が大半を占めた中南米諸国の累積問題発生のケースとは異なる対応を採ってもよかった。こうした国の公的債務の規模はGDPの約2％程度であった（第2-10表参照）。緊縮財政政策により財政の引締めも行き過ぎ、景気の後退を助長し民間部門の収益悪化、債務返済能力の低下を喚起し、市場の信任にも悪影響を及ぼすこととなった。緊縮財政の本来目指すべき目的は公的部門の再建にあるはずであるが、そうした目的はアジア諸国にはなく、経常収支の改善の間接効果を求められたにすぎない。また、プログラムの中にはGDP比1％以内との目標を設定してしまったため、景気後退による歳入の予想以上の落込みはこの数値目標の縛りにより歳出削減を余儀なくされる悪循環に陥ることにもなった。経常収支の回復は早かったが、輸出の伸びよりも、景気抑制が輸入を抑えた結果によると考えた方が妥当である。また、こうした緊縮財政の中身については、例えばインドネシアでみられるように、食糧・燃料の補助金など当該国の一般国民にとって生活のライフライン、社会的なセーフティネットに該当する財政支出項目まで歳出削減の対象に含まれたことは急激に国民の生活を脅かすものとなった。こうした

第3節　IMFの構造調整策　179

ことが伏線となって国民の暴動が頻発する事態にも至ったと思われる。

（第2-10表）　財政収支、経常収支、債務残高（対GDP比）　単位：％

	財政収支			経常収支			対外債務残高		
	1997	1998	1999	1997	1998	1999	1997	1998	1999
タ　　イ	△1.0	△3.0	△3.0	△1.9	12.0	7.8	62.9	77.9	57.1
インドネシア	1.2	△6.0	△6.0	△2.9	3.9	3.7	62.4	181.5	188.6
シンガポール	6.0	△1.0	△1.0	13.2	6.8	6.2	n.a.	n.a.	n.a.
フィリピン	△1.8	△2.5	△0.5	△5.2	3.5	6.4	62.3	79.7	73.5
マレーシア	2.7	△4.5	0.0	△3.9	9.3	8.1	43.3	66.4	67.9
香　　港	4.5	△3.0	△2.3	0.8	5.7	6.6	n.a.	n.a.	n.a.
中　　国	△0.7	△2.5	△0.5	3.3	2.1	1.0	17.3	17.0	17.4
韓　　国	1.0	△4.0	△4.0	△1.9	11.5	7.4	32.0	45.1	43.1

出典：「検証IMF経済政策」

(e) これまで資本の自由化を早急に求めすぎなかったか

　国際資本移動の自由化は、アジア諸国において90年代以後、急速に進められてきたことである。資本の自由化を促進し、資本取引規制に反対する考え方の根拠は次の様に整理することができる。
① 資本取引を規制することによって自国通貨に対する投機攻撃の根本要因であるファンダメンタルズ、金融部門の構造問題を改善できるわけではない。
② 資本自由化は、国内の金融政策の独立性を低下させるが、逆に国内政策に節度を持たせ、海外からの直接投資は技術移転や知識の向上を促す。
③ 資本流入は国内で入手できる資金を増大させるので国内投資に必要な資金を増やすことができる。また、所得の変動などに対しても、消費者は一定の消費パターンを維持しうる。生産者は生産・利潤の変動に対しても外国資本を利用することで対応することができる。
④ 国際資本移動の増大は、裁量的な金融政策の乱用を回避することができる。公開市場操作を通じた中央銀行のマネーサプライの抑制能力を高め、貨幣需要の変動や国内信用の変動に対応する柔軟性の高い金融政策手段の

発達を促し、間接金融政策への移行を促進する効果がある。
⑤ 外国資本の流入は、国内金融市場に競争原理を導入し、自国居住者がポートフォリオを多様化することを促す効果を持っている。

　一方、資本取引規制をやむをえないとする見解の趣旨を整理すると以下のとおりである。
① 資本が多額で瞬時に国際間を移動することで、国際収支が不安定化し、実質実効為替レートの変動が激しくなる。
② 国際資本移動による外的影響を抑制することにより、国内における経済安定化対策や構造改革を強化することが可能である。
③ 国際資本移動による攪乱要因を抑えることにより、金融政策の独立性を維持することが可能である。
④ 国際資本移動を自由化することは、マネーサプライの構成要素である純対外資産の変動を大きくし、かつ国内貨幣需要は国際金利格差に敏感に反応するようになる。貨幣需要は不安定となり、マネーサプライをターゲットとする金融政策の有効性を喪失する。
⑤ 国際資本移動を規制することで自国通貨を投機攻撃から回避することが可能である。
⑥ 巨額な国際資本に過度に依存することは避け、国内貯蓄の蓄積を促進したほうがリスクは少ない。
⑦ 国内貯蓄を促進し国内資本を充実させた後、金融取引の活発化に伴って流入する国際資本に課税することも一案。

　長期的に国際資本取引を自由化する軌道というのは曲げられないところであるが、今日の国際資本取引の内容は、情報通信技術の進歩、様々な金融新商品が開発されたなかで実施されるものであり、短期に巨額な資本が移動しうる。すなわち、リスクを伴ったアンカバーの金利平価が成立する状況にある。従って、投資家の期待が変化し自国通貨に対して投機的な売り圧力が加わると、その国は緊急対策として短期金利を急激に引き上げて自国通貨の減

価期待を抑制しなければならない。しかし、市場の信任を得られないまま金利の引上げ状態が長引けば、国内経済に景気引締め効果が現れ、生産の落込み、失業、銀行の不良債権を抱えるリスクが高まることになろう。

(f) 資本流入・流出に対する規制の実例

短期資本移動に規制をかける場合、入り口段階で資本の流入規制をかけ危機の未然防止を行っておくケースと危機に陥りそうな場合に出口段階で資本の流出規制をかけ緊急避難をするケースがある。

① **チリ：外国資本流入規制に関しては無利子強制預託制度を適用**

資本規制によりブーム（暴騰）局面において予め短期資本、ホットマネーの流入を抑制しておけば、バスト（暴落）局面で資本逃避が起きた場合でもショックは小さくて済む。但し、短期資本に絞ってのみ実施する。もし、資本移動が自由化されている段階で、自国がインフレ過熱ぎみであるとすれば、海外のホットマネーの流入により金融引締め政策の効果（自国金利上昇→内外金利差拡大→ホットマネーの更なる流入）は相殺されインフレ抑制は困難となる。しかし、予め資本流入規制をかけることにより自国通貨の過大評価を避けることが可能となる。

チリの強制預託制度は、89～90年にかけて内外金利差の拡大を背景にホットマネーの流入が急増したことがあったが、91年6月に外貨借入に対する強制預託制度を発効した。外貨流入額に対して一定の比率で中央銀行の無利子の預託金を置かせる制度で預託金は1年後に返還される仕組みである。外貨の対象は直接投資を除いており、短期の外貨流入のみが対象となった。この結果、1990年の純資本流入額はGDP比10.0%であったものが91年になると2.4%まで減少することとなった。

② **マレーシア：自国通貨が国外で取引されることを禁止して固定相場制度を維持するために資本規制策を導入**

(短期資本の流入規制)

マレーシアでは、まず短期資本の流入規制を実施していた。これは(a)国内銀行による対外借入の上限規制、(b)居住者から非居住者への短期金融商品の販売禁止、(c)国内銀行のリンギ建て非居住者勘定に対して一定比率で中央銀

行への無利子預託を義務づける。(d)国内銀行による外国人を相手方とする貿易外の為替スワップ、フォワード取引の禁止、である。この結果、マレーシアの民間資本の純流入額は（対GDP比）は93年17.4％から94年は1.5％まで減少した。また、地方企業、外資系企業の如何にかかわらず、500万リンギ相当額以上の外貨借入を行う場合には当局の承認を必要とし、外貨収入の裏付けがあることが承認を得るための基本条件とした。

（固定レート制度の導入と国外への資本流出規制）

　マレーシアでは、98年9月、フロート制度に見切りをつけ、固定レート制度を導入することとなった。これは、市場機能の効率性の信頼が揺らいだからにほかならない。1＄＝380リンギで自国通貨の対ドル交換レートを固定。これに併せて国外への資本流出規制をかけた。規制の第一のターゲットは、シンガポールを中心とするオフショア市場に存在するリンギ建て資金の価値を奪い国内に還流させること、貿易決済にリンギを使うことを禁止し、海外への外貨送金を規制することであった。オフショア・リンギ口座間の送金を98年9月30日から禁止すると発表したため、1ヶ月足らずのうちに107億リンギがマレーシアに還流することになった。また、マレーシアからの外貨流出の防止策として、海外への支払いは当局の承認を得ること、有価証券などのリンギ建て国内資産の売却代金を購入後1年以内に外貨に交換、外国への送金を禁止し、さらに、軟化する株式市場に対し公的資本による株の買支えを行い、通貨・金融危機の食い止めに全力をつくした。マレーシアは、短期資本の流入・流出規制により、金融財政政策にフリーハンドを得て短期的には通貨金融危機を乗り切ったと評価することができよう。

　以上の経験から、資本流入規制を採用するにしても、短期的な流入を抑制する目的で用いるべきである。あくまでも一時的、緊急避難的に行うことに限定するべきであり、投機期待が収まった場合には速やかに取り除くことを考える必要がある。アジアのように各国の金融・経済の緊密度合が高い場合、1国の資本規制が長引けば、こうした資本の規制がアジア地域全体に伝播し、資本取引の阻害による国際貿易・資本取引の発展を阻害することにもなりかねない。長期的には、プルーデンシャル規制の強化、銀行部門全体の健

全性維持、良好なマクロ経済ファンダメンタルズの持続、柔軟なマクロ経済政策採用の余地、不胎化政策の有効性を高めるための工夫、情報開示による情報偏在の解消などが必要となろう。

(g) 資本取引規制に対するIMFの従来の見解

資本取引規制に関するIMFの従来の考え方は、資本取引を撤廃することを歓迎し、直接投資の流入がより広範なマクロ構造改革にとって重要であるとし、資本自由化に対してはケースバイケースで対応していた。但し、ある程度、当該国の発展過程がスムーズな軌道に乗ってきた段階では資本取引の自由化を促すケースもあった。むしろ、重要なことは資本取引規制を自由化する前にマクロ経済の安定化、国内金融制度や市場の整備、金融商品の開発などを行うべきであるとすることである。

(h) 資本取引規制に対するIMFの新見解

IMFでは、今回のアジア通貨危機の経験を踏まえ、資本取引規制に関し、その自由化の速度と順序は、自由化によって得られる恩恵を最大化し、リスクを最小化するように決定する必要がある。資本取引の流入規制は、対外競争力がつくにつれ貿易収支が改善したり、国際的な信用を得、資本収支が改善するようになるにつれ徐々に自由化し、銀行や金融システムが強化された場合のみ資本自由化のペースを速めるべきである、としている。

(i) 資本自由化に関する議論

(賛成論)

スタンレー・フィッシャーは、「資本自由化とIMFの役割」において、国際資本移動の自由化に関する声明をし、IMFの役割について述べている。IMFにおいては、①経常勘定の交換性（財およびサービスの貿易を行うために外国為替を無制限にアクセスできる権利）を確保すること、②貿易の自由化を促すこと、これがIMFの中心的役割であった。これに加えて、資本勘定を自由化するためのIMF協定改正作業が進められていることを述べている。その最大の根拠は、加盟国の資本自由化は、貯蓄の地球規模での自由な効率的な配分を促し、資源を最も生産的な利用に振り向けることに役立ち、経済成長と経済厚生を高めることができるからである。個別国段階で考えれば、資本自由

化による便益は、投資可能な資金のプールの増加、国内居住者の外国資本市場へのアクセス機会が高まることを意味する。また、国際経済においても、資本勘定を開放することが各国の貿易と投資をファイナンスすることが可能となり、より高い所得水準を広げ、多角的な貿易システムを支えることができるというものである。また、国際資本移動は、ポートフォリオ投資の分散化の機会を拡大し、そのことで先進工業国、開発国の双方の投資家にリスク調整済み収益率をより高める可能性を与えることができるとする。資本勘定の自由化がもたらす潜在的な便益はそのコストを上回るとみられること、各国は、資本勘定の自由化に向けて十分準備しておく必要があること、各国は金融システムが資本勘定の自由化に適応するようにしておくこと、こうした資本自由化をめざすためのIMFの協定改定作業を進めることが必要であるとしている。こうした基本的な方針にアジア通貨危機の経験をどう活かすかということになる。①マクロ政策の枠組み：健全な政策的枠組みを確保すること、インフレを低め、財政収支のバランスを維持し経常収支を持続可能なものとすること、特に長期借入や海外直接投資によってファイナンスされる経常収支赤字は持続可能であるけれども主として短期資本収支によってファイナンスされる巨額な赤字は警戒材料になり得る。②金融部門の強化：銀行監督と健全性基準の改善、支払い不能に陥った金融機関に対する迅速な対応、③資本自由化の段階的な実行と規制の利用：外国資本の流出入に関する健全性規制の導入、銀行が外国通貨に対して買い持ちポジションをとっても一定の制限が確保されるような仕組み、また数量規制ではなく、外国預金に対する準備預金を求めるようなケースを設定しておくなどのルールを作り危険性を少なくする工夫をすべきとしている。こうしたなかで、IMFの役割とは、①IMFが知り得る情報の公開をする必要がある。こうした情報とは、当該国の中央銀行の公的準備に関する情報を含み、市場参加者に対して適切かつタイムリーに情報を与えていくことを目指すものである（後述する特別データ公表標準（Special Data Dissemination Standard）等を指す）。②市場の展開に関する適切かつタイムリーなサーベイランスを実施し、当該国の金融部門やその他の部門の脆弱性を前もって特定し警告を発する仕組みを強化すること、

③通貨危機発生の際、民間融資が途絶えてしまった場合、適当な保障の下にIMFの一般資金を緊急的に当該国に利用させる（韓国に対する補完的準備融資制度（Supplemental Reserve Facility）など）。こうした状況を踏まえ、IMFは協定を改定し、経常勘定に関する自由化の取決めである第8条、第14条に相当するものを設定し、資本移動の秩序だった自由化を進めるべきであるとしている。ここでは、長期的に資本勘定の完全な自由化を受入れること、暫定期間には、IMFが承認する過渡期協定を使用できること、新しい資本勘定に関する制限は、金融制度の健全性に何らかの理由、市場・金融機関の進歩の程度を反映する特定の場合のみ認められることが重要である、としている。総じて、国際資本市場から自ら切り離すことができる国はどこにもない。個々の国がその資本勘定を自由化していく過程のなかで秩序をもたらすのに役立つ法律や協定というかたちでIMF協定の改正を行うことは意義があるというものである。

（反対論）

　これに対して、リチャード・クーパーは、「資本自由化は望ましいか」という論文の中で次のように述べている。IMF設立以降、貿易の完全自由化を標榜してきたにもかかわらず、現在なお加盟国の3分の1にあたる60か国以上が第14条で規定されている「過渡期」の規定の下で経済運営を続けている。従って、資本勘定の完全な自由化を達成することができても、効率的な配分に繋がらない可能性を指摘している。それは、貿易に重大な歪みが存在している場合に資本移動の自由化を進めても、世界の資本を間違った配分に導き、しかも資本輸入国の経済厚生を悪化させる場合すらあるとしている。例えば、資本集約型産業を保護している労働力が豊富な国に対して、自由に資本が流入した場合、世界の資本ストックは間違って配分され、非効率な生産が行われる結果、国際価格で見た当該国の生産量は本来の均衡生産量に比較し減少してしまうことになるだろう。このように、世界規模での輸入制限が残存している場合、自由な資本移動は、「貿易障壁」、とりわけ労働力豊富な途上国で資本集約型産業の貿易障壁がなくならない限り、資源の効率的配分は達成できない。さらに、資本の配分が改善されるのは、適切な情報が利

用でき、投資家がそれを投資意思の決定を行う際にきちんと考慮できる場合に限られる。金融市場で、しばしばみられる「群集行動」(herd behavior) は、市場の判断が一方向に偏ってしまうことである。これは、1997年のタイにおける資本の急速な流出やこれに端を発する国際市場への伝染 (contagion) にもみられた特徴と言える。最も成功するトレーダーは、企業や国家のファンダメンタルズを正確に判断するのではなく、他の市場参加者が次に買いに走るのか、売りに走るのかを予想できる能力にあり、市場行動は常に「近視眼的」である。こうしたことから、国境を超えた資本の効率的配分にとって政策上障壁となっているその他の全ての要因を取り除くことが同時に確実に行われるかどうかにかかっている。資本移動に結果的に歪みを生じさせてしまう障害要因、規制要因をすべて取り除かなければならない。従って、十分に発達し高度化された金融市場を持つ大国で投資の分散が十分進んでいる国以外は自由な資本移動により効率性が高まる保障もないし、そもそも大国以外の国は資本移動の自由化と変動為替相場制度が両立し得ない。自国の通貨価値を永久に主要国通貨に固定するか、ある主要国通貨を自国通貨として採用する意思がないならば、少なくとも、何らかの種類の資本流入・流出に対しても法律上規制する権利を保障しておくことが理に叶っているとしている。

　自由化に関する順序付けの問題 (Sequencing) を提唱しているのは、ラドガー・ドーンブッシュである。貿易の自由化（財・サービス市場の再編）、資本の自由化（金融部門の再編に関して漸進主義を支持する考え方）に説得力はない。これらの自由化に踏み切る前に、存在する保護主義的な考え方を一掃し、銀行・金融システムの健全性規制や銀行監督が十分行われていることが重要となる。アジア通貨危機以前1996年段階で、東南アジアの主要銀行151行のうち格付けでC＋以上であったのは1割程度であった。こうした銀行の特徴は、投機的な貸し付けに走り、短期的な海外からの調達に大きく依存し、なかには外貨ヘッジしないケースも多くみられた。こうしたなかで21世紀型の金融危機が発生した時に、こうした銀行はゆるやかな死とならず突然死にいたるようなリスクを抱えていることになる、と主張している。

第4節　IMF 体制の修正と改革

(1) 従来のIMFの考え方

　IMFが、従来、途上国の構造調整プログラムの理論的フレームワークとしていたモデルは前述したフィナンシャル・プログラミング・モデルである (Polak. J.J.Monetary Analysis of Income Formation and Payments Problem, IMF staff paper vol.5, 1957)。J.ポラックは、1997年の論文 (The IMF Monetary Model at Forty, IMF working paper WP/97/49, April) のなかで、基本的には、当モデルはアジア通貨危機の状況においても耐え得るものであるとしている。これは、根幹をなす関係、例えば貨幣需要と輸入、GDPなどとの関係が変わらない限り、十分耐え得るとしている。但し、資本移動が巨額かつ短期的に集中して生じる状況下においては、期待の果たす役割、例えば、資本移動と利子率、予想為替レートとの関係、インフレ予想が為替レートに及ぼす影響などを重視しなければならないとしている。ポラック・モデルに対する反論は、S.エドワード (1989) によってもたらされたもので、1970年代を通じて計量経済学、時系列分析が進む中で、最もIMFが無視してきたものは、「期待の役割」と「金融市場の影響」であるとしている (Edwards. S. "The International Monetary Fund and the Developing Countries : A Critical Evaluation", Carnegie- Rochester Conference Series on Public Policy 31, 1989)。このなかでも、市場の信任 (credibility) が重要な鍵となってくる。IMFは、基本的には資本移動の自由化を推進してきた。それは、資本の自由な移動は、世界中の生産活動を自由にし、資源の有効配分を促進し、資産選択の多様性を高めることにより、安定的な消費を維持し、グローバルな成長と厚生増進に役立つからである。また、国際投資家は、経済政策の帰趨やその解決すべく課題をよく吟味する。さらに、資本市場を開放することで国内金融市場の発達を促がす。しかし、こうした資本市場の自由化による影響の程度が予見できない。また、資本市場の自由化といっても、広範に情報に関する非対称性が存在してい

る。しばしば、政府が資本市場の自由化を促しつつ、一方で自由化と逆行する政策を採用していたり、あるいは旧システムを自由化に併せて改善しておかなければならないところを先送りしている場合、資本の自由化を促すとむしろ危険な状況に陥るケースがあることは経験上明らかである。こうしたなかでは、資本の自由化に促して期を逸せず、自由化と逆行する旧システムは改善しておかなければならない。また、従来、適切な外貨準備額とは、輸入額の3ヶ月分程度を確保しておくという考え方がIMFにはあった (*An Independent and Accountable IMF* p.15)。しかし、今日の資本移動自由化の経済状況では、短期資本移動の流出入の規模および速度はこれをはるかに上回り許容できる外貨準備のレベルは十分ではなくなった。貿易収支（財・サービス）の均衡を中心に考え、資本収支はこれを補塡するものといった発想自体が時代遅れであるのかもしれない。また、為替レート制度をペグしていた時に投機的な攻撃を受けた場合、国内金利を急上昇させて資金流出をどこまで食い止められるか。こうした影響が国内経済に対して急速なブレーキをかけることになるかもしれない。この場合、市場参加者がこうした急上昇した金利を市場の実勢を反映したものと解釈するかどうかにかかっている。そうした判断が明確にされない限り、いくら金利が引き上げられても資本流出は食い止められないことになる。従って、市場の信任が得られないところでは、そもそも固定ペッグ制度を維持することが不可能ということになる。

（2） 金融機関の健全性の促進
① 情報開示と定期的な報告の義務

アジア金融危機を深刻化させた原因のひとつに金融機関の健全性維持が損なわれていたことが挙げられる。海外の短期的な資本流入を受けても健全性を確保し得る仕組みや、正確な情報に基づくグローバルな貸出市場での取引を円滑かつ効率的にするためには、情報開示とモラルハザードの抑制が必要となろう。銀行の経営状況に関する報告義務を課したり、モラルハザードの抑制を徹底することで海外の投資家に無用な将来の不確実性を常に排除し、資金の加速度的な逃避などを回避するための工夫が必要となる。特に、情報

開示については、IMF、各国政府を通して国内の各銀行に対して情報の開示を義務付けられているが、国際的に認められた会計基準を導入し、金融機関や関連企業の業務全般に関する連結財務諸表公表を適用することなどが肝要となる。また、信用貸出の分類や貸し倒れ引当金規則の遵守、銀行のバランスシート、財務諸表、資本所有者の構成、信用貸出先の分類、リスク管理対策、さらに、貸付資産のリスク状況、資産の満期別分類、外貨のオープン・ポジション、オフバランスシートの項目などを定期的に正確に報告させることが重要となる。

こうした状況の下、IMFでは、市場参加者の信任を得るためには、当該国の金融経済データ（外貨準備額や貨幣供給量など）について、Article IV コンサルテーションによって、市場参加者よりも当該国の実態を速く正確に把握できる立場にあり、こうした計数を基本的には積極的に公表することとした。市場参加者に対する当該国経済の透明性を確保することにより市場の信任を得ることができると判断したためである。これは、SDDS (Special Data Dissemination System) と呼ばれるものである。1994年のメキシコの通貨危機以降設立したものである。また、同システムを発展させてGDDS (General Data Dissemination Standard) を設立し、加盟国が同意すれば、経済情報を蓄積しておいて、誰でもアクセスすればアップデートされた情報を獲得できるものとした。しかし、現在、47カ国が了承しているにもかかわらず実際は完全な情報を得られるのは17カ国のみに止まっている。また、IMFの経済情報の公開を促進しようという動きがあり、例えば、Article IV コンサルテーションの報告書や付属書類の公開にも踏み出すこととなった。もちろん、これは当該国の同意を前提にするものであったり、この公開が当該国に打撃を与えるような場合は公開されないことになるが、透明性を打ち出す斬新な試みであると思われる。さらに、その他の重要な報告書、letter of intents, Memoranda of Economic and Financial Policies, Policy Framework Paper なども今後公開の方向を検討することになるようである。こうした重要な情報の公開が機を逸せず行われることは市場の透明性を確保するための有力な要因になると期待されている。

② モラルハザードの抑制

また、モラルハザードの抑制には次の内容が含まれる。①政府は債務超過に陥った銀行の業務停止を先送りしないこと、銀行業からの退出政策に関し一定の明確なルールを設定しておくべきこと、②銀行の資金調達費用が銀行のバランスシートの内容を適切に反映するように努めること、また、銀行の預金保険制度により小口預金者の保護を最優先すること、③政府による補助金や移転支出を受ける銀行に対しては、政府は予算のなかでこれらの費用を明確にすること、④中央銀行は「最後の貸し手」の役割を通しての流動性支援は、支払不能に陥っていないが流動性が不足している銀行のみを対象にする必要がある。中央銀行から債務超過に陥っている銀行に対する流動性支援は止めるべきもの考えられる。

③ プルーデンシャル規制と監督の強化

銀行のバランスシートの健全性を維持することが必要である。まず、自己資本比率の算定にはBIS（国際決済銀行）の自己資本の基準（Basle Core Principles）を遵守し、資産やリスクの適切な評価、オフ・バランスシート項目の導入を義務付けること。ある一国での銀行検査や銀行監督の仕組みが失敗すると他の国にも悪影響を及ぼす。国内市場を海外の金融機関に開放するということは、こうした機関に対しても銀行検査を実施し、そのhome countryのルールに従うということを決めておかなければならない。各国政策当局あるいは中央銀行がこうした銀行検査を実施しなければならないが、国際的な検査方法、評価の方法を含めて相当な経験と実務知識が必要となるであろう。銀行検査に関する方法は、内部検査により銀行独自が定期的に実施し自己管理に努めたり、あるいは、商法などで決められている外部監査によるチェック、および金融当局が実施する銀行検査などが挙げられる。こうした中でも、銀行が新しい市場経済のなかで自己資本の拡充に努め、様々なリスクに対応しつつ業務しているとすれば、こうした検査自体も新しい工夫を凝らし効果的に行われなければならない。特に、市場リスク、信用リスク、システム・リスク、事務リスクの効果的なチェク、オフバランスの資産・負債のチェックなどは高度な専門知識を必要とするものだけに、こうした専門知

識をもつ検査ノウハウに詳しい人材の育成や検査の制度的枠組みづくりが必要となろう。

④ 連結財務諸表を通じた関連企業の把握

過度の高リスクを伴う信用貸出を抑制するために、連結ベースで貸出の集中、関連企業への貸出、資産と負債の満期のミスマッチ、外貨のオープンポジションに関するデータの報告義務をつける。銀行本体ばかりでなく、関連ノンバンクなどがある場合、不良債権への融資を協同で実施していたり、あるいは関連ノンバンクに肩代わりさせ、一方でそちらのノンバンクに対して迂回融資を行っているようなケースが出てくるかもしれない。こうした信用のルートを正確に把握しておくためにも銀行を中心とする関連企業ベース全体での資産・負債をつかむ工夫が必要となる。

⑤ 流動性リスクへの対応

流動性比率を高めて預金者の預金引出しに対応できる体制を整えておく。緊急事態に対する対応策を予め準備しておくのが望ましい。市場の信任により銀行への預金が成り立っているとすれば、預金保険制度を設立しておき少額預金者保護の対策を採っておくことは当然のことであり、さらに預金引出しに対応するためには、流動性比率を高めておいたり、あるいは他の金融機関との間にクレジットラインを設定しておくことも必要となろう。さらに、中央銀行は「最後の貸し手」であり、緊急事態において、金融機関の連鎖倒産を防ぐためには、最後の貸し手機能を如何に発揮するか、この仕組みも重要である。銀行、企業が倒産した場合の法律的な措置をどうするか、「破産法」を詰めておくこと、「金融再生法」を制定しておき、破産した金融機関のなかの不良債権部門を特別な勘定に移管し償却する傍ら、よい資産を他の金融機関に受け継がせる仕組み、こうしたプロセスをとる間一時的に国営にしておく方法など、国の資金をできるだけ使わずモラル・ハザードを防ぎつつ、国の根幹の金融制度を維持しソフトランディングをし得る枠組みを作ることが重要である。

（3） 銀行部門の構造改革

　銀行部門においての構造改革を進めていくことが重要なポイントとなる。基本的には、資本の自由化を進めていく上で、予め受入国において準備されなければならないものが、資本の自由化に耐え得る銀行制度である。まず、アジア通貨危機により発生した破綻銀行や痛手を被り債務超過に陥ってしまった銀行に関しては、速やかに破綻処理を実施したり、国営化により債務処理を迅速に行うべきであろう。もちろん、銀行法や破産法などの法的手当てを実施しなければならないが、金融市場、国際金融市場におけるマーケットの信任に配慮してきちんと整備していかなくてはならない。さらに重要なことは、金融に関する健全性規制（Prudential Regulation）の枠組みを構築することである。健全性規制とは、金融機関の破綻の可能性を低下させるような経営方針を採らせるために、個別の銀行の資産・負債選択などに課せられる法的・行政的な制約の総称である。こうした健全性規制とは、①国際決済銀行（BIS）が銀行の国際活動のメルクマールとしている標準である自己資本比率規制、②銀行の外貨建て資産・負債の期間マッチングが異なるところからくる流動性リスクを回避するための流動性比率規制、③融資先を少数の先に限定することによって信用リスクが高まるので、これを危険分散するために行う大口融資規制、④外国為替に関する直物・先物の総合持高規制など、銀行のバランスシートに関する規制がある。さらに金融当局による銀行検査に関する明確な法律を作成しておくことが必要であろう。資産規模や銀行の評価に応じた検査期間の設定や検査評価の仕組み、銀行の資産内容のチェック、経営リスク、事務リスクのチェックに至るまで検査方法の詳細を詰めること、また、当該銀行に対する検査結果の伝達と改善点、および改善期限の設定、改善ができない場合の銀行への罰則規定などが必要となろう。さらに銀行検査の結果を差し障りがない範囲で公表することも必要かもしれない。銀行検査により明確になった弱点を繰り返しフォローすることにより、当該銀行が資産内容で改善した場合には、これも継続的に公表していくことにより個別銀行の評価を高め、強いては当該国の銀行制度に対する評価も高められるかもしれない。健全性規制のなかには、銀行の経営方針、資産内容（不

良資産の保有額、金融派生商品の取引額（想定元本ベース）、外貨建て資産額、負債額の種類別・期間別内訳、銀行・企業グループ間での資金の疎通など）の情報を積極的に開示していく仕組みが必要となろう。年次報告書への詳細な記載はもとより、株式市場に上場している企業に関する証券報告書、商法で取り決められているような決算報告書、株主総会で決済される決算報告の詳細なチェックなどが必要となろう。こうしたことの趣旨は、資本取引の自由化が前提となる世界では、市場参加者の期待、信任が最も重要なポイントとなり、この信任を得るためには経営内容に関する「透明性」を確保することが最も大切と思われるからである。こうした銀行部門の構造改革を包括的に進めていくことが重要である。

（4）IMFの調整策の修正

IMFには、アジア通貨危機の経験から以下の6つの点に問題があったと思われる。
① 従来からルーティン・ワークのサーベイランス、危機の未然防止に関し、迅速に危機発生に至るプロセスを把握するのに時間を要し、金融市場の影響を重視することを怠ったこと。
② 金融危機を回避するための必要な未然防止措置を採らせないまま、従来資本の自由化を促させたこと。また、同時に、固定レート制度の維持に関し、長期間固定レートを維持することの危険性を見逃してきたこと。
③ アジア通貨危機以前の近年の危機に対する経験があったとはいえ、危機の発生を予見することは、他の評価機関（S&P，ムーディース）同様、IMFもできなかったこと。
④ IMFは、加盟国の経済金融データを集積し、透明性を高めるために公開できる位置にある。従って、このデータの公表が有効であったかもしれない。しかし、このデータの公開については加盟国との信頼に大きく左右される微妙な問題を含んでいること。
⑤ Pre-qualification の問題、最近、新しい緊急融資（CCL）についても、これをそのまま発展させていくのかは、融資基準が曖昧であり、これを制度

化していくのは難しいこと。
⑥　どんなによいマクロ経済の状況でも欠陥のある制度・構造をもつ国においては経済自由化の制度自体を維持することは長続きしない。IMFにおいても、サーベイランス、プログラムを通して問題を抱える国に対して、こうした欠陥自体を改良強化するための権限と仕組みを欠いてきたこと。

　IMFの従来の考え方では、巨大な資本移動がしかも短期間に生じるような経済状況に適応できなくなっている。そこでは、市場参加者の期待や信用が重要な役割を果たしており、このため、市場参加者の心理をよく読んでタイムリーな対策を採っていかなければならない。状況分析は、より細かく、複雑な要因を考慮しつつ実施しなければならないことになる。特に、これまで考慮してこなかったセンシティブな問題点、銀行制度の改革のあり方、金融市場の整備の方法、為替レートの体制、コーポレートガバナンス、市場参加者や当該国政策当局への情報伝達の方法などである。こんななかで、特に、①フィナンシャル・プログラミング自体の改良、例えば、マネタリーサーベイを新しい時代に合わせていかに修正していくか、②固定相場制度下の多額の国際資本移動に対処するため、パフォーマンス・クライテリアとして、純国内資産の上限を引き上げるか、外貨準備に上限を設定するなどの新しい工夫をいかに実施していくか、③各国の経済政策に関する偏在を改善。各国の経済調整策の相互作用を念頭に入れて調整策を考慮していくか、④インフレーション・ターゲッテイングの採用（マネーサプライの中間目標にこだわる必要なし）などを検討することが重要である。

第5節　アジア通貨危機に対するわが国の対応

（1）日本のアジアにおける位置付け

　急速なグローバル化が進展する中で、アジアにおける経済の相互依存関係は深まりを強めている。今回のアジア通貨危機は、国際波及の経路をみてもアジア各国にほぼ同時期に発生し相互に波及していったし、一つの地域として運命共同体になりつつあることを示している。1980年代において、アジア経済の急成長をとげた要因として日本経済は大きな役割を果たしてきたと言える。日本企業においても80年代における円高傾向の持続や輸出主導型経済構造を改めるための一環として、東南アジアへの日本企業の生産拠点の移転等が進展し、アジア域内を活動範囲とした生産分業が急速に進展したと言える。同じように、アジア各国の金融自由化の進展により邦銀のアジアへの融資額、プロジェクトへの参加も増え、より経済への緊密度合を増したと言える。しかし、急速な発展において既存の経済の仕組みにおける歪みがそのまま助長されアジア通貨危機を惹起したとも言える。従って、今後ともわが国はアジア地域におけるヒト、モノ、カネ、情報の健全かつ自由な流れをベースに様々な分野で貢献していく必要があろう。

（2）カネの面のポイント

　通貨危機の重大な発生要因のひとつは、東南アジアの多くが国際的なドルの短期資金に過度に依存したことによる。短期資金は、従来は貿易決済のための金融に用いられ、これに加えて中長期の融資資金、長期の債券、株式型の資金の活用、直接投資が行われるのがよい。そこでは、あまり外国資本に過度に依存することなく、自国の貯蓄の活用を図ることおよび多くの資金融通ルートをつくることが必要である。すなわち、多面的なチャンネルをつくることにより、ひとつのルートのみに過度に依存することを避けるようにするのがよい。ここで、日本の進めている「円の国際化」がこうしたアジア諸

国にとって新しい金融チャンネルの構築に役立つとよい。例えば、円建て債券による資金調達、円資産の資金運用の途を拡充していくことは、アジア諸国の経済発展に対しても大きく役立つことであると思われる。このためには、アジアにとって使われる信任の厚い通貨になることが先決であろう。また、多面的な金融チャンネルを構築することは、他のアジアにおいて中長期的な資金の運用・調達ができるかどうかにかかっている。こうした国々で、国内に健全な債券市場を構築していくことが重要であるが、このための制度的な協力や資金活用などにわが国が協力することが期待されている。また、債券市場と平行して株式型の資金チャンネルのルートを構築するのも一案であろう。投資家がリスクをとりながら中長期的に資金を提供していくことにより、東南アジアの主要企業に対する株式型の資金運用から中堅・中小企業などのベンチャー型の企業に対する投資ファンドの活用まで幅広く資金流通が可能となろう。こうした各国の債券市場、株式市場が連携しグローバルな東アジア市場を形成していくことは21世紀のアジアの発展にも不可欠なものと思われる。

　アジア通貨危機の原因のひとつは、域内諸国の資金調達の脆弱性であり、今後、通貨危機の再発を防ぐためには、新興市場において金融システムを強化すると共に、先進国から大規模な資金移動がある場合にこれを常時モニターし、状況に応じて適時適切な対応がとれるような早期警戒システムの構築が考えられる。また、各国の金融機関はもとより、企業においてもグローバリゼーションの実態に合わせて、企業会計を国際標準に合わせるよう推進していくことも必要となろう。

（3）モノづくりの伝統重視

　アジアの存在意義はモノづくりにあるのであって、短期資本が当該国の不動産や株式投資のためのマネーゲームに費やされ、バブル的な経済活動に翻弄されることは世界的な経済効率化からいってもコストが多いと言わざるを得ない。アジアの今後の発展においても、現在ある「モノづくり」の能力をさらに磨き世界に貢献していくことがよい。このためには、モノの生産に携

わっている人的資源の能力の維持発展、一般労働者ばかりでなく、高度な知識・能力をもった技術者、経営管理能力のある経営者を輩出していくことが必要であろう。今回のバブル期においても技術系や管理職レベルを中心とした人材不足や経営マネージメントが不足していたために資金調達ができなかったケースなどがみられた。単なるモノづくりから、高度な技術の習得、活用、経営管理能力まで幅広い分野にまで高いレベルが求められることとなろう。

　こうしたなか、今後とも外資や外国からの技術導入の果たすべき役割は大きい。わが国からの製造業においても1980年代に生産拠点を移した製造業はバブル期を経験しつつも現地に踏みとどまって生産を続けていく企業も多い。長期的な観点から、日本の製造業は、引き続きアジアの経済発展に果たす役割は大きいものと思われる。このほかには、アジア全体の自由貿易の強化が必要となろう。アジアで大きなウエイトを占めている日本の市場がより開放的になり、広範囲に裾野を広げ厚みを増すことによってアジア地域の水平分業化を推進し更なる発展への展望も開けてくることとなろう。

（4）人的資源の重要性

　ヒト、モノ、カネ、情報のなかでアジアの発展の鍵を握る最も重要な要素は、ヒト、すなわち人的資源である。特にアジアの産業の大半を占める中堅・中小企業における人材の育成は、今後のアジアの発展の鍵となる。この人的資源の対象分野は、企業自身の個々の技術向上のみならず、法務、会計、販売、マーケッティング等のソフト分野における人材の育成など幅広いものとなる。この場合、わが国からの従来型のアジアに対する貢献とは資金（カネ）であり（当節末のわが国の資金援助を参照）、金額からいっても、他国の追随を許さない。モノ、カネ、情報、ヒトの交流のなかで最も遅れているのがヒトの部分であると言っても過言ではない。アジア諸国とわが国との経済的な相互依存関係が深化するなかで、最も実施しやすい人的援助は、国際的な事業展開を行っていく上で、現地の従業員や下請けの取引先を対象とした人的資源のレベル向上であろう。わが国、およびアジア諸国の企業における活力、企

業活動のインセンティブを念頭に置きつつ、企業内教育により、人的資源の向上を目指し、市場メカニズムに基づく効率的、効果的な人材育成への協力を実現していくことが重要である。この場合、工業製造技術の高いレベル、会計知識、管理運営能力も含めて意欲のあるアジア諸国の人々には、日本企業と取引しようという人々、あるいは日本企業を誘致しようという現地企業を幅広く捉えて交流を高めることが有益である。また、現地の実情をよく認識し実情をよく踏まえつつ、当該国の長期見通しに立った、例えば自然環境への配慮、現地の文化に即した人事管理・登用制度を実施することが大切である。

現在、わが国では、高齢化社会に突入していく一方、終身雇用制度は崩れつつあり、長年にわたり製造業の現場で活躍してきた多数の技術者が第一線から退きつつあるが、こうした層の持っている優れた技能を退蔵してしまうのは惜しい。依然として健康であり、まだまだ十分働ける状況にあるのであれば、こうした技術者の技能をアジアの若い技術者に伝授するかたちでヒトのグローバル化における貢献を果たしていく方法がある。例えば、国際協力事業団（JICA）の「シニア・ボランティア制度」のようなものであり、現地で組織的人材育成を実施しようとするならば、単独で派遣するのではなく、「シニア・ボランティア」を有機的に組み合わせてグループとして派遣するべきである。

人材交流は長期かつ多種多様な分野で相互に行われなければならない。若い世代（高校生）から留学生を受入れ、留学生を派遣し、相互理解を深めることのほか、多様性に富んだ文化、価値観の交流により、21世紀に新しい文化や価値観を創出させ、経済ばかりではなく文化の発展にも寄与していく可能性は高い。この相互理解、連帯感の強化のためには、現在以上に積極的に交流のルートを整備拡充していく必要があろう。

(5) 情　　報

情報のグローバリズムが進展する中では、アジア通貨危機においても対応に遅れをとったために、危機の深刻度合を高めたこともあり、早急な対応が

望まれる。国際金融の分野では、自由化を推進する国においては金融情報システムのネットワークの構築は不可欠であり、市場相互間を高度情報ネットワークで結びつつ、システミック・リスクを防止する仕組みも整備する必要があろう。アジアにおいては、各国中央銀行では即時決済システム（Gross Settlement System）の構築が進みつつある。中央銀行を中心とした資金決済システム、銀行間の資金振込み、資金振替えシステムが構築され、しかも国境を超えて安全に決済されることができれば資金の流通がさらにスムーズになり、しかも安全で低コストな資金移動が可能となる。まず、資金移動に関するきちんとした仕組みを構築することが必要となろう。また、これに加えて、低コストで利用できる国際的な情報通信システム、情報のやりとりから、商品・サービスの受発注、請求・納入、決済まで一貫した高度情報通信システムが構築できるとよい。

（6）わが国のアジア経済危機に対する支援の具体的な内容

97年7月のアジア通貨危機発生以降98年11月末までに日本が表明したアジア支援額は以下のとおりである（日本外務省）。

① **IMFを中心とした国際支援パッケージへの貢献**
・タイ：40億ドル（97年8月、輸銀のアンタイド・ローン）
・インドネシア：50億ドル（97年11月、第二線準備）
・韓国：100億ドル（97年12月、第二線準備）

② **国際機関（日本特別基金）を通じた支援（約2300万ドル）**
世銀、アジア開発銀行が実施するアジア各国における金融セクター改革等に係る技術支援に対する資金供与
・世界銀行：15億円（約1150万ドル）
・アジア開発銀行：15億円（約1150万ドル）

③ **アジア通貨危機支援資金（約30億ドル）**
保証と利子補給等の機能を通じて通貨危機に見舞われたアジア諸国の円滑な資金調達を支援することを目的にわが国の資金拠出により創設。アジア開発銀行により管理・運営される。

- 利子補給・技術援助：75億円
- 保証：3600億円（国債拠出）

④ わが国独自の支援（分野別）（約430億ドル）

（イ）民間企業活動支援及び貿易金融の円滑化（約310億ドル）
- 輸銀融資：約110億ドル

  ツー・ステップ・ローン：タイ向け6億ドル相当円、インドネシア向け10億ドル相当円韓国向け10億ドル相当円

  日韓首脳会議で表明：韓国向け30億ドル相当円

  日本・ASEAN首脳会議で表明：タイ向け7.5億ドル相当円、マレーシア向け5億ドル相当円

  投資金融による在アジア日系企業支援：約26.5億ドル

  日・フィリピン蔵相会議で表明：フィリピン向け5億ドル相当円

  韓国産業銀行向け：10億ドル相当円

- 貿易保険：約130億ドル（平成8年引受実績）を念頭においた短期貿易保険の引受維持海外事業資金貸付保険クレジットライン20億ドル
- 短期金融ファシリティ：最大限50億ドル（韓国）

（ロ）経済構造改革支援（約107.7億ドル）
- 円借款による経済構造改革支援

  緊急特利（1％）の創設（平成10年度）

  経済復興・社会SPL（タイ）300億円

  メトロマニラ大気改善セクター開発計画（フィリピン）363億円

  ソーシャル・セーフティ・ネット借款（インドネシア）452億円

  経済改革支援借款（ベトナム）200億円

- ノンプロジェクト無償資金協力による支援

  フィリピン20億円、ラオス30億円、タイ20億円、インドネシア30億円、ベトナム45億円

- 円借款によるインフラ整備及び農業・農村等支援

  社会投資計画（タイ）：134.12億円

地方開発・雇用創出・農業信用計画（タイ）：183.60億円
バンコク地下鉄建設事業（タイ）：233.43億円
農地改革地区総合農業開発事業（タイ）：36.17億円
地域開発事業（タイ）：36.02億円
農業セクター・ローン（タイ）：360億円
ペリスダム建設計画（マレーシア）：97.37億円
パハン・スランゴール導水計画（マレーシア）：10.93億円
ポートディクソン火力発電所リハビリ計画（マレーシア）：490.87億円
地方上水道整備計画（フィリピン）：9.51億円
ボホール潅漑計画（フィリピン）：60.78億円
農地改革インフラ整備計画（フィリピン）：169.9億円
幹線道路網整備計画（フィリピン）：153.841億円
コルデイレラ幹線道路整備計画（フィリピン）：58.52億円
日本・フィリピン友好道路修復（フィリピン）：74.34億円
幹線道路橋梁回収計画（フィリピン）：50.68億円
海上安全整備計画（フィリピン）：47.14億円

・円借款によるその他の支援
工業部門強化（タイ）：120.94億円
交通企画管理計画（タイ）：41.48億円
中小企業育成基金計画（マレーシア）：162.96億円
工業・支援産業拡充計画（フィリピン）：353.50億円
産業公害防止支援政策金融計画（フィリピン）：205.29億円
ピナツボ火山災害緊急復旧計画（フィリピン）：90.13億円
パッシグ・マリキナ川河川改修計画（フィリピン）：11.67億円

・円借款案件の円滑な実施を確保するためのローカルコスト支援
タイへの既往案件内貨融資：364.13億円

・インフラ整備推進
輸銀融資の活用：480億円（マレーシア）
輸銀保証の活用：5億ドル相当円（フィリピン）、7億ドル相当円（マレーシア）

貿保険の活用：約5.6億ドル（マレーシア）、約5億ドル（タイ）
・輸銀融資による構造改革支援：最大6億ドル（タイ）、6億ドル相当円（フィリピン）、15億ドル相当円（インドネシア）
・政策アドバイザー派遣（インドネシア、タイ）

（ハ）社会的弱者支援（約1.8億ドル）
・円借款セクター・プログラム・ローンの見返り資金及びノンプロジェクト無償資金協力及び見返り資金による社会的弱者対策
・インドネシアに対する医薬品等購入のための緊急無償援助（約40億円）
・インドネシアに対するコメ支援：政府米70万トンの貸付および貸し付け米の輸送費支援（約110億円）
・インドネシアに対する食糧増産援助（14億5000万円）
・NGOと連携しつつ、人道・医療・保健対策等の支援を行うための開発福祉事業
・保健・栄養セクター開発プログラム融資（インドネシア：円借款352.8億円）
・ソーシャル・セーフティ・ネット・プログラム融資（インドネシア：円借款3億ドル相当円程度）
・貧困地域中等教育拡充計画（フィリピン：72.10億円）

（ニ）人材育成支援（約2.4億ドル）
・「日・ASEAN総合人材育成プログラム」
・経済の持続的発展に資する分野の行政官・地方行政官・民間実務者等の育成（5年間で2万人）を推進
・平成10年度計画において、JICAベースで追加的に1000人の緊急人材育成支援を実施（約26億円）
・平成10年度において、海外技術者研修協会（AOTS）が追加的に1000名以上の研修生受入れを実施（20.7億円）。また、産業の中核を担う人材に対し1万人規模の現地研修を実施（28.2億円）
・円借款を活用した人材育成支援
　タイ：産業人材育成センター建設事業25.73億円

マレーシア：サラワク大学建設計画 185.49 億円
（ホ）留学生対策
- 当面1年間の政府派遣留学事業継続のため緊急無償援助を実施（マレーシア 424 万ドル、タイ 95 万ドル）
- 優遇された条件の円借款を活用した留学生支援（マレーシア：東方政策 140.26 億円、高等教育借款基金計画 52.85 億円）
- 東南アジア諸国及び韓国からの私費留学生を対象に、平成9年度に一時金5万円を支給（3億円）
- 平成10年度において、東南アジア諸国及び韓国からの私費留学生向け奨学金の支給及び留学生宿舎建設奨励金の交付（32 億円）

（ヘ）ASEAN 基金への拠出「連帯基金」（2000 万ドル）
社会的弱者救済・貧困の改善に資する ASEAN の開発戦略の支援、地域的プロジェクト発掘等のため、ASEAN 基金に 2000 万ドルを拠出。

参 考 文 献

河合正弘［1996］「アジアの金融資本市場」日本経済新聞社
荒巻健二［1999］「アジア通貨危機とIMF」日本経済新聞社
滝井光夫、福島光丘［1998］「アジア通貨危機」日本貿易振興会
白井早由里［1999］「検証IMF経済政策」東洋経済新報社
原田泰［1999］「図解アジア経済」東洋経済新報社
スタンレー・フィッシャー［1999］「資本自由化とIMFの役割」『IMF資本自由化論争』岩本武和監訳　岩波書店
リチャード・クーパー［1999］「資本自由化は望ましいか」『IMF資本自由化論争』岩波書店
ルーディガー・ドーンブッシュ［1999］「資本規制は時代遅れの考え方」『IMF資本自由化論争』岩波書店
奥田宏司［1989］「途上国債務危機とIMF、世界銀行─80年代のブレトンウッズ機関とドル体制」同文館
高橋琢磨、関志雄、佐野鉄司［1998］「アジア金融危機」東洋経済新報社
長岡貞男［1992］「IMF型改革プログラムと構造改革」『経済セミナー増刊IMFロシア・レポート』日本評論社
平田潤［1999］「21世紀型金融危機とIMF」東洋経済新報社
大蔵省［1999］「アジア通貨危機に学ぶ」外国為替等審議会、アジア金融・資本市場専門部会報告書
外務省［1999］「アジア経済再生ミッション報告書」
J.D.Gregorio, B.Eichengreen, T.Ito, C.Wyplosz [1999] *An Independent and Accountable IMF*, Geneva Reports on the World Economy No.1, Center for Economic Policy Research
Calvo, G., L.eiderman and C.Reinhart [1993] "Capital Inflows and Real Exchange Rate Appreciation in Latin America：The Role of External Factors", IMF Staff Papers 40
Chinn, Menzie[1997] "Before the Fall：Were East Asian Currencies Overvalued" NBER Working Papor No.6491
Eichengreen, B.Rose A.K.and Wyplosz C. [1996] "Contagious Currency Crisis" NBER Working Papers Series No.5681
Edwards S.[1998] "The International Monetary Fund and the Developing Countries：a Critical Evaluation", Carnegie-Rochester Conference

参 考 文 献　**205**

　　　Series on Public Policy 31
Ito, T.and Richard Portes [1998] *Dealing with the Asian Financial Crisis*
Polak J.J. [1957] "Monetary Analysis of Income Formation and Payments Problems", IMF Staff Papers vol.5
Polak J.J. [1997] "The IMF Monetary Model at Forty" IMF Working Paper WP/97/49 April
IMF [1993 April] *Articles of Agreement*
IMF [1995 August] World Economic and Financial Surveys, International Capital Markets Developments, Prospects, and Policy Issues"
IMF [1998 January] "IMF Supported Programs in Indonesia, Korea, and Thailand : a Preliminary Assesment"
IMF [1998 March] "Reflection on the IMF and the International Monetary System"
IMF [1998 April] "The Asian Crisis,the IMF, and the Japanese Economy" by Stanley Fischer
IMF [1998 May] "The Asian Crisis : Origin and Lesson" by A.D.Quattara
IMF [1998 September] "International Capital Markets : Developments, Prospects, and Key Policy Issues"
IMF [1999 January] "The IMF's Response to the Asian Crisis"
IMF [2000 June] "Exchange Rate Regimes in an Increasingly Integrated World Economy"
IMF [2000 June] "Recovery from the Asian Crisis and Role of the IMF"
World Bank [1998 September] *East Asia : The Road to Recovery*

第3章
欧州通貨統合の課題

はじめに

　欧州の経済通貨統合は長年の紆余曲折を経ながらも、1999年1月に単一通貨であるユーロを導入するに至った。こうした一連の流れは、政治面において、第一次、第二次大戦の反省を踏まえ、過去の戦争を二度と繰り返さないという政治的安定・秩序への希求や、経済面において欧州統合を促進させ、共通通貨の創設により加盟国の個別為替リスクの回避および欧州域内の経済安定と活性化を図りたいとする強い願望に由来している。

　EUの経済統合は、石炭、鉄鋼、農業政策などの分野、1952年に発足した欧州石炭鉄鋼共同体（ECSC）、1958年に発足した欧州経済共同体（EEC）、欧州原子力共同体（EURATOM）など個別実態面から各国間の利害調整のための機関を出発点としている。また、通貨制度では、1970年代、ブレトンウッズ体制が崩壊し米ドルの単一基軸通貨体制が揺らぐ中、欧州各国の通貨価値を安定させるため「共同フロート」の試みや、欧州通貨制度（EMS）発足により通貨統合への道を強めていった。こうした経済通貨統合の流れは、紆余曲折を経ながらも1990年代から一段と強化され、1990年7月から3段階に分けて進められてきている。

第1段階：域内市場統合のため、ヒト、モノ、サービスの移動促進と中央銀行総裁会議の機能強化（1990/7月～1993/12月）
第2段階：マクロ経済政策の協調強化、特に経済収斂基準の達成および欧州通貨機構（EMI，欧州中央銀行の前身）の創設（1994/1月～1998/12月）
第3段階：経済通貨統合の促進、単一通貨ユーロの導入、欧州中央銀行制度（ESCB）による金融政策実施（1999/1月～2002/12月）

　現時点では、単一通貨の導入を果たしており、実際のユーロの銀行券・硬

貨への全面切り替えは、2002年1月からとなる（第3-1表参照）。

本章の目的は、まず、現在のEU通貨統合の状況が、従来から提唱されている「最適通貨地域の理論」の主要な条件および新たに付加されるべき条件と照らし合わせたときに、果たしてEU加盟各国にとって利益をもたらすものなのかどうか、もし十分でない条件があるとすればどんな点にあるのかといったことを、できる限り実態的な側面と照らし合わせ整理することにある。次に、金融・財政政策の政策効果を考え、EU全体に統一した政策を効果的に波及させる際に検討するべき問題点を取上げる。最後に、世界全体に機

（第3-1表）　　　　　　　　欧州通貨経済統合の経緯

	経済通貨同盟	市場統合	政治同盟
1952. 7	欧州石炭共同体(ECSC)設立		
1958. 1	欧州経済共同体(EEC)発足 欧州原子力共同体(EURATOM)発足		ローマ条約発行
1967. 7	欧州共同体(EC)再編成		
1968. 7		EC関税同盟	
1970.10	ウエルナー・レポート発表		
1972. 4	スネーク制度導入		
1973. 3	スネーク制度トンネルより離脱		
1974. 4	スネーク制度実質崩壊		
1979. 3	欧州通貨制度(EMS)発足		
1985. 6		域内市場白書発表	
1987. 7	欧州通貨同盟(EMU)がローマ条約に織り込まれる。	単一欧州議定書発効	欧州政治協力（EPC）がローマ条約に織り込まれる。
1989. 4	ドロール・レポート発表		
1990. 7	EMU第1段階開始		欧州社会憲章明文化
1992.12			欧州政治同盟（EPU）
1993. 1		EC市場統合	
1993.11	マーストリヒト条約発効		
1994. 1	EMU第2段階		
1999. 1	EMU第3段階		
2002. 1	従来の個別国通貨回収実施		
2002. 7	ユーロのみ流通		

出典：「ユーロを読む」長銀総合研究所

能する国際通貨システムを考えた場合、共通通貨EUの果たすべき役割と問題点についての検討を行うこととしたい。

第1節　最適通貨地域の理論のEU金融経済への適用

(1) EU共通通貨の捉え方

　EU共通通貨の導入が欧州加盟国にとって果たしてメリットがあるものなのかどうか、どんな条件を満たせば、単一通貨ユーロ導入のメリットを活かすことができるのか。こうした疑問に対して、R.マンデル、R.マッキノン、P.ケネンによって提唱されてきた従来からの「最適通貨地域の理論の基準」、およびP.クルグマン、M.オブストフェルドなどの最近の考え方を取上げ、実際の状況と照らし合わせて吟味してみることとしよう[1]。まず、通貨制度の選択は、①各国が変動レート制度を採用し、基本的には各国の自由な経済状況に任せ、かつ各国に経済調整の余地を残しておき対外不均衡は自由な為替レートの調整に委ねるほうがよいのか、②域内の各国に共通通貨を導入し為替変動を安定させ方がよいのか、ということになる。共通通貨導入、変動レート制度の採用のどちらが域内の加盟国にとってメリットがあるか、デメリットとなるか、どういう条件の下でメリット、デメリットが生じてくるのかという観点から、問題点を整理してみよう。

　まず、共通通貨の導入のメリットとして、「貨幣的効率性の利益」が高まると考えられる。これは、域内各国の通貨価値が変動することなく一律の共通通貨となることで、安定した通貨価値の下で何らの為替リスクを被ることなく経済・貿易活動をすることができることを示す。この場合、①加盟国間の為替相場がなくなることにより、通貨の両替手数料や為替リスクに関する調整コストを節約することができる、②いちいち為替相場での換算をなくすことができれば、加盟国のクロスボーダーでの価格の透明性が増し、この結果、企業間の競争が増し生産性の効率が高まることになる。

(2) 経済統合の緊密度合

こうした貨幣的効率性のメリットを享受する場合、「最適通貨地域の理論」が示唆する第1の条件は、1国が共通通貨を持つ領域内の各国との間で経済が実質的に統合している度合いが強ければ強いほど、その国がこの領域共通通貨を採用することで通貨交換に伴う取引コストの削減や領域内の価格の透明性が高まり、貨幣的効率性のメリットが大きくなるということである。

EU加盟諸国の大半は、自国生産物のGDPの大体10～20%を他の加盟国に輸出しているが、この数字は、アメリカ合衆国域内の地域間取引に比較すると低い数字となっており、アメリカほど域内の経済統合の度合いが緊密であるとは言えない。しかし、EU加盟国 (15か国)[2] の域内貿易額に限ってみると、輸出・輸入ともEU域内の取引（加盟国内貿易）が全体の6割以上に達している（輸出61.7%、輸入62.1%　1997年、EURO Statistics調べ）。また、欧州委員会によると、共通通貨を導入することにより、域内のGDPの約0.5%程度もの通貨交換コストを節約できるとの試算もあり、これまでの欧州域内の貿易制限撤廃の努力や共通の農業政策での調整努力からして貨幣的効率性のメリットはあるものと判断できる。

(3) 生産要素の移動性

第2の条件は、資本、労働力といった生産要素の域内移動性が高いほど、貨幣的効率性の利益は高まるということである。ある1つの共通通貨領域内において非対称的な実物ショックが発生した場合でも、生産要素の移動性が高ければ、実物ショックを吸収することができる。すなわち、ある国（地域）において生産物に対する需要シフトが起こり、この国が対外不均衡に陥った場合でも、生産要素である資本・労働力の移動性が高ければ、この生産要素価格の上昇した国に共通通貨領域内の他国（他地方）から資本移動や労働力の流入が起こり、この国の対外不均衡は調整可能となる。しかし、資本・労働力の移動が制限されている場合には、こうした調整機能がはたらかない。このような生産要素の移動に制限がある場合には、むしろ各国が変動レート制度を採用したほうが望ましい。この場合、当該国の為替レートは通貨価値が

上昇する方向に動き、需要シフトの生じた財の相対価格を不利化させ需要を減退させることにより対外収支不均衡を調整することができるからである。

(a) 資本の自由化

欧州では、1985年6月に欧州委員会が300項目の提案からなる「地域市場白書」を発表し、1992年末までに「域内市場統合」を完成させるという目標を掲げた。この時点で、EU域内に残存する貿易障壁、資本移動障壁、労働力移動障壁を完全に撤廃することを目指した。1987年に発効した「単一欧州議定書」(元々の土台だったローマ条約を改定したもの) においてEU加盟諸国は、上記白書に掲げられた1992年目標を達成するため、重要な政治段階へ踏み出した。その中で最も重要な点は、「市場統合完遂のために採られる措置は全加盟国の承認を得なければならない」というローマ条約の規定を落としたことである。この結果、かつてのように利己的な理由により、1、2の加盟国が貿易自由化措置、資本移動自由化措置を拒むことはできなくなった。こうして「単一欧州議定書」は欧州委員会に対し「域内市場において国境を超えて自由にモノ、ヒト、サービスおよび資本の移動が保証されること」を達成するために必要な実行手段を与えた。この結果、1992年目標に関し資本移動の自由化は大いに成果をあげたのである。実証的にみると、資本移動については、これまでの資本規制の撤廃の効果もあり、ほぼEU加盟国内では制限なく資本は自由に移動できる状況にある。また、EUと域外諸地域との間でも、資本は極めて迅速に移動することが可能となっている。

(b) 労働力の域内移動の硬直性

一方、経済指標のなかでも、欧州各国の失業率は高い数字を示しており、不況期が訪れると上昇し、好況期でも低下しないというような階段状に上昇する傾向を示してきている (第3-2表参照)。労働市場改革により、賃金の伸縮性の向上と付加コストの削減、労働に関する規制の緩和が必要となっているほか、社会保障費用の効率化などなかなか構造的な問題を解決するのに時間がかかっているようにみられる。

また、労働力の移動性については、まだかなり硬直的であると認められる。労働力の移動性が低い理由として、①複数言語で多様な文化、歴史を持つこ

(第3-2表)　　　　　　　欧州各国の失業率比較　　　　　　　単位：％

	ベルギー	ドイツ	フランス	イタリア	スペイン	オランダ
1992	7.3	6.6	10.4	9.0	18.5	5.6
1996	9.8	8.8	12.4	12.0	22.1	6.3

	ルクセンブルグ	オーストリア	ポルトガル	フィンランド	イギリス	欧州平均
1992	2.1	4.0	4.2	13.0	10.1	9.3
1996	3.3	4.4	7.3	15.4	8.2	10.9

出典：EU委員会、EUROSTAT

とが、欧州諸国内の労働力の移動性を拒んでいること、②各国の硬直的な社会保障制度により、例えば、国によっては労働者が失業して失業手当を支給してもらうには、既に住居が確保されていなければならないこと、最低賃金が相対的に高すぎること、失業給付が無期限につく場合があるなど労働意欲向上の面で甘い制度的対応となっている感は否めない。各国とも構造的に労働問題を抱えているのが現状で、活発に労働力が移動する状況にはない。失業したとしても、最悪の場合住んでいる地域で職がなければ失業保険をもらっていればよいわけで、職を求めて他の地域に移動するインセンティブははたらかないのが実態のようである。

　因みに、国内地域間の労働力移動の頻度を米国、日本と比較した研究結果によると、欧州各国の労働力移動の頻度はかなり見劣りする（第3-3表）。

(第3-3表)　　　　　　　労働力移動の頻度調査

国　名	イギリス	フランス	ドイツ	イタリア	米　国	日　本
頻　度	1.1	1.3	1.1	0.6	3.0	2.6

(注)　1986年における国内の住所変更した人数の総人口に占める割合
出典：OECD Economic Outlook, 1990/7月。
　　　「国際経済学」クルグマン・オブストフェルドより抜粋。

　最適通貨地域の重要な条件となる労働力移動の弾力性が低いということが、今後、EU共通通貨領域内にどのような影響を及ぼすかは定かではない。しかし、一方で、自由な資本移動が進む傾向にあり、このように硬直的な労働移動、弾力的な資本移動という生産要素の性格をベースとして特殊な生産

要素賦存の形態に向かう可能性はある。すなわち、実物ショックが生じた場合でも、労働力の弾力的な移動による調整メカニズムがはたらく余地は少なく、その面から域内各国の対外不均衡が生じた場合でも速やかに調整されるということはできないかもしれない。むしろ、長期的には相対的に賃金が低く良質で潜在的に豊富な労働供給量が見込まれる地域に、自由な資本移動が向かう方向が促進されよう。共通通貨の登場により各国の賃金の透明性が高まり、相対的に安価な賃金の地域や弾力的な労働政策を採り労働生産性の高い地域に好んで資本の方から移動していくという方向が進むのではないか。この結果、地域的には、資本導入を図り、自国の労働生産性を高め発展していく国（地域）と硬直的な労働制度を採り続け、資本も導入できず発展から取り残される国（地域）に二分される公算も大きい。資本導入を果たした国（地域）では、労働機会も多くなり、失業は解消に向かい他の国（地域）に対して対外黒字をみせる一方で、労働制度が硬直的な国（地域）では、労働機会もなくなり失業は解消しないほか，対外的にも赤字を示すことになる。このように、共通通貨を導入したとしても、失業は解消せず対外不均衡が存在するとしたら、こうした国（地域）では、むしろ変動レート制度の復活を望むかもしれない。共通通貨の導入は、EU 域内での経済面での活性化のインパクトを狙っているわけで、硬直的な失業政策、労働力生産性・労働意欲面の現状を抜本的に改革することなくしては、EU 域内全体としての総合的なメリットは享受できないものと思われる。こうした各国が抱えている労働問題に対し、各国の対応や EU 全体としての総合政策が遅れていく一方で、企業側は多国籍の観点から長期戦略として様々な対応策を考え実行に移すこととなろう。例えば、企業の生産拠点の EU 域内外への移動が活発に行われており、賃金が相対的に低く労働供給量が豊富であること、EU 共通通貨に比較し相対的に通貨価値は低く EU 域内への輸出に有利な東欧諸国に生産拠点を移動する結果、EU 領域内での生産の空洞化や失業が増加することも考えられる。

　こうした傾向が高まるにつれ、EU 域内外における産業界の活発な再編成が今後も進展していき、経済活動が活性化する国（地域）と経済活動が停滞する国（地域）との跛行性が高まる可能性がある。

（4）政策の有効性

　第3の条件は、EU域内における各国（地方）の経済の動きに関しコンバージェンスがどの程度進展しているかが重要である。共通通貨領域内において、ある国は好況、ある国は不況というような跛行性が存在する場合、EU全体で統一的な経済政策が採用しにくくなる。統一された金利操作が、ある国（地方）では、金融緩和と受け取られ、他の国（地方）では、金融引締めとして作用する結果となるからである。もしも、両国の経済の状況が異なり、片方は景気過熱の状況にあり、もう一方は、景気低迷が続いていた場合でも、変動レート制度を採用していれば、前者は、通貨価値切上げと金融引締め政策で景気を沈静化する一方、後者は金融緩和政策と通貨価値切下げにより景気浮揚と輸出促進を実施することができる。しかし、共通通貨を使用している領域内の各国の経済状況が異なる場合に、このように、個別に異なった政策を実行することはできない。領域内で統一された政策を採らざるを得なくなるのである。EU共通通貨域内において各国の景気サイクルが異なる場合には、こうした個別の政策効果によるメリットは放棄しなければならないことになる。

　現在、EU域内には、ESCB（欧州中央銀行制度）が成立しており、各国中央銀行は、この下部組織として組み込まれ統一された金融政策を実行する方向にある。こうした金融政策の効果を考える場合、各国の景気サイクルがほぼ同一歩調をとっているのかどうか、主要経済指標の動向がほぼ同じ方向を向いているのかどうか、また、経済指標の水準に各国間で大きな隔たりがなく、例えば、統一された金利が域内全体の金融政策の操作手段として動いたときに、各国の経済構造に基づいた波及プロセスをたどり政策目標計数にほぼ同じ程度の影響度合を持つと考えられるのか、主要経済指標のコンバージェンスが進展し、経済構造もほぼ似通ってきているかどうかが判断の決め手となる。

　1997年現在のEU諸国における主要経済指標の収斂状況は（第3-4表）の通りである。EUの経済通貨統合は、1990年7月から3段階に分けて進められてきており、マクロ経済政策の協調強化の中で経済収斂基準の達成を挙げて

いる。第3段階（1999/1月移行）までに加盟国が達成しなければならない基準は以下の項目である。

① インフレ率：過去1年間最も安定した3カ国より1.5%上回っていないこと
② 長期金利：過去1年間の①の3カ国より2.0%以上上回っていないこと
③ 単年度の財政赤字：GDP比3.0%以内であること。
政府債務残高：GDP比60.0%以内であること（条文上、トレンドを考慮した弾力適用の余地あり）
④ 過去2年間、為替相場メカニズム（ERM）の通常変動幅のなかで取引されており、切下げが行われていないこと

この（第3-4表）の欧州連合（EU）加盟国15カ国の収斂状況をみると、ギリシャを除けば、物価上昇率、長期金利については、各国ともほぼ第3段階移行の前提条件となる基準を満たしている、また、単年度の財政赤字／GDP比3.0%以内の基準は、ギリシャ以外は守られている。但し、政府債務／GDP比率の60%の基準については、付帯条件がついているとはいえ、ドイツ、オランダ、ベルギー、イタリア、スペイン、ポルトガル、デンマーク、オーストリア、スウェーデンと大半の国が守られていない。

なお、イギリスは、1999/1月からのEU共通通貨制度には参加しなかったが、この主要な理由として、欧州大陸諸国との景気サイクルにズレがあり、英国政府自体が、英国のインフレや公債の強さを維持するために現在の引締め傾向を持続することが必要としている。すなわち、短期的な利子率は、大陸諸国では約3%であるものの、イギリスは7%であるが、これは、英国の貿易パターン、北海の石油などにおける他の欧州諸国との歴史構造の差でありこの経済のサイクルの差はしばらく続くこと、インフレ抑制や公債の赤字削減に対する適切な金利水準を政府の長期対策に沿って責任あるイングランド銀行が定めたものでしばらくの安定期間が必要であるとしている（ゴードン・ブラウン蔵相の声明、1997年10月）。

(第 3-4 表)　　　　　EU 諸国の経済収斂状況（1997年）

国　名	① インフレ率		② 長期金利		③ 財政赤字/GDP		政府債務/GDP		④ 為替要件
	2.7	基準値	7.8	基準値	3.0	基準値	60.0	基準値	
フランス	1.2	○	5.5	○	3.0	○	58.0	○	○
ド イ ツ	1.4	○	5.6	○	2.7	○	61.3		○
オ ラ ン ダ	1.8	○	5.5	○	1.4	○	72.1		○
ベ ル ギ ー	1.4	○	5.7	○	2.1	○	122.2		○
ルクセンブルク	1.4	○	5.6	○	△1.7	○	6.7	○	○
イ タ リ ア	1.8	○	6.7	○	2.7	○	121.6		○
ス ペ イ ン	1.8	○	6.3	○	2.6	○	68.8		○
ポルトガル	1.8	○	6.2	○	2.5	○	62.0		○
デンマーク	1.9	○	6.2	○	△0.7	○	65.1		○
イ ギ リ ス	1.8	○	7.0	○	1.9	○	53.4	○	
アイルランド	1.2	○	6.2	○	△0.9	○	66.3		○
ギ リ シ ャ	5.2		9.8		4.0		108.7		○
オーストリア	1.1	○	5.6	○	2.5	○	66.1		○
スウェーデン	1.9	○	6.5	○	0.8	○	76.6		
フィンランド	1.3	○	5.9	○	0.9	○	55.8	○	○

資料：欧州委員会「Convergence Report 1998」、△：財政黒字を示す。

注[1] 最適通貨地域の理論については、参考文献のなかの R.Mundell、P.Kennen、R. Mckinnon を参照。また、日本に紹介したものとして小宮、最近の理論的展開は、K. Rogoff、E. Tower and T.Wilett、EU 通貨統合に当てはめたものとして P.R.グロスマン、M.オブストフェルドを参照。

[2] EU 共通通貨導入に踏み切った国は 11ヶ国（1999年11月現在）：フランス、ドイツ、オランダ、ベルギー、イタリア、ルクセンブルグ、スペイン、ポルトガル、オーストリア、アイルランド、フィンランド。なお、EU 加盟国は、11ヶ国にイギリス、デンマーク、スウェーデン、ギリシャが加わり 15ヶ国。

第2節　金融面の課題

(1) 金融政策のインフラ整備

　欧州通貨機構 (EMI) を前身とする欧州中央銀行制度 (ESCB) が発足し、欧州中央銀行 (ECB) の中に、金融政策の決定をする政策委員会、金融政策の実行をする理事会、統合未参加国との政策協調を図る一般委員会が組み込まれており、98年1月より業務を開始している。この欧州中央銀行の傘下に1999年11月現在、11カ国の中央銀行 (NCB) が属するかたちとなっている。

　従来の「最適通貨地域の理論」では、考慮されていなかった条件のひとつ (第4の条件) に、その領域に設定されている情報・通信システムの共通化を挙げることができよう。特に、為替・振替業務をはじめ、域内の金融機関が共同利用しうる通貨決済システムが基本的なインフラストラクチュアとして構築されているかが重要となる。

　こうした金融面でのインフラストラクチュアとしては、各国中央銀行の即時グロス決済システム (Real Time Gross Settlement System) のネットワークで繋がっており、TARGET (Trans-European Automated Real Time Gross Settlement Express Transfer) と呼ばれ域内金融・為替業務の有力な基盤となっている。EU加盟国間においてはユーロ建て単一金融市場が構築されており、各国の即時グロス決済システムが相互に繋がることによって、金融機関のクロスボーダーの為替業務取引とユーロ建ての資金取引の活用を効率的に行うことができる。特に、TARGETシステムは、即座に決済が可能であることから、為替振替決済においてタイムラグに伴う決済リスクやこの結果生じる連鎖的な決済障害、すなわちシステミックリスクの発生が抑えられ、EU域内におけるペイメントシステムに高度の安全性を保障するものである。こうしたインフラ整備が進展することにより、域内の金融取引が活発に行われ、併せて各加盟国間の金利裁定が迅速に行われ、ユーロ域内の短期金融市場、長期金融市場の統合が促進されることが期待される。実際に取引がスタートし

てみると、件数・金額ともに順調に拡大しており、ESCB による単一金融政策運営のための重要なインフラストラクチュアの一つが整備・発展している。また、民間ルートでは、ユーロ銀行協会 (EBA) が運営する EBA ユーロクリアリングシステムが構築されており、EU 域内の決済ネットワークを支えるかたちとなっている[3]。

（2）金融政策の中心的な課題

欧州中央銀行制度 (ESCB) による EU 域内の統一的な金融政策の実施方針については、「安定化志向の金融政策戦略」(1998 年 10 月 13 日) のなかで以下のように説明されている。

① ユーロ地域全体の消費者物価指数の上昇率を中期的に 2％以下に維持する。
② 主たる政策指標として広義貨幣集計量の伸び率を参考値として公表する。
③ 広範囲の経済・金融変数に基づく将来の物価見通しを作成し、金融政策に利用する。
④ 欧州中央銀行制度の透明性とアカウンタビリティのため、ユーロ圏の経済・金融状況判断、政策決定の理由について定期的に公表する。

金融制度面、インフラ整備が着々と進みつつあるなかで、最大の問題は、加盟各国が独自の景気調整機能が消滅するなかで、域内の局地的な経済不況 (好況) に対し、ECB および各国政府はどのように対処するかということである。EU 共通通貨制度の成否にかかる第 3 の条件、政策の有効性の議論に関する金利操作の観点から問題提起したものを検討してみる。例えば、スペイン、ポルトガルの場合、EU への主要経済指標の収斂条件が提示される以前の 2～3 年前までは、高金利 (約 7％程度) であったものが、EU コンバージェンスをクリアするために、約 3％程度まで急激に抑えこまざるを得なかった。この場合、表面的に金利を引き下げたとしても、両国の金融構造自体が依然インフレ抑制のために必要な金利の水準が 7％である可能性は高い[4]。

従って、統一的な金利を政策手段として採った場合 (特に、金利は EU コン

バージェンスの中心指標)、ドイツ、フランス、ベネルックス3国を含めた領域内に対する政策効果とスペイン、ポルトガルへの金利政策の効果が大きく異なる可能性がある。例えば、短期金融市場金利として、ESCBは3％程度を念頭においた場合、ドイツ、フランス、ベネルックス3国では、インフレ抑制に十分であっても、スペイン、ポルトガルでは、インフレを加熱させることになるかもしれない。もし、スペイン、ポルトガルの企業の資金需要が強く、3％以上の高金利でも借入れが進むとすれば、ドイツ、フランス、ベネルックス3国から資金はシフトし、金利の平準化(例えば、4％程度)が起こることとなろう。但し、金利操作の最終的な目標達成に対し大きな攪乱要因となることや、各国(地域)間における政策効果の跛行性の問題を回避することは難しい。また、この場合、最適通貨地域の理論からすれば、例えば、生産要素の移動が域内に確定しており、より経済的に依存関係が緊密であり、貿易構造、金融構造が類似している領域同士に分けておくこと、すなわち、スペイン・ポルトガルの地域とドイツ、フランス、ベネルックス3国の地域を分けておき、お互いの領域を変動レート制度で結びつけておいた方が、両地域の景気循環を自由に変動させ、なおかつうまく経済をコントロールできるかもしれない。

(英国が現状不参加な理由、1999年11月現在)
　英国においても、1997年10月のブラウン蔵相のEU通貨統合に1999年1月から参加するかどうかに関する声明の中で、英国大蔵省において単一通貨に英国が参加する場合、これが国家にとって憲法上の問題よりは、単一通貨が英国の雇用、ビジネス、将来の繁栄など経済的利益があるかどうかが最優先の課題であり、これをチェックするために以下の5つの基準を挙げている。
① 英国と単一通貨加盟国との間に維持可能な収斂はあり得るのか
② 経済的な変化に対応できるだけの柔軟性があるのか
③ 投資に対する影響(英国域内に対する投資)
④ 英国の金融サービス産業への影響

⑤ 雇用にとって望ましいか

　ビジネスサイクルに対しては、ヨーロッパのパートナーとは一致していないことを認めている。これは、特に英国の貿易パターンや北海の石油などにおける他の欧州諸国との歴史的な差の反映であること、1980年代後半に俄か景気があり、1990年代初頭に厳しい景気の落ち込みがあり、こうした景気循環の過程から、英国の利率は現在7％であり、ドイツ、フランスの利率3％とは相違している。但し、この7％という数字は、現在の状況を鑑みた場合、インフレ抑制に必要かつ公債の赤字削減の実行に必要な長期的な対策の一環であるとしている。また、この差はしばらく続き、維持できる収斂を示すには数年かかるとしている。

　また、柔軟性とは、単一通貨を導入し、市場統合が進んだ場合に、変化や予期せぬ経済情勢に対応する柔軟性が必要となり、特に長期的に継続する失業や新規の技術の欠如、また、特定分野における競争の欠如などは、EU統合に踏み切った場合、自国への影響が大きいので、変化に対して適応できるように教育・トレーニングに政府が投資し柔軟性をつける必要があると言っている。

　さらに、欧州通貨統合に参加した場合の、長期的な対英投資の動向に注目し、高度で生産的な対英投資に対する準備が不十分な状況で欧州通貨統合に参加した場合には、対内投資の面から長期的に経済は安定しないとしている。金融サービス産業に対する影響については、シティ・オブ・ロンドンがヨーロッパを代表する金融センターの地位をいかに強化し正しい準備を怠らないかがポイントであると述べている。

　特に、実際的な問題は、単一通貨の成功と繁栄が国内の雇用にとってよいことかどうかであり、共通通貨導入となれば、雇用対策、福祉制度改革は、あらゆる動きを単一通貨に向けて整備しなければならないとしている。

　現状（1997年10月時点）、5つの経済基準に則して見るかぎり、1999年1月からの通貨統合への参加は、経済基準を十分クリアしておらず、英国の経済的利益に叶わないとして不参加を表明している。但し、経済基準をクリアするため、金融サービスの単一市場への開放に努力することや、インフレ目標

をモニターし、欧州中央銀行を考慮したさらなるインフレ抑制や政府借入れの圧縮を図るほか、競争促進策を採用していくことを述べている。

(3) 各国の金融構造の違いからくる政策効果の有効性

英国蔵相の述べている共通通貨採択の条件である各国景気循環の一致や金融指標（インフレ率、金利指標）の問題に加え、各国の金融構造自体の違いは、EUの統一的な金融政策の実施にあたり、難しい問題を抱えている。各国の金融市場やその外部周辺市場は、各国それぞれ、企業、家計、政府のバランスシートや、資金循環構造、各経済主体の負債の規模や満期構造、対外的な開放度に相違があるほか、労働市場、財・サービス市場における制度的に異なる構造を持つからである。EUにおける統一的な金融政策を実施した場合でも、こうした構造的な違いを反映して、金融のトランスミッション・メカニズムが違い、実物市場を通じた波及効果が相違する場合、機動的かつ有効な金融政策は採れない可能性がある。具体的には、金融政策変更の伝播速度と効果の度合いである。例えば、ドイツのように、企業が長期の固定金利をベースとした金融機関借入れ金に依存している場合には、ESCBの金利政策の変更に伴う波及効果も長期的に進む可能性がある一方、イタリアのように短期債務の比率が大きいようなケースでは、やはり短期的な刺激を受けやすい形態にある。従って、ESCBが金融緩和策を採った場合、金利低下にあたって、ドイツは比較的ゆっくりと金融緩和が景気浮揚効果をもってくるものの、イタリアでは、短期的に即生産と消費を刺激するように作用するかもしれない。現在、景気の動向が落ち着いており、加盟各国では景気循環がほぼ収斂しているようにみられているとしても、今後、ESCBによる同一同規模の政策変更がなされた場合、加盟各国内で政策効果のスピードと波及度合いの違いから、各国区々の景気変動が生じることはないだろうか。こうした場合、益々、金融政策は採りづらくなることが考えられる。結局のところ、こうした政策効果の非対称性を避けるためには、表面的な経済指標の収斂ばかりでなく、金融構造、財・サービス市場構造、労働市場構造まで深く連携し、同質的になっていくことが必要なのであろう。このためには、クロス

ボーダーでの金融機関の国際活動の活発化、財・サービス市場での制限・支障の撤廃、労働市場の構造改革や生産要素の活発な移動を促進させる措置が必要なのである。

　特に、賃金の硬直性が非常に強いから、個々の企業が、現在の労働生産性に合致したところまで賃金を下げることは容易ではない。これまでは、為替レートの変更によって国毎にまとめて切下げて、賃金を実質的に他国と比較して下げ、競争力を回復させることができたが、共通通貨導入によりこれができない。今後、こうした賃金の下方硬直の強い国（地方）は、投資の魅力がない。また、失業者が安易に失業保険でカバーされていて働かないのであれば、こうした地域に企業が投資するインセンティブは薄れてくるだろう。この結果、賃金の下方硬直性があまりなく、柔軟性のある地域、賃金レベルに比し労働生産性の高い地域に企業が進出していく可能性が高い。こうすると、新しい産業を得て活性化される地域と逆に停滞する地域とに分かれていくことになる。こうした格差が大きくなればなるほど、EU 域内での経済状況が区々となるし、有効なマクロ政策を打ち出していくことはできなくなる。但し、域内の経済の活性化を展望すれば、こうした活性化の中心地域と停滞地域が出てこないと EU 全体としての経済の復興・活性化を勝ち取ることはできず、本来の目的も達成できないことになる。域内各国（各地域）の長期的観点に立った活性化の具体的方針と施策およびスケジュールの策定が急がれるところである。EU 中枢部においても、各国、各地域の活性化、EU 全体を有機的にみて、肌目細かく長期政策を練っていかねばなるまい。

（4）金融の証券化の進展

　各国景気のコンバージェンスの問題や金融構造の差異からくる問題は残っているが、EU 域内で金融のグローバル化が進展しており、EU 共通通貨制度の定着にうまく作用するはたらきが期待されているのも事実である。すなわち、EU の資本市場においては、これまで各種優遇措置に支えられて公債が支配的なシェアを保持してきたが、ここに来て、ユーロ建て社債の発行が増加してきている。この発行急増の背景には、このところ金利水準の急速な低

第2節 金融面の課題　223

下やEU単一通貨制度によりEU域内の為替リスクがないこと等の好条件に支えられて、EU企業の間に業務拡大、新規事業への展開のための旺盛な資金需要が出てきたためである。EU域内において、業務拡大のための大型企業のM＆Aを通じた資金需要のためのユーロ建て社債発行の例や、域内の巨額資産を有する年金基金がユーロ建て社債への投資に積極的な関心を示している。将来的には、投資に対しての一律な格付け制度も必要となってこよう。今後は、流通市場における取引規模が拡大しユーロ建て債券市場の資金需給における役割が重要視されてこよう。また、これまで、企業金融は、長期の固定金利による融資が一般的であったものが、最近になって融資が後退する一方、ユーロ導入により、コマーシャル・ペーパー（CP）や譲渡性預金（CD）を含む債券発行が増える傾向にある。ユーロの導入により、為替リスクが消滅するとともに、信用リスクに応じて金利が異なる多様な債券が登場し、EU域内の機関投資家の注目を浴びている。これまでの画一的な公債に比べリスクは高いが、より高い収益も見込めるからである。このようにより流動的で同質かつ巨大で厚みのある資本市場が誕生・発展することで、企業にとっては資金調達コストが低下するし、銀行にとっても、債券発行の仲介・引き受け業務の魅力が増す結果となっている。さらに、家計にとってみれば、定期預金や貯蓄性預金などは金利の低位安定傾向から利益を生まないが、有価証券の市場が拡大するに伴い資産選択の幅が広がることから、こうした金融商品に対する選好は高まるものと予想される。ユーロ導入に伴う企業間の競争激化や取引コストの低下、各国間での規制や取引ルールの標準化は、「間接金融」から「直接金融」（金融の証券化）へと資金需給のルート、金融構造自体を変革させつつある。また、社債の拡大とともにエクイティ・ファイナンスの増大も見込まれる。これは、EU域内の株式市場の統合により、流動性や透明性が増し、取引コストが低下すること、年金基金や保険会社、投資信託など機関投資家に対する種々の規制が緩和され、EU域内の株式市場にも資金の流入が期待できること、エクイティ・ファイナンスに不利な現行税制（利子に比べて配当に高い課税など）の見直しが進むと予想されるからである。

(5) 銀行業務収益の趨勢的低下と業界再編成の動き

　EU領域内の金融構造では、銀行業務収益が趨勢的に低下してきている。これは、特に金利の低下傾向が長期的に続いていることに加え、共通通貨ユーロの導入と共に、これまでの業務収益の柱であった外為取引やEU通貨・金利関連のデリバティブ取引の多くが無くなったためである。さらに、金融の証券化の影響や内外の金融機関やノンバンクとの競争激化、企業側の金融機関への選好強化もあり、銀行の金利マージンは低くなっている。業務コスト面をみてみると、相対的に過剰な人員と店舗を抱えており、なかなか構造改革にまで至っていない。この結果、EUの金融機関は、この10年間の間に約四分の一が淘汰されることとなった(第3-5表参照)。しかし、労働市場の硬直性から金融機関全体としてみた場合、店舗の効率的な見直しや従業員数の抜本的な構造改革は行われておらず、今後、ユーロの導入により、加盟国間でのクロスボーダー的な金融機関間での競争激化、システム改革も含めた金融技術の進歩、業務コストの改善による収益体質の強化、厳しい目を持つ預金者、投資家からの選別が前提となるとすれば、今後、本格的なリスト

(第3-5表)　　　　　EU域内における金融機関数

国　　名	1985	1990	1995	1997	1985からの増減率 ％
フランス	2,105	2,027	1,469	1,229	−38
ドイツ	4,740	4,720	3,785	3,578	−25
イタリア	1,192	1,156	970	935	−22
スペイン	695	696	506	416	−40
フィンランド	654	529	381	371	−43
スウェーデン	779	704	249	242	−69
ポルトガル	224	260	233	235	＋5
ベルギー	165	157	145	134	−19
オランダ	81	111	102	90	−11
ルクセンブルグ	118	177	220	215	＋82
アイルランド	58	48	56	70	＋21
オーストリア	1,241	1,210	1,041	995	−20
デンマーク	166	124	122	100	−66

出典：European Central Bank

第2節 金融面の課題 225

ラの実施は避けられまい。

　EU金融機関の中では、すでに、新たな経営戦略の転換を進めているところもある。ひとつは、M＆Aを通じて、EU領域内における規模の経済を享受しようという動きである。例えば、銀行本体でなくても、保険、投資信託、年金基金など異業種の分野の買収や業務提携の動きである。EUにおける金融機関のM＆Aは、ここ数年加速度的に増加する傾向をみせている。これまでは、EU各国の銀行は、通貨の壁や政府の規制によって手厚く保護されていたが、ユーロの導入に並行して、金融サービスに関する規制緩和を進めてきたために、域内における金融競争が激化している。相次ぐ金融機関のM＆Aは、こうした事態に対する金融機関の戦略的対応の一環である。EU域内各国では、外国銀行による「植民地化」を阻止するために、まず、各国内の銀行業界再編を積極的に後押ししている[5]。

注[3] 金融面での決済システムは確立されているとはいえ、EU域内企業が各国現地通貨による経理処理をユーロに切替えたり、多通貨処理対応・財務合理化は、まだそれほど進展していない。アンダーセン・コンサルティング社のEU域内8ヶ国、大手250社の経営トップへのアンケート調査（98/5月）によると、通貨統合に関し「システム変更済み」は50％、「対応していない」は40％という結果が出ている。

[4] 特に、アイルランドでは、1994年から景気拡大し、ここ5年間で、GNPの伸び率は、7～10％を達成。1998年10月、通貨統合の統一金利が3％台であるため、政策金利を5.75％から一気に1％の利下げを実施。景気が好調なタイミングでの利下げであるために、景気が加熱傾向にならないか懸念されている。

[5] EU域内での金融機関の合併では、イタリアでは、Unicredito Italiano と Banca Commerciale が合併し、Eurobanca（ヨーロッパ5番目の資産規模）が誕生したほか、San Paolo-Imi が Banca di Rome を買収。フランスでも Banque Nationale de Paris (BNP)が Societe Generale と Paribas の買収を宣言している。今後、ユーロの導入を機会にEU域内では、銀行の本格的な再編が進むものと思われる。また、ドイツでも大型合併が検討されている。

第3節　財政面の課題

（1）財政分権制度の問題点

　ユーロ域内の金融政策は集権的に連邦型となり、欧州中央銀行制度（ESCB）に委ねられることになるが、財政政策については、現段階では、基本的に個別加盟国の主管事項とされている。ただし、こうした各国に任せられた財政政策もEUレベルでは、毎年、加盟各国の財政パーフォーマンスに関し、サーベイランスがなされるほか、現在、「財政安定化協定」によって、各国とも財政赤字支出の上限は、GDPの3％以内とするという制限が設けられている。

　第1の問題点は、各国が共通通貨を使用し、通貨・金融政策は連邦型となる一方、財政政策面では分権型を維持していくときに、連邦にとって有効な金融・財政政策のポリシー・ミックスを施行することができるかどうかである。もしも、各国が、一元化されたユーロ域内の統一された金利を通じての政策効果がはたらく時に、各国が自分の領域の経済状況を自主的に判断して、自己都合の財政政策を推進しようとすると、個別対応する財政政策とESCBが打ち出す金融スタンスの間に整合的なポリシーミックスが成立するかどうか問題となる。確かに、財政均衡論者からすれば、EU諸国の財政構造は長期的にみれば以前よりは改善しているかもしれない。この結果、「財政安定化協定」により財政赤字をGDP3％以内に設定することも可能になったのであろう。但し、EU加盟国の経済構造をみるかぎりにおいて、失業・労働問題が最重要な課題であり、賃金の下方硬直性があるとすれば、ケインジアンが想定する経済構造に近い可能性は高い。そうなると、機動的な財政政策の運用が経済復興のため、景気刺激策・引締め策をとる場合でも、最も有効かつ重要な政策手段となろう。この場合、財政政策の発動に一定の枠をはめられているとすれば、必要なときに景気刺激策を実行する余地がなくなることになる。各国政府とすれば、EU全体と整合性が採れない財政政策を採

用すれば、折角収斂してきた経済の状況に対し、また乖離してしまう可能性もあろうし、この結果、ある特定の地域だけ経済循環が離れてしまうことも考えられ、EU 全体の攪乱要因となろう。現在の各国の経済構造の収斂度がどの程度緊密になっているかにかかっているが、生産要素の移動性など構造問題は解決していない。従って、EU 全体としての統一的な財政政策の実現に関する展望もまだ開けていない。

（2）財政連邦主義の考え方

第 2 は、財政連邦主義の考え方である。欧州共同体が経済資源を経済好調な加盟国から経済不調な加盟国に移転する能力を持つかどうかである。例えば、アメリカ合衆国では、他州よりも相対的に困窮している州は、最終的には他州の払う税金で賄われる厚生給付金やその他の連邦移転支払いというかたちで自動的に連邦政府から支援金を受け取ることになる。連邦税制と移転支払いシステムの仕組みでは、例えば、ある州の所得水準が他州に比べて低い場合や遅いペースでしか増加しない場合、同州から連邦政府に支払われる所得税、法人税は自動的に減少する。逆に、連邦政府から同州に支払われるトランスファー（社会福祉関連支出、退役軍人給付金等）は増加することになる。こうした財政連邦主義の仕組みは、共通通貨領域内の経済安定性を損なう領域があったとしても、これをカバーする役割を持つ。

ザビア・サラ・イ・マーチンとジェフリー・サックスは、アメリカ合衆国の 9 地域について、保険機構がどのように機能しているかを検証し、1970～1988 年において、アメリカでは、ある 1 地域で所得が 1 ドル減ると、連邦政府への納税額が 33～37 セント減少し、トランスファー受取額が 1～8 セント増加した。また、特に、ある地域が経済的困窮に陥った場合、その財政損失の少なくとも 3 分の 1 程度は、連邦財政システムによって緩和されてきたと考えられるとの結論を導き出している。

財政面では、分権制度が存続している現段階において、今後、共通通貨領域内の豊かな地域から困窮する地域への財政資金移転による生活水準平準化が可能かどうかがポイントになる。EU の課税能力はまだ小さく、有効な財

政支出を、財政資金の移転による保険機構を構築するまでには至っていない。EU共通通貨導入に伴い、経済活動の活性化をはかることができる領域がある一方で、そこから取り残される領域が出てくることは間違いない。こんな場合に、その所得格差を拡大せず、ある程度平準化する仕組みを統一的な財政政策のなかに組み入れておくことは必要であろう。EU加盟諸国が、一定の財政規律の下で緊縮的な財政運営を余儀なくされた場合、欧州経済がデフレ的な傾向をもつことはないだろうか。各国の税制の統一・調和の問題[6]が出てくるとともに、EUの共通財源による「北」の国から、「南」の国への財政移転手段としての、現在ある「格差是正基金」（コービジョンファンド）、「欧州地域開発基金」（EDRF）、「欧州社会基金」（ESF）など制度は用意されているが、その資金的な厚みが乏しい。EUアジェンダ2000では、EUの予算の上限を財政資金として従来並みの加盟国のGNP比1.27%で維持していく方針にあり、こうした財政規模を拡大するよりは、そのままの量で安定させたいように思われる。確かに、財政均衡主義の考え方をとれば、できるだけ小さな政府がよく、民間や市場に任せる範囲を広くとることは必要であろう。但し、一方では、EUの統合という問題では市場の働かない余地も大きく、統一的なEU主導ではたらかなければならない部分や統一当初の混乱を避けるべき財政的な安全弁も用意しておく必要はあろう。従って、ユーロ加盟国間の税制の調和、トランスファーの仕組みの構築など構造改革に取り組みつつ、財政分権から統一的な財政政策の実施にいたる道筋をつけることが必要となろう。

また、EU域内で検討するべき共通政策は、金融・財政問題にとどまらず幅広い分野での早急な調整が望まれることは言うまでもない[7]。

注[6] 他の条件が同じ限り、税を優遇する国が優位にたつ。EU域内の税制調和の議論は、利子所得への源泉徴収税と優遇法人税に対し、適用を停止することに着手することを決めた。また、EUはすでに20年以上も付加価値税（VTA）の税率一本化を模索してきたが、ほとんど進展をみておらず、最低税率を15%とすることは決まっているが、各国で15〜25%と区々。

[7] 経済分野での共通政策の構築に加え、個別具体的な政策の協調・統一化も必要であろう。その分野とは農業政策、運輸政策、社会保障制度の共通化、環境対策の統一基準、情

報・通信政策、科学技術政策、地域振興策、消費者対策などである。司法・内務協力（加盟国の警察、司法協力の拡充）など協力しやすい分野では、加盟国の協力は急速に進みつつある。また、EU域内統合に重きを置くだけに、なおざりになりがちな個別的に特徴あるヨーロッパ各国独自の文化や歴史的な伝統などは、経済統合、諸制度の平準化、生産要素の活発な移動が生じるなかで長期の展望にたってしっかり守っていく必要があろう。

第4節　世界経済における EU の位置付け

　GDP で世界の約3割を占める EU 経済は、EU 拡大と相俟って、世界経済における重要性を高めている（第3-6表参照）。ユーロ圏をみると、面積こそアメリカ合衆国には及ばないが、人口や名目 GDP では、アメリカ合衆国を上回る規模にある。この領域に共通通貨が生まれたことは、現在の名実ともに国際通貨の地位にある米国ドルに匹敵する経済力を背後に兼ね備えた新しい国際通貨が誕生したと言ってもよいであろう。

　次に、実際に、ユーロが世界各国の通貨とどのような関係にあるかを示したのが以下の（第3-7表）である。この表からもわかるように、現在、多くの国が変動レート制度を採用しているが、米国ドルに関しては、20 カ国がドルにペッグしている。これに対し、フランス・フランにペッグしている国 15 か国、ドイツ・マルクにペッグしている国 3 カ国、ユーロ共通通貨域内加盟国は 11 カ国に、ユーロと一定幅のターゲットゾーンを設定している国（いわゆる ERM 2）が 2 カ国あり、ユーロと一定の通貨関係を持つ国は、米国ドルに匹敵している。

（第 3-6 表）　　　　　　　　EU の経済規模

	E U	米　国	日　本
人　口（億人）1996 年 　　　（世界シェア）	3.73(15 カ国) 6.50%	2.65 4.6	1.26 2.2
面　積（1 万km²）	356.7（15 カ国）	938.5	37.8
名目 GDP(億ドル 1996 年) 　　　（世界シェア）	86,009 29.5	73,881 25.4	45,950 15.8
世界貿易に占める割合(%)	18.3	18.5	8.8

出典：世銀 World Atlas 1998
　　　Euro-statistics External and intra-European Union Trade 1998

(第 3-7 表)　　　　　　　各国の通貨制度（国数）

ドルペッグ国	EU 関連		変動レート制度	通貨バスケット国
20	ユーロ加盟国	11	90	14
	フランスフラン	15		
	ドイツマルク	3		
	ERM 2 国	2		
20	31		90	14

出典：長銀総合研究所

　第2次対戦後の世界規模での経済・貿易の拡大を支えてきたブレトンウッズ体制は崩壊し変動レート制度（管理フロート制度）に移行しているとはいえ、実質的に、国際通貨の主要なポジションは米ドルが握っているといっても過言ではない。外貨準備に占める米国ドルの割合、外国為替市場での出来高の割合、国際証券の通貨建てをみてもそのシェアは、依然他の通貨を圧倒している。いわゆる「慣性重視派」は、こうした国際通貨としての米国ドルの地位は、従来の国際取引・決済・外貨準備に実際に使われてきた実績を重視して米国ドルの基軸通貨としての地位は揺るぎないと考えている。一方で、共通化ユーロの今後の動きを展望すれば、現在の11ヵ国、EMS II参加国4ヵ国において国際通貨としての役割を持っているところから、地中海諸国、東欧諸国までもがユーロと関連を深める、すなわち、中期的に米国ドルとユーロを併用したペッグ方式からユーロのみにペッグする方式を採用したり、共通通貨ユーロ導入に踏み切るとすれば、ユーロの国際通貨としての地位は、ほぼ米国と肩を並べるまでにかなり広がることになる。また、世界中の中央銀行が国際分散投資の対象としてユーロ債券を保有することになり、ユーロ建ての短期国際市場が発展することになろう。準備通貨に関しても、ユーロの経済的地位が安定化していけば、米国ドルからユーロへと準備通貨の構成がシフトしていくかもしれない（第3-8表参照）。
　現在、事実上、米国ドルペッグ制度を採用しているアジア諸国がどの程度ドル離れをするか、少なくとも、通貨バスケット方式を採用している諸国では、EU連合の経済状況如何では、ユーロのウェイトが高まっていくことが

(第3-8表) 外貨準備に占める通貨の割合(1997年末)　単位：％

米国ドル	EU 関 連		日本円
57.1	EU	5.0	4.9
	フランスフラン	1.2	
	ドイツマルク	12.8	
	英ポンド	3.4	
	蘭ギルダー	0.4	
57.1	22.8		4.9

出典：長銀総合研究所

考えられる。中期的に、ユーロ建て資本市場が従来のマルク建て資本市場よりも広く深い厚みがあり、流動性も高い市場に発展し、ユーロ圏内外の資金運用・調達に使われていくとすれば、十分、米国市場に対抗しうる市場に発展していく可能性はある（第3-9表、第3-10表参照）。

(第3-9表) 外国為替市場出来高の割合(1998年4月1日)単位：％

米国ドル	EU 関 連		日本円
87	EU	17	21
	フランスフラン	5	
	ドイツマルク	30	
	英ポンド	11	
87	63		21

(注)　為替取引はグロスにより200％をmaxとして計算
出典：長銀総合研究所

(第3-10表) 国際債券の割合(1995)　単位：％

米国ドル	EU 関 連
39.8	36.9

出典：長銀総合研究所

　単一通貨米国ドルの基軸通貨からユーロを入れた2大基軸通貨が現れることは、国際通貨システムにとっては、本来不安定要因となりうる。米国ドルと欧州ユーロの間の為替相場は、フロート制度であり、安定的な関係は保証されていない。国際通貨米国ドルの供給国であるアメリカ合衆国が世界最大

の債務国であることもあり、アメリカ合衆国に何か不利な経済要因が顕在化すれば、ドルからユーロへの大量のポートフォリオ・シフトが発生する可能性もある。この場合、米国ドルのハードランディングが起こり、国際通貨制度に混乱を招きかねない。こうした状況は、例えば、金本位制度と銀本位制度を併用しているような状態にあり、国際的には安定を欠く通貨制度になりかねないのである。日本やアジア各国にとっても、米国ドル債券からユーロ債券に分散しておき、資産価値減少のリスク回避を図ることが得策となろう。現在、ユーロ、米国ドル、日本円と競合していく国際通貨体制にあり、ヘッジファンドを中心とする巨大な投資資金の存在があることを考えると、通貨間の価値は、市場の動きに委ねられており、レート変動は以前にも増して大幅で、不安定化することが予想される。今後、こうした不安定な要素を抱える国際通貨体制に対し欧州中央銀行の為替政策の基調がどうなるかがキーポイントとなる。EU共通域内の経済目標を立てる一方で、対外的にどんな目標を設定するか、より具体的には、米国ドルとの相場安定策を採るのか、ビナイン・ニグレクト策（国内政策目標優先で対外的には市場に委ねる姿勢）を採るのかである。ブレトンウッズ体制下、米国ドルは基軸通貨として、国際通貨の供給としての役割を果たし、世界的な経済発展・貿易の拡大に寄与した。この場合、自国は恒常的に貿易赤字を採りつつも、他国の輸出を促し、米国ドルの供給をした。欧州の場合は、今後、どうなるのだろうか。抜本的な解決方法は、究極的には、世界中央銀行の創設と世界統一通貨への模索ということになるが、現状、ここまでは非現実的ということになれば、当面、主要通貨国間の国際政策協調で乗り切るしかあるまい。世界全体の国際通貨体制を安定させるためには、国際間の政策協調の前にEU域内の一段の統一・整備が急務であることは言うまでもない。

お わ り に

　19世紀から20世紀初めに至る金本位制度、第一次大戦による破綻、再度、金本位制度の復活、世界恐慌における破綻と第2次世界大戦、戦後のブレトンウッズ体制（金為替本位制度）による経済拡大、貿易の拡大、ニクソンショックやスミソニアン体制の破綻、変動レート制度への移行、プラザ合意を契機とする国際協調の重視など国際通貨制度は、世界的な市場化・グローバル化などの経済構造の変化や、その時々の戦争、平和・経済復興などの政治的な要求にそってめまぐるしく変化してきた。安定した通貨価値の維持を図りたいという願いから、できるだけ統一通貨を使用したいという欲求がある一方で、これだけ市場化が進んだなか、変動レート制度の自由な動きをもとに為替の調整機能を発揮させるべきだとの考え方もあろう。ここまで、EUの抱えている問題を検証してきたが、EUが共通通貨を使用するのに最適通貨地域であるとの結論には、さらに、経済構造・諸制度の細かい部分に至るまで域内平準化・緊密化の度合いを深めていかなければならないだろう。EU通貨統合に混乱が生じるようになると、国際通貨としての信用に影響を及ぼし、米国ドル、円との関係からも大きく国際通貨制度自体に混乱を招く惧れがあるからである。域内の統合を段階的に進め求心力を高めていくことが、世界全体の国際通貨制度にとっても望ましいし、長期的かつ安定した経済の活性化、効率化、ひいては世界貿易の拡大に寄与することが望まれる。

参 考 文 献

小宮隆太郎［1973］「国際問題研究」東洋経済新報社
P.R.グロスマン、M.オブストフェルド「国際経済　理論と政策」第3版、新世社
河合　正弘［1998］「国際金融論」第2版　東京大学出版会
高木　信二［1999］「入門国際金融」第2版　日本評論社
星野　郁［1999］「ユーロ誕生とEU金融・資本市場の変貌」国際問題6月号、日本国際問題研究所　No.471
藤井良広［1992］「欧州通貨統合」日本経済新聞社
藤井良広［1999］「ユーロが及ぼす円・アジアへの影響」国際問題6月号、日本国際問題研究所　No.471
田中素香［1996］「EMS：欧州通貨制度」有斐閣
島野卓爾［1997］「欧州通貨統合の経済分析」有斐閣
岩田健治［1996］「欧州の金融統合：EECから域内市場の完成まで」日本経済評論社
経済セミナー［1999］「ユーロ誕生　EU経済はどこへ行く」
走尾正敬［1997］「ドイツ再生とEU」　勁草書房
ロルフ・H・ハッセ［1998］「EMSからEC中央銀行へ」　同文館
Robert Mundell [1961] "A Theory of Optimum Currency Area" AER,vol 51, No.4
Robert Mundell and Alexander Swoboda(eds.) [1969] *Monetary Problems of the International Economy*, University of Chicago Press
Peter Kenen [1969] "The Theory of Optimum Currency Areas : An Eclectic View", in *Monetary Problems of the International Economy*, University of Chicago Press
Ronald Mckinnon [1963] "Optimum Currency Areas", AER, Vol 53, No 4
Ronald Mckinnon [1963] "Optimum World Monetary Arrangements and the Dual Currency System", BNL, No 67
K. Rogoff [1985] "The Optimal Degree of Commitment to an Intermediate Monetary Target" *Quarterly Jounal of Economics* 100
Edward Tower and Thomas D. Wilett [1976] *The Theory of Optimal Currency Areas and Exchange Rate Flexibility*, Princeton Special Papers in International Economics 11. International Finance Section,Princeton University

Barry Eichengreen and Charles Wyplosz [1993] "The Unstable EMS" *Brookings Papers on Economic Activity 1*
Martin Feldstein, [1991] "Does One Market Require One Money", in *Policy Implications of Trade and Currency Zones*, Federal Reserve Bank of Kansas City
X. Sara-I-Martin and Jeffrey Sachs [1992] "Fiscal Federalism and Optimum Currency Areas : Evidence for Europe from the United States" in *Establishing a Central Bank : Issues in Europe and Lessons from the U.S.*, Cambridge University Press
Charles R. Bean [1992] "Economic and Monetary Union in Europe" Journal of Economic Perspectives 6

索　引

ア行

IDA（国際開発協会）　　20,96,105
IMF 8 条国　　160,161,185
IMF 経済調整プログラム　　44
ASEAN（東南アジア諸国連合）　7,37,
　153,154,159
ArticleⅣコンサルテーション　　189
アフリカ長期開発計画（LTPS：Long-
　Term Perspective Studies）　12,16,18,
　75,92,93
アブソープション・アプローチ　　127
アンカバーの金利平価　　180
EBA（ユーロ銀行協会）　　218
EBA ユーロクリアリングシステム　　218
ECA（アフリカ経済委員会）　　89
EMS（欧州通貨制度）　　207
ERM2　　230
一次産品　　39,51
一次産品（国際商品）市況　　57,59
ウェルナー報告　　208
AAF-SAP（構造調整プログラムへのアフ
　リカの代案）　　89
HIPC（重債務貧困国）　　95
HIPC 債務救済イニシアティブ　　95,
　99,119
HIPC 信託基金　　98
HIV／エイズ　　32,35,111,113
エコロジー的農法　　108
NEAP（国家環境行動計画）　　944
NGO（民間非営利団体）　　92,125

円の国際化　　195
SADC（南部アフリカ開発共同体）　　77
SADCC（南部アフリカ開発調整会議）　　77
欧州原子力共同体（EURATOM）　207,
　209
欧州社会基金（ESF）　　228
欧州地域開発基金（EDRF）　　228
欧州通貨統合　　207
欧州通貨機構（EMI）　　207,217
欧州石炭鉄鋼共同体（ECSC）　207,209
欧州経済共同体（EEC）　　207,208
欧州中央銀行制度（ESCB）　207,214
沖縄サミット首脳宣言　　142
オフショア市場　　162

カ行

格差是正基金　　228
拡大構造調整ファシリティ（Enhanced Struc-
　tural Adjustment Facility）　48,98,
　101
拡大信用供与プログラム　　47
貨幣的効率性の利益　　209
為替レートのオーバーシューティング　　157
期待の役割　　187
共同フロート　　207
金融の証券化　　222
金融のトランスミッション・メカニズム
　221
銀行・金融システムの健全性規制　　192
クラウディングアウト　　133,155
グランドエレメント　　20

クリティカルレベル　20
雁行型の発展　155
経済協力開発機構（OECD）　144
ケルンサミット7首脳会議　117
群集行動（herd behavior）　186
公営企業（Public Entities）　134
合成の誤謬　77, 84
構造調整ファシリティ（Structural Adjustment Facility）　48
構造調整プログラム　49
購買力平価説　168
効用無差別曲線　80, 88
コーポレートガバナンス　162, 194
コストプッシュ型インフレーション　62, 65
コンディショナリティ　174

サ行

サーベイランス　194
財政安定化協定　226
財政収支構造　60, 226
財政分権制度　226
財政連邦主義　227
最適通貨地域の理論　209
債務返済能力（solvency）　47
サブサハラ・アフリカ諸国　8
シニアボランティア制度　198
システミックリスク　199
実質実効為替レート　157
資本流出規制　182
JICA（国際協力事業団）　198
社会厚生関数　81
社会福祉指標　26, 27
GDDS（General Data Dissemination Standard）　189
自由化に関する順序付けの問題　186
就学率　28
情報の開示　188
食糧生産管理貸付システム　91
女性権利向上政策（Post-Beijing Action Plan）　110
女性の役割　75
純国内資産　128
純国内信用　128
純対外資産　128
人口問題　14
人的資本　108, 125
シンジケートローン　44
スタンドバイ（取極め）プログラム　47
スネーク制度　208
スワップ　165
生産要素の移動性　210
成長志向型調整プログラム　137
政府開発援助　143
生産可能性辺境線　80
世界同時株安　173
絶対的貧困（absolute poverty）　22
総支出削減効果（expenditure reducing effect）　48
総支出転換効果（expenditure switching effect）　48
ソーシャル・セーフティ・ネット　103, 105, 178
相対的貧困（relative poverty）　22
即時決済システム（Gross Settlement System）　199
即時グロス決済システム（Real Time Gross Settlement System）　217
ソブリンローン（公的融資）　44, 178

索引 **239**

タ行

TARGET (Trans-European Automatic Real Time Gross Settlement System) *217*
大西洋奴隷貿易　*37*
単一欧州議定書　*211*
通貨バスケット制度　*64,157*
低所得かつ重債務国　*11*
ディスクロージャー制度　*178*
ディマンドプル型インフレーション　*62*
デット・サービス・レシオ　*20,21*
DAC (OECD開発援助委員会)　*122*
DSA (債務維持可能分析)　*96*
WHO (世界保健機構)　*145*
WTO (世界貿易機構)　*147,148*
特別データ公表標準 (Special Data Dissemination Standard)　*184,189*

ナ行

ナポリターム　*98,120*
南北問題　*7*
難民　*29,31*
NIEs (新興業経済国)　*37*
21世紀型通貨危機　*153,170*
人間貧困指数 (Human Poverty Index)　*23,24*
人間の次元　*69*
農業開発における問題　*70*
農産物支持価格制度　*42,46*
農産物取引公社 (ADMARC)　*70*

ハ行

パーフォーマンス・クライテリア　*47*
ハイテク金融危機　*153*
ハイパワードマネー　*134*
ハイブリッドココア　*73*
ハイブリッドコーヒー　*73*
パリクラブ　*47,96*
ハルツーム宣言　*68*
バンコク・オフショア金融センター (BIBF)　*161,165*
BISの自己資本規制　*190*
PFP (Policy Framework Paper)　*48,102,118*
PTA (特別貿易地域)　*77*
ビナイン・ニグレクト策　*233*
貧困削減・成長ファシリティ (PRGF)　*103*
貧困削減戦略ペーパー (PRSP)　*103,123,143*
ファイナンシャル・プログラミング　*127,194*
ファイナンシャル・プログラミングモデル　*187*
ファイナンスカンパニー　*170*
不胎化政策　*168*
ブラックマーケット　*63*
プルーデンシャル規制　*182,190*
ブレトンウッズ体制　*7,51,234*
ベーカー提案　*68*
ヘッジファンド　*170*
変動レート制度　*65,209*
貿易の利益　*80*
補完的融資制度 (Supplemental Reserve Facility)　*185*
ポートフォリオ株式投資　*164*

マ行

マーストリヒト条約　*208*
マネタリー・サーベイ　*128*

無利子強制預託制度　*181*
モノづくりの伝統　*196*
モラルハザード　*188,190*

ヤ行

輸出需要の所得弾力性　*54*
輸出需要の価格弾力性　*54*
輸出促進効果（export promotion effect）　*48*
UNAIDS（国連エイズ合同計画）　*35*
UNCTAD（国連貿易開発会議）　*147*
UNDP（国連開発計画）　*22,23*
UNESCO（国連教育科学文科機関）　*36*
UNHCR（国連難民高等弁務官）　*31,32*
預金保険制度　*177*

ラ行

リスケジュール（債務返済繰延べ）　*20*
流動性（liquidity）の問題　*47*
流動性リスク　*167*
letter of intents　*102,189*
ロング・キャピタル・マネージメント　*173*

ワ行

著者紹介
二 村 英 夫 (ふたむらひでお)

1954年　東京都に生まれる
1977年　日本銀行に入行
1983年　シカゴ大学経済学部大学院修士課程修了
1985年　国際通貨基金アフリカ局エコノミスト
1994年　金融情報システムセンター調査企画部長
1999年　広島市立大学国際学部教授（現在にいたる）

国際金融問題
――アフリカ、アジア、ヨーロッパの抱える問題――

平成13年2月25日　発行

著者　二 村 英 夫
発行所　㈱ 溪 水 社
　　　広島市中区小町1－4（〒730-0041）
　　　電話（082）246－7909
　　　FAX（082）246－7876
　　　E-mail：info@keisui.co.jp

ISBN4－87440－623－8　C3033
平成12年度日本学術振興会科学研究
成果公開促進費助成出版